Luiz Carlos Silveira Dias Júnior

EU SOU ETERNAMENTE LIVRE

ENSINAMENTOS DOS MESTRES ASCENSIONADOS

Luiz Carlos Silveira Dias Júnior

EU SOU ETERNAMENTE LIVRE

ENSINAMENTOS DOS MESTRES ASCENSIONADOS

3ª edição - 2012

DIVINA presença

EU SOU ETERNAMENTE LIVRE
Luiz Carlos Silveira Dias Júnior
3ª edição
2012

Editora Divina Presença
Av. Protásio Alves, 266
Porto Alegre - RS - CEP 90410-004
Tel: (51)3377-9133
e-mail: divinapresenca@gmail.com
site: www.divinapresenca.com.br

Capa e projeto gráfico:
Francisco Gomes e Luiz Carlos Dias Jr.

Revisão gráfica, de conteúdo e colaboração:
Mariza Varela

Dados Internacionais de Catalogação na Publicação (CIP)

E95j Júnior, Luiz Carlos Silveira Dias.
Eu sou eternamente livre: ensinamentos dos mestre ascensionados / Luiz Carlos Silveira Dias Júnior. – Porto Alegre Divina Presença, 2012.
288 p. : il.

ISBN 978-85-62631-05-4

1. Religião. 2. Espiritismo. 3. Nova Era. I. Júnior, Luiz Carlo Silveira Dias. II. Título.

CDU 133.9
CDD 291.4

(Bibliotecária responsável: Sabrina Leal Araujo – CRB 10/1507)

Sumário

Opinião.....09
Apresentação.....11
Agradecimentos.....13

CAPÍTULO 1
Verdades essenciais para o novo homem.....15
A Grande Fraternidade Branca.....17
Deus.....18
Reencarnação.....20
Vida no universo.....22

CAPÍTULO 2
A Nova Era revela mistérios ocultos.....23
Nova Era.....25
O Fogo Violeta.....28
O Fogo Sagrado.....30

CAPÍTULO 3
Deus indivualizado em cada homem e suas manifestações.....31
A Presença Divina.....33
A Alma.....37
O Cristo Interno e a Chama Trina.....38

CAPÍTULO 4
O homem e seus corpos.....39
Os sete corpos do homem.....41

CAPÍTULO 5
Irradiando boas vibrações.....51
Os chacras.....53
A aura.....54
As cores.....56
A sagrada respiração.....58
O homem evoluído e o vegetarianismo.....59

CAPÍTULO 6
Iniciação: a meta de todo o Buscador da Luz.....61
O processo de iniciação.....63
A construção do anthakarana.....68
A ascensão.....69

CAPÍTULO 7
Os elementais e os anjos.....73
Linhas de evolução.....75
Elementais.....75
Os reinos criados na natureza.....79
Anjos.....82

CAPÍTULO 8
O homem cria o tempo todo.....85
Precipitação.....87

CAPÍTULO 9
Os Seres de Luz sustentam a Terra......95
O Conselho Cármico......97
Hierarquia do planeta Terra......100

CAPÍTULO 10
Os Sete Raios Divinos......101
Os Sete Raios Divinos......103
Raios de Aspectos Divinos......103

PRIMEIRO RAIO......103
Ensinamentos do Mestre El Morya......109
Fé......112
Discurso do Mestre El Morya......116

SEGUNDO RAIO......117
Gautama, o Senhor do Mundo......122
Discurso do Mestre Kuthumi......125

TERCEIRO RAIO......128
As manifestações do Amor Incondicional de Deus......131
A câmara secreta do coração......133
Espírito Santo......133
Discurso da Mestra Rowena......134

Raios de Atributos Divinos......136
QUARTO RAIO......136
Gayatri – um dos mantras mais antigos da humanidade......143
Discurso do Mestre Serapis Bey......148

QUINTO RAIO......149
Verdade x ilusão......153
Discurso do Mestre Hilarion......155

SEXTO RAIO......157
Discurso do Mestre Jesus......161

SÉTIMO RAIO......153
Discurso do Mestre Saint Germain......168
Símbolos dos Sete Raios......170
Templos etéricos......171

CAPÍTULO 11
A história do planeta Terra......173
História da Terra......175
As três primeiras raças-raízes......175
A vinda de Sanat Kumara......180
As raças-raízes, após a queda do homem......181

CAPÍTULO 12
O Rei dos Reis...185
A História de Jesus...187

CAPÍTULO 13
Celebrações na Nova Era...203
Os três centros divinos...205
Datas místicas importantes...206
Festivais espirituais da Nova Era...207
Festival da Páscoa...208
Festival de Wesak...208
Festival de Asala...209
A Grande Invocação...210
Os outros festivais...211

CAPÍTULO 14
Auxiliando o planeta...215
Cerimonial: uma prática da Nova Era...217
Sugestão de um serviço ritualístico...221

CAPÍTULO 15
Praticando os conhecimentos...225
Apelos, visualizações e exercícios relacionados aos Sete Raios...227

PRIMEIRO RAIO...227
Abertura da visão interna...227
Purificação do passado...228
Numa montanha do Himalaia...229
Invocações ao Primeiro Raio...230

SEGUNDO RAIO...234
Exercício de purificação do corpo mental...234
Invocações ao Segundo Raio...238

TERCEIRO RAIO...241
Exercício de purificação do corpo emocional...241
Sintonia com o Cristo Interno...244
Ouvindo o coração: tarefas para o dia-a-dia de todos nós...245
Invocações ao Terceiro Raio...246

QUARTO RAIO...249
O Manto da Invisibilidade...249
Em sintonia com a luz da Presença Divina...249
Purificação com o Fogo Branco...250
Circuito de Fogo Branco...250
Invocações ao Quarto Raio...251

QUINTO RAIO....255
O selo de Mãe Maria....255
Chama Verde: para limpeza mental e concentração....256
Exercício de purificação do corpo físico....256
Invocações ao Quinto Raio....261

SEXTO RAIO....264
Exercício da visão de Cristo....264
Desenvolvendo o Servidor da Luz que há em você....264
Invocações ao Sexto Raio....265

SÉTIMO RAIO....269
Cortando laços....269
Vivência com Saint Germain....270
Purificação dos registros do passado....272
Invocações ao Sétimo Raio....276

Afirmação do discípulo....281
Bibliografia....282

OPINIÃO

EU SOU ETERNAMENTE LIVRE

é mais uma semente de Luz brilhando neste nosso mundo escuro.

Trazendo-a para junto do ouvido, a semente transmitirá o eterno Chamado de um Reino que não é deste mundo.

Aninhando-a no coração, a semente revelará imagens de um Novo Tempo e, também, d'Aquele que Vem.

Plantada em solo fértil, a semente se transformará em árvore, a cuja sombra muitos se verão como Cristos e Budas e se tornarão Servidores do Mundo.

MARIZA VARELA

APRESENTAÇÃO

Este livro nasce como fruto de um programa sistemático de instruções levadas ao público desde 1999. Conduzido pelo coração e pelos ensinamentos de que dispunha, comecei este trabalho de instrução a respeito dos Mestres Ascensionados, com o objetivo de transmitir o que tinha aprendido com Eles.

A primeira vez que ouvi falar nos Ascensionados (nesta encarnação) foi em 1981, de uma forma bastante inusitada, pois foi através de uma pessoa que eu admirava, e que falava a este respeito. Muitas vezes eu procurei informações sobre o assunto, mas a hora ainda não havia chegado.

Muitos anos depois (dez anos), indo morar no Rio de Janeiro, tive a oportunidade de conhecer mais sobre os Mestres e descobri que tudo o que eu buscava estava muito perto: a hora tinha chegado. Cursos, leituras e vivências foram acontecendo e eu fui me preparando, sem saber o que viria pela frente.

Ao retornar para Porto Alegre, onde resido, o processo de aprendizagem se acelerou e, com ele, a vontade de levar aos outros aquilo que eu vivenciava como real. Mudanças providenciais me levaram a abrir uma loja esotérica e criar o curso ***Iniciação à Luz***, ou "dos Mestres", como ficou conhecido. O trabalho foi feito sempre com muito amor e verdade e foi se sedimentando, acredito eu, apoiado pela Luz. Com o passar do tempo, os pedidos para que estas aulas fossem escritas e transformadas em livro se sucederam e este projeto começou a tomar forma.

O livro que apresento, agora, é fruto de estudos e pesquisas nas principais fontes bibliográficas sobre o assunto e tem a intenção de reunir os temas mais significativos a respeito dos ensinamentos da Grande Fraternidade Branca. Não pretendo que ele seja uma autoridade a respeito do tema, pois os assuntos são abordados de forma básica. No entanto, poupam o leitor de buscar, como leitura inicial, inúmeros livros diferentes. É claro que, ao longo do caminho, é necessário aprofundar a leitura, buscando as principais obras a respeito do assunto (principalmente as mais antigas, pois são fidedignas).

Espero que através desta leitura você possa compreender e assimilar os ensinamentos destes Seres Luz e que eles possam ser transformadores em sua vida, assim como o foram na minha. Lembre-se de que o principal é a prática destes ensinamentos no seu cotidiano. De nada serve o conhecimento intelectual se ele não for transformado em sabedoria, ou seja, aplicado em nossas vidas. Através da vivência integral destas verdades, todos os homens podem alcançar a verdadeira liberdade. Então, sob a irradiação e bênção dos Seres de Luz, vamos nos concentrar neste propósito e nos deixar guiar pela Divindade em nossos corações. Que assim seja!

Luiz Carlos Silveira Dias Júnior

AGRADECIMENTOS

Agradeço:

- a Deus e aos Mestres, em especial a Saint Germain, Jesus, Mãe Maria, Kuthumi, El Morya e Djwal Khul, pela oportunidade de servir através deste trabalho e pelo direcionamento da minha Alma.

- aos meus pais e avó (Luiz Carlos, Marlene e Stella), pelo amor, pela vida e pelo direcionamento da minha personalidade.

- aos meus parceiros-amigos-irmãos Francisco e Denise, pelo amor e incentivo e, também, por terem me auxiliado a me jogar nesse caminho.

- a Simone Bittencourt de Oliveira e ao Mestre Serapis Bey, pelo chamado.

- a Mariza Varela, pelos ensinamentos, parceria, amizade, apoio e colaboração, também neste trabalho.

- aos amigos do grupo Divina Presença, pelo incentivo, carinho e amizade.

- aos meus amigos que, indiretamente, contribuíram nesta caminhada.

- a todos os leitores que são responsáveis pelo sucesso deste livro e pela publicação desta terceira edição.

- a todos os alunos, que também me ensinaram muito; em especial aqueles que multiplicaram os Ensinamentos, tanto criando novos Focos de Luz quanto de modo informal, no seu dia-a-dia.

CAPÍTULO 1

VERDADES ESSENCIAIS PARA O NOVO HOMEM

Mestre Djwal Khul

(O Tibetano)

A GRANDE FRATERNIDADE BRANCA

A Grande Fraternidade Branca é uma Irmandade de Seres de Luz, de Amor, de Bondade e de Pureza, que se encarrega do cumprimento do Plano Divino para cada planeta e sistema solar.

A origem dessa Fraternidade, que é composta por Seres ou Consciências cuja magnitude raramente pode ser vislumbrada pelo ser humano, perde-se na memória dos tempos. Mas pode-se dizer que a Fraternidade Branca acompanhou o processo de criação deste nosso planeta Terra, determinando o tipo de vida que aqui se desenvolveria, os seres que iriam povoá-lo, o plano evolutivo que esses seres iriam cumprir aqui na matéria (e depois em outras estrelas ou dimensões), as metas que teriam que atingir, enfim o Caminho que teriam que percorrer na consecução de seu Propósito Cósmico.

Portanto, ao longo do processo evolutivo que se desenvolveria aqui neste nosso planeta, os humanos (terráqueos ou terrícolas) teriam que aprender determinadas lições e, através delas, evoluir, ampliando sua consciência e alcançando a chamada ascensão, que é a liberação da necessidade de encarnações físicas. Realizando o seu Propósito Divino, tanto como indivíduo quanto como integrante da humanidade, o Ser que lograsse a sua ascensão aqui na Terra também estaria contribuindo com o Plano Evolutivo deste planeta, deste sistema solar e do próprio Universo.

E no tocante à Grande Fraternidade Branca (que até então era integrada apenas por Seres oriundos de outras planetas e dimensões), o plano era que os Seres Libertos da Terra assumissem a coordenação local da Irmandade e a direção planetária.

Apesar de a Terra ainda ser um planeta de expiação e de sofrimento, houve muitos Seres que, aqui, conseguiram a sua Libertação: hoje são aqueles que você conhece, ou vai conhecer como Mestres Ascensionados. Muitos deles viveram na Terra, reencarnando muitas vezes, até alcançar a Iluminação (ascensão); passaram pelas mesmas experiências que a maioria dos seres humanos passa e venceram todas as adversidades. São vitoriosos; já têm domínio sobre a matéria, Sua consciência se ampliou, indo além desta Terra. E agora, amorosamente, nos indicam o Caminho, revelam lições, métodos, conhecimentos, e nos auxiliam em nossa jornada.

Os ensinamentos transmitidos pela Grande Fraternidade Branca não são religiosos, ou seja, não estão vinculados a nenhuma corrente religiosa específica. Ao contrário: são considerados simplesmente ensinamentos teosóficos (pois facilitam a união do homem com Deus); assim, servem como base para a evolução do pensamento filosófico-religioso da humanidade. São conhecimentos universais, na medida em que são dirigidos a todos os homens, mas são ministrados de acordo com as características de cada época e, também, de cada cultura.

Hoje, os Mestres continuam ensinando aos homens que ainda se encontram por aqui o Caminho da Libertação. Fortalecem, inspiram, sustentam, abraçam todos aqueles que desejam seguir os Seus passos e alcançar a ascensão. As lições estão aí, aqui, em toda parte, disponíveis, acessíveis a todo anseio do coração. É só querer: "PEDI E RECEBEREIS".

DEUS

Normalmente, o homem comum tem uma imagem muito distorcida de Deus. Para começar, é uma imagem desfocada: afinal, Deus é um Ser vago, impreciso, com suas barbas brancas e cabelos longos, ou então totalmente invisível. É um Ser distante, que mora num lugar distante (no céu, entre as nuvens) e não no seu coração e muito menos no âmago das suas células. Mas tem lá o seu poder, pois Ele é o responsável por tudo o que acontece de bom ou de ruim em sua vida. E é um Deus vingativo, que culpa, pune, castiga, e por isso, deve ser temido. Não amado, mas temido.

Essa imagem revela o quão distante de Deus o homem se colocou. Imerso na roda das encarnações, sepultado na matéria, o homem comum perdeu o contato com Deus e, consequentemente, com a sua própria essência.

Deus é o Grande Criador de todo o Universo, que está presente em todas as suas criaturas, e somente irradia Amor, Luz, Paz, Pureza, Sabedoria, Força, Misericórdia, Perfeição, ou seja, somente qualidades e bênçãos, somente Harmonia. A Vontade de Deus é sempre Perfeição; nela não há lugar para doença, limitação, morte ou dificuldade, que são criações humanas, resultantes do envolvimento do homem com as forças involutivas.

Da mesma forma, não existe (pelo menos originariamente) uma antítese de Deus, como muitas visões religiosas pregam. A energia que flui do Criador é sempre perfeita e harmônica, mas o homem pode usá-la de acordo com o seu livre-arbítrio (capacidade dada ao homem por Deus, para que ele seja capaz de discernir e escolher o que deseja fazer). No momento em que o homem usa a energia de Deus para o mal, ou seja, numa direção contrária à da evolução, surge aquilo a que chamamos de mal ou pecado, que é uma criação ilusória e, portanto, relativa, transitória (um dia, assegura a *Grande Invocação*, será "murada para sempre a porta onde mora o mal", e "a Luz, o Amor e o Poder restabelecerão o Plano na Terra").

Mas atualmente o mal ainda domina este planeta. Intensificado e inteligentemente organizado, esse mal se propagou sobre a face da Terra. Sua principal arma, ou o seu principal objetivo, é levar o ser humano a se identificar com a matéria, especialmente com o corpo físico (que é justamente o veículo mortal e o menor de todos os veículos do homem). Para conseguir seu intento, a organização do mal dissemina a noção de separatividade e de competição, estimula os desejos, a ganância, o sentimento de posse, semeia as guerras. O resultado é o aprisionamento da consciência humana e a manutenção indefinida desse estado de coisas.

Aqui na Terra, assim como em vários outros mundos ainda dominados pela lei cármica ou material, o mal, que em essência é uma forma-pensamento (chamada de forma elementar) que foi nutrida, vivificada, acabou se solidificando, tomando forma, e se propagando até envolver todo o planeta. Apesar disso, o mal não passa de uma ilusão e está fadado a ser extirpado um dia.

Quando o homem parar de utilizar a energia de forma negativa e não sustentar mais essa forma elementar, ela perderá força e acabará se dissolvendo.

O homem é um cocriador, pois pode utilizar a energia perfeita e pura, que lhe é dada, diariamente, por Deus e empregá-la naquilo que desejar. Quando essa energia é utilizada em sintonia com as vibrações perfeitas de Deus, o resultado também é Perfeição. No entanto, quando a energia é utilizada com objetivos contrários à Lei Divina do Amor e da Harmonia, o homem gera uma causa que trará um retorno. Quando ele se dá conta do que gerou e do resultado de sua obra, tendo interesse em dissolvê-la e repará-la, pode fazer isso e retornar novamente à Harmonia.

Mas se isso não acontece, o homem cria uma situação limitante e negativa, que deverá ser consumida por quem a criou. Aí surge o carma negativo. O carma negativo é o resultado das obras imperfeitas dos homens e que o acompanha de uma encarnação a outra.

REENCARNAÇÃO

A reencarnação é o processo que rege e justifica a evolução dos homens na Terra, desde a chamada queda do homem. Esse termo deve estar desassociado de qualquer religião, pois é um termo que existe e é estudado desde a Antiguidade (Grécia, por exemplo). A reencarnação é um instrumento da lei cármica material, pois possibilita a oportunidade de correção de antigos erros e de libertação da roda do carma. O objetivo de todo ser humano deveria ser almejar esta libertação e transcender a necessidade de renascer na matéria. De acordo com o Mestre Saint Germain, quando a humanidade aprender a reger sua vida pela Lei do Amor, irá perceber que a obediência a esta Lei irá libertá-la da roda dos nascimentos.

Na atual etapa da história da humanidade na Terra, reencarnar é uma chance para evoluir. Se não fosse assim, qual seria o motivo de o homem viver na matéria? Deus criaria o ser humano para viver cerca de setenta, oitenta anos, estudar, trabalhar, casar, ter filhos, ganhar dinheiro, morrer e depois tudo acabar? Não faz sentido, embora ainda haja muita gente que não acredita que somos seres que já vivemos antes e que, provavelmente, viveremos na matéria novamente. Para que o tema abordado nesse livro seja compreendido e também como base para o crescimento espiritual do homem, essa questão não pode mais dar margem a dúvidas. É uma certeza que deve ser sentida pelo verdadeiro Buscador da Luz. Além do mais, como explicar as diferenças sociais, raciais, econômicas, sexuais, físicas e outras? Deus privilegiaria alguns homens e puniria outros? Cairíamos num conceito de um Deus punitivo, pessoal e manipulador, o que não é verdade. Deus é o Bem, é Luz, é Amor, portanto deseja tudo isso aos Seus filhos; quem se distanciou disso e criou por sua própria responsabilidade esta realidade foi o próprio homem, ao exercer o seu livre-arbítrio.

A reencarnação justifica todas essas diferenças pessoais e responde a todas as perguntas; cada pessoa nasce na condição em que necessita nascer, por aprendizagem pessoal, de acordo com aquilo que plantou e vem plantando nas encarnações anteriores.

A Lei do Ciclo ou Lei da Ação e Reação explica que qualquer **pensamento, sentimento, palavra e ação** geram uma resposta, seja ela boa ou má. Não existem vítimas ou vilões, tudo tem uma razão, um propósito que envolve exatamente um ajuste de contas, o retorno à Lei do Amor e da Harmonia. Portanto, cada um colhe aquilo que semeou e assim vem acontecendo... Ao longo dos tempos, desde que o homem se desviou da Harmonia e do Amor Divinos, criou reações que necessitam de ajustes; estes são feitos sucessivamente através dos processos reencarnatórios, até que tudo seja dissolvido e equilibrado.

A morte, assim como é conhecida pela humanidade, é a passagem de um estágio para outro e a oportunidade de absorver e processar os ensinamentos e os erros da última encarnação. A Consciência Individual continua a existir, mesmo após o abandono do corpo físico; quanto maiores o aprendizado e a conscientização, mais rápida será a sua evolução na próxima existência física. Portanto, de acordo com os Mestres, é importante que o homem compreenda esta Verdade e evite os apegos pessoais e o sofrimento excessivo pela morte de alguém; esta é a oportunidade que aquele ser tem de dar continuidade à sua evolução e galgar o caminho da expressão e liberdade. Também nos é dito que nenhum homem recebe, em uma encarnação, mais carma negativo do que pode resgatar e dissolver. Normalmente, carmas significativos estão presentes nas famílias; estas pessoas são colocadas juntas ou para um acerto de contas ou para uma sustentação e apoio nas suas evoluções individuais. Muitas vezes este apoio é fundamental para a transmutação de outros carmas que se apresentarão mais tarde.

A cada novo nascimento desce o véu do esquecimento (ou Véu de Maya) em relação às encarnações anteriores, para que o homem consiga cumprir seus resgates e dissolver toda e qualquer desarmonia, sem se lembrar de nada. Imagine como seria difícil amar ou manter uma relação de harmonia com uma pessoa se ela tivesse a lembrança de que esta lhe fez muito mal em outra vida. Assim como a lembrança de muitos males provocados pelo homem geraria muita culpa e peso; portanto, o véu do esquecimento que desce sobre a consciência humana pode ser considerado um ato de misericórdia do Conselho Cármico, facilitando ao homem o cumprimento de suas tarefas cármicas e a expansão de sua Luz. Por outro lado, o mesmo véu também cobre coisas valiosas já conquistadas em outras encarnações e faz com que o homem tenha que se empenhar em retomar o caminho já trilhado e dar um passo à frente em direção ao progresso verdadeiro da alma.

É importante salientar que, nos tempos atuais, a Lei do Carma ou da Ação e Reação continua vigorando para o homem comum. No entanto, o homem que está em processo de evolução e exercita a Misericórdia e o Perdão (o Fogo Violeta) diariamente, consegue ultrapassar esta lei material do "Olho por olho, dente por dente" ou "Quem com ferro fere, com ferro será ferido", libertando-se de carmas antigos e dissolvendoos, sem necessariamente ter que experimentar o retorno da energia. A Luz que cada homem invoca e emana de si pode absorver tudo, inclusive transmutar o carma, de forma mágica e simples (até mesmo através dos sonhos o carma pode ser dissolvido.)

À medida que o homem desperto trilha o Caminho Probatório (onde está se preparando para o processo de iniciação em uma nova vibração), estando comprometido com o Serviço ao mundo, o carma pode ser remanejado; créditos podem ser antecipados e débitos podem ser adiados. Isso não significa um prêmio, é apenas para facilitar o serviço.

VIDA NO UNIVERSO

Os homens julgam que são os únicos habitantes com vida inteligente no sistema solar e no Universo. Hoje, a ciência comprova, através de telescópios que viajam por parte do Universo, a existência de milhões de galáxias e bilhões de sóis e sistemas solares.

A Terra faz parte de um pequeno sistema solar, que está em um dos braços da Via-Láctea (nossa galáxia). Imagine centenas de outros sistemas vizinhos e mais centenas de sistemas solares nos outros três braços da Via-Láctea, e mais milhares de sistemas solares e planetas na galáxia mais próxima da nossa (Andrômeda), sem contar as outras milhares de galáxias do Universo.

No mínimo, achar que a vida inteligente só existe na Terra é pretensão, egocentrismo ou limitação mental e científica do homem, que ainda não pôde comprovar fisicamente a existência de outros seres. *"Há muitas moradas na Casa de meu Pai"*, dizia o Mestre Jesus; e essas moradas são os diversos planetas espalhados pelo Universo: casas-escola que Deus criou para que os seres fizessem o seu aprendizado nos diferentes planos de evolução. Existem mundos muito evoluídos e mundos ainda primitivos, outros em estado mediano de evolução. Alguns físicos, outros etéricos, as mais diferentes dimensões. Cada casa-escola tem seus ensinamentos: básicos ou primários, secundários, medianos, especializados, evoluídos, enfim como nas escolas do mundo terreno. Os alunos (homens) passam de ano ou repetem o mesmo, até aprender a lição e aí mudam de escola (casa/planeta/dimensão).

CAPÍTULO 2

A NOVA ERA REVELA MISTÉRIOS OCULTOS

NOVA ERA

De acordo com os Mestres, uma Nova Era iniciou-se em 1954; mas é importante perceber que uma Era não começa em um dia e a anterior se encerra instantaneamente. Existe um período de transição entre uma Era e outra e, à medida que o tempo passa, as diferenças entre as duas Eras vão ficando cada vez mais claras.

Entramos na Era do Sétimo Raio ou, ainda, Era da Liberdade; a cada dois mil anos, aproximadamente, existe uma mudança de Era, que faz parte de um ciclo total, de cerca de vinte e cinco mil anos, conhecido como Roda Cósmica. Durante cada ciclo de dois mil anos, existe a regência de um Raio, ou seja, uma determinada vibração comanda a Terra, e todas as pessoas que reencarnam ao longo desse período necessitam vivenciar esse aprendizado.

Todos os seres humanos precisam de, no mínimo, um período de quatorze mil anos de sucessivas reencarnações, para vivenciarem os sete ciclos da Grande Roda (que correspondem aos Sete Raios Planetários), absorverem as irradiações e ensinamentos dos Sete Raios e, ao final deste período, se tiverem cumprido perfeitamente seu aprendizado, evoluído e se purificado, têm a chance de alcançar a ascensão na Terra. No entanto, a ascensão não está vinculada a um período de tempo, mas sim ao aperfeiçoamento e mestria do homem.

Cada ciclo é comandado por um Mestre ou Chohan (dirigente). A Era anterior era conhecida como Era de Peixes ou do Sexto Raio, em que o aprendizado da humanidade se dava por meio da devoção, que é a veneração por algo que lhe parece sagrado; consequentemente, essa veneração gera o impulso que faz com que a sua consciência se eleve até o objeto de sua adoração. A devoção autêntica se traduz em fé e em serviço abnegado e altruísta.

Hoje, entramos numa fase em que o aprendizado da humanidade está relacionado ao exercício do perdão, misericórdia e realizar profundas transformações, especialmente no que concerne a corretas relações humanas.

Entramos no sétimo ciclo e esse é o momento da colheita, pois o sétimo Raio recolhe tudo o que foi distribuído e praticado desde o início do Grande Ciclo. Na Era do Sétimo Raio, é necessário que todos aprendam a libertar-se de tudo o que for limitante e negativo. As maiores prisões são internas e não externas. O exercício da liberdade em todos os setores (político, social, religioso, filosófico) é importante, mas a verdadeira liberdade deve vir de dentro pra fora, ou seja, do seu interior; libertação de pensamentos e sentimentos aprisionadores e negativos e libertação do passado, desta e de outras encarnações. Isso é fundamental para esse Novo Tempo, e todos os homens deverão sintonizar-se com essa nova frequência. O importante é viver no aqui e no agora, no momento presente.

O Mestre Saint Germain ensina a focalizar a atenção no presente e deixar para trás o passado, assim como deixar de ficar sonhando com o futuro. O que importa é o momento que temos diante de nós, pois esse momento é o criador do futuro. Se o passado for trazido à lembrança e, a todo o momento, vivermos focados no que aconteceu, trazemos essa energia para o momento atual e tudo fica circulando na mesma energia; recriamos as mesmas coisas.

A Era da Liberdade exige de todos os homens o desapego, a libertação de carmas, e não a constante repetição do passado. Diante disso, se faz necessária uma mudança de postura mental e emocional, que são fundamentais para a libertação interior. Os homens estão na Terra com o objetivo de servir e, através desse serviço, manifestar a felicidade, a alegria, o amor, e não para ficarem repetindo carmas e gerando negatividade.

Quando se olha para o presente, e se vê nele um potencial construtivo e libertador, tem-se a chance de transmutação e renovação absolutas. Durante esse período, a Terra e os homens vão vivenciar uma atividade completamente nova, pelo menos não vivida nos últimos doze mil anos e a cada ser, humano ou elemental, será dada a oportunidade de libertação.

A Hora Cósmica soou e o chamado emerge de todos os recônditos da Terra e dos Céus. Todos os que desejam a Liberdade têm essa chance. Ninguém precisa mais ficar remoendo o passado e sujeito ao retorno de suas energias pregressas; basta dissolvê-las, arrependendo-se de seus erros, perdoando e sendo perdoado e libertando-se de culpas antigas, para que toda a limitação se dissolva. Para isso foi divulgado publicamente o ensinamento do Fogo Violeta, a Poderosa Energia Misericordiosa que dissolve o passado e mantém todos os seres livres da dissonância.

É importante que o homem compreenda a relação que existe entre a Era de Peixes (Sexto Raio), da qual estamos saindo, e a Era de Aquário (Sétimo Raio), na qual estamos entrando. Um Raio prepara o caminho para que o outro se manifeste, de acordo com o Plano Divino, e quando esta sucessão ocorre em uma sequência numérica ordenada, como agora, as causas geram os efeitos de forma imediata. Vejam os fatos:

- O Sexto Raio trouxe a visão; o Sétimo materializará esta visão.
- O mau uso do Sexto Raio levou à separatividade e ao sectarismo, pela natureza seletiva da mente; o uso correto do Sétimo levará à fusão e à síntese.
- O mau uso do Sexto Raio estimulou a criação de grupos de discípulos, sujeitos a conflitos devido à personalidade; o uso correto do Sétimo conduzirá os grupos de discípulos a trabalharem em sintonia entre si e com o Plano Divino.
- O Sexto Raio mostrou o significado do sacrifício e da filantropia para os iniciados; o Sétimo trará aos iniciados o conceito de serviço e do sacrifício de grupo. A fraternidade se expressará plenamente.
- O Sexto Raio permitiu aos homens reconhecerem o Cristo histórico; o Sétimo permitirá aos homens reconhecerem o Cristo Cósmico e criará a futura ciência religiosa da Luz, em que cada ser deixará brilhar sua própria Luz.
- O Sexto Raio gerou religiões carregadas de idealismo e de limitações, pelo mau uso dessa energia pelos homens; o Sétimo libertará as almas de tais limitações, proporcionando a compreensão do Propósito Divino e conduzindo a uma síntese religiosa.
- O Sexto Raio auxiliou os homens a conhecerem a luz e a eletricidade do plano físico, bem como a admitirem a existência da luz astral. Isso impulsionou a realização de descobertas astronômicas e a astrofísica. O Sétimo transformará os sistemas de educação e fará com que os homens compreendam a iluminação no nível físico e mental.

O FOGO VIOLETA

O Fogo Violeta ou Chama Violeta é um ensinamento que o Mestre Saint Germain traz a todos os homens nesta Nova Era. Muito conhecido nos Retiros dos Mestres e em algumas Ordens Secretas ao longo dos tempos, o Fogo Violeta, hoje, é divulgado em livros e oferecido aos Buscadores da Luz e da Verdade. Ele é o aspecto do Espírito Santo que corresponde ao Sétimo Raio, exatamente à vibração de Misericórdia, Perdão e Transmutação.

É uma Força Misericordiosa, presente em cada homem, que tem o poder de dissolver e consumir todo o mal, a dissonância, impureza, imperfeição, limitação, enfim, tudo que está em desarmonia e restituir toda essa energia à Perfeição Original. É uma Força de Amor, Graça, Compaixão e Misericórdia Divina que pode ser utilizada em todos os momentos, para restabelecer a harmonia, evitando a formação de novos carmas e consumindo os já existentes. Este atributo do Fogo Sagrado é, na verdade, um bálsamo universal que o homem pode usar para promover a cura integral de todo o seu ser, permitindo-lhe libertar-se de qualquer condição humana.

Essa Chama faz com que os elétrons dos corpos inferiores do homem entrem em sintonia com os da sua Presença Divina. Quando invocada pelo homem, envolve todos os seus átomos, e se estabelece uma polaridade entre o núcleo de fogo branco do átomo (polaridade negativa) e o núcleo de fogo branco da Chama (polaridade positiva). A dupla ação do Fogo Violeta no centro do átomo e externamente a ele cria um campo magnético que expulsa a substância impura no espaço entre os elétrons. Os elétrons começam a girar mais rápido e lançam estas energias densas no Fogo, que as transmuta e restabelece a pureza original.

A Chama Violeta sublima e transmuta completamente toda imperfeição em pureza. Retira a energia densa impregnada nos elétrons, permitindo que eles retornem ao Coração de Deus, puros e perfeitos, para serem novamente utilizados. Portanto toda energia humana que é dissolvida, consumida e transmutada pelo Fogo Violeta retorna ao Corpo Causal do próprio ser, e ele dispõe dessa reserva purificada para empregar naquilo que desejar.

Através do uso da Chama Violeta o homem pode se libertar de todo o passado, desta e de outras vidas. A necessidade do Perdão é fundamental nos tempos atuais, pois todo o homem que não perdoa ou não reconhece seus erros e não pede perdão continua preso ao passado; o apelo à Lei do

Perdão é importante, pois, ao expressar esse desejo profundo, a Presença Divina em cada homem libera esse Fogo Misericordioso em seus corpos e o liberta de todas as limitações autocriadas. Um uso consciente e ritmado deste Poder Misericordioso rompe com as algemas e os grilhões do passado e permite que o homem exerça com mais consciência e liberdade o seu livre-arbítrio.

O Perdão deve sempre ser exercitado em três vias: pedir perdão a quem se possa ter ofendido ou magoado (sejam homens ou seres elementais), perdoar quem possa ter causado algum mal e se perdoar pelas culpas ou erros. É importante dissolver todos os erros cometidos pelos pensamentos, sentimentos, palavras ou atitudes contra todos os seres. Quando o uso desta energia é constante, tem o poder de construir um Manto de Invulnerabilidade ao redor de quem o sustenta, mantendo-o afastado de todas as vibrações limitantes e nocivas que existem no plano astral.

Nesta Era do Raio Violeta, é importante trabalhar com esta energia de forma rítmica, ou seja, com disciplina e constância, para que todo o mal seja consumido. O Mestre Saint Germain ensina que o uso constante e diário desta Força Misericordiosa rompe todos os laços antigos e transmuta as situações cármicas limitantes e negativas. Ao trabalhar com a Chama Violeta sob a forma de apelos, visualizações ou irradiações, as pessoas podem vê-la, senti-la ou imaginá-la; mesmo que nada seja visto ou sentido, o fato de estar sintonizado e desejoso desta vibração faz com que ela se derrame sobre os corpos dos homens e atue eficazmente, dissolvendo, consumindo e transmutando todas as impurezas. Se o homem pudesse ver, ficaria abismado com a quantidade de energias escuras e imperfeitas que são retiradas e transmutadas de suas auras enquanto usa o Fogo Violeta. Além de utilizar esta Chama em si, os homens devem expandi-la em toda a Terra, em todos os seus planos e dimensões, para colaborar com a grande purificação planetária.

O Mestre Saint Germain ensina que podemos impregnar nossos corpos com a Chama Violeta sempre que desejarmos ou tivermos necessidade desse Fogo Misericordioso, e que também devemos usá-la todos os dias, no mínimo, durante trinta minutos. O Mestre sugere que usemos o Fogo Violeta três vezes ao dia, pela manhã, no meio do dia e à noite; portanto, são dez minutos em cada turno do dia, pelo menos.

O FOGO SAGRADO

O Fogo Sagrado é a própria Força Divina Concentrada, qualificada com alguma Virtude Divina específica; por exemplo: o Fogo Violeta é o Fogo Sagrado de Deus qualificado com Misericórdia, Perdão e Poder Transformador, enquanto o Fogo Azul é o Fogo Sagrado qualificado com Força, Fé e Proteção; e assim acontece com todas as demais energias. Portanto, quando o homem entra em sintonia com o Fogo Sagrado em seu coração, ele aciona a própria energia de Deus e a qualifica com a essência Divina que desejar. Todas as manifestações dos Raios Divinos são atividades do Fogo Sagrado.

CAPÍTULO 3

DEUS INDIVUALIZADO EM CADA HOMEM E SUAS MANIFESTAÇÕES

A PRESENÇA DIVINA

Todos os seres humanos são essencialmente divinos, ou seja, dirigidos por uma Presença Divina que os comanda. É a parte de Deus que habita em cada homem. Esta é a Imagem e Semelhança Divina, na qual todos os homens foram criados. Quando a Centelha Divina de todo homem foi emanada do Núcleo da Criação (Coração de Deus ou, ainda, O Grande Sol Central) e designada a percorrer seu caminho de aprendizado em algum ponto do Universo, ela é conhecida como um Ser de Fogo Branco ou Corpo de Fogo Branco.

No momento em que a Centelha se prepara para o processo de descida aos planos mais densos, cria inicialmente uma Mônada (que contém os três aspectos da Divindade: Vontade, Amor-Sabedoria e Inteligência Ativa) e, depois, uma Presença Individualizada, que sustenta a mesma energia do Criador. Essa Presença Divina pode se dividir em duas polaridades (positiva e negativa/ masculina e feminina – não num nível sexual) ou permanecer una, mantendo as duas polaridades. A decisão é individual; no caso de divisão, dois seres terão seus processos evolutivos independentes, porém para sempre interligados. Um é parte do outro, complementos do mesmo ser e, em algum momento, deverão unir-se novamente, após terem atingido seu aprendizado.

De acordo com essa visão, é explicado que esses seres são Chamas Gêmeas, Raios Gêmeos ou, ainda, Complementos Divinos. Descem aos planos mais densos como pares perfeitos, mas por livre-arbítrio também podem distanciar-se. Em períodos muito antigos da história da Terra, muitos desses pares de seres empregaram seu livre-arbítrio erroneamente e criaram situações que, ao longo dos tempos, precisaram ser compensadas. Na medida em que os carmas foram criados, esses seres reencarnavam presos a eles e cada vez mais distantes de seus complementos, pois ambos estavam enredados em histórias cármicas, que precisavam ser reajustadas. Para que essas Chamas Gêmeas se reaproximem novamente, grande parte desse enredo cármico precisa ser dissolvido e transmutado. Nem sempre essas Chamas Gêmeas encontram-se encarnadas ao mesmo tempo ou no mesmo lugar. Podem assumir as mais diversas relações pessoais, não sendo necessariamente homem e mulher no plano físico, muito menos um casal, como muitas vezes é fantasiado pelos seres humanos. O importante é que cada um sabe que, para ascender a planos mais elevados, necessita de seu Complemento, por isso está sempre tentando incentivar sua contraparte divina a evoluir, mesmo em planos sutis. Nunca uma Chama Gêmea será um ser muito evoluído e a outra parte um ser de baixíssima luz, pois há constantemente um estímulo de um para o outro para que haja crescimento. Já a Presença Divina, que se manteve unificada, seguirá seu caminho de evolução sem tais características, o que não significa que sua caminhada será favorecida.

Essa Presença Divina unificada (ou polarizada, tanto faz) é Deus em ação em cada indivíduo; a Fonte de toda Vida, Amor, Sabedoria, Luz, Poder e Perfeição, e tudo está sempre sob a regência e comando dessa Presença maior. Por isso, quando o ser humano se entrega a essa Presença, sua vida passa a ser guiada por total Pureza e Perfeição, e quanto menos ele interfere como personalidade, mais perfeitamente sua vida é dirigida.

A Presença Divina não se engana, não erra, não conhece limites, nem gera o mal; tem uma visão ampla de todo o Plano Divino de cada ser humano, pois sempre fez parte dele e sempre o fará. Desta forma, conhece o melhor caminho para a evolução de cada um e deseja que a meta seja alcançada. Enquanto isso, o ego, a personalidade humana, tem uma visão limitada do aqui e do agora, sem ter noção do que já fez no passado ou da direção que deve seguir no futuro.

De acordo com o Mestre Saint Germain, todo homem entra em sintonia diariamente com sua Presença Divina sempre que pensa, sente ou diz: EU SOU, Eu posso, Eu tenho, ou o contrário disso. Em qualquer ponto do Universo, quando alguém se reconhece como presença individualizada, reconhece-se como este EU SOU, que é Deus em ação no indivíduo.

Quando Deus se apresentou a Moisés, ele disse: EU SOU O QUE EU SOU, portanto a essência de Deus em cada homem é esta Presença, que flui através dele em todos os momentos. Daí a importância de qualificar a energia do pensamento, da palavra, do sentimento ou da ação de forma positiva. Cada vez que isso acontece, Deus atua através do homem, derramando-lhe todas as bênçãos; já quando o homem utiliza esse potencial de forma limitante e negativa, Deus não reconhece a imperfeição, portanto não atua; mas a sua energia vai sendo moldada e empregada pelo homem, conforme seus desígnios. As portas a esta Presença Divina vão sendo fechadas pelo próprio livre-arbítrio do homem e ele vai criando todo tipo de limitações ao seu redor. Se houvesse uma atenção redobrada em relação a tudo aquilo que é criado pelo homem, ele procuraria entrar em sintonia com este Deus interno e não desperdiçaria mais esse potencial em criações negativas.

A energia que flui do Coração da Presença Divina se derrama pelo chamado cordão-de-prata aos corpos inferiores do homem. O cordão-de-prata é o fio da vida, também conhecido como *Sutratma*, que une a Presença Divina ao homem. Está dividido em três partes: um canal interior e outros dois que o revestem. Esse canal central emana a energia de Amor, seja o que vem da Divindade ou o que é dirigido a ela; o primeiro que o reveste contém a energia acumulada em suas atividades e o aprendizado nos Sete Raios, e pelo último canal flui a energia cármica, que acaba retornando ao homem pelo chacra da nuca (um chacra considerado secundário).

No homem comum, esse cordão-de-prata é da espessura de um fio de cabelo, e no homem mais evoluído pode se transformar num Tubo de Luz. No momento do desencarne, esse cordão é retirado do corpo físico permanecendo conectado por algum tempo com o corpo etérico, até que este se dissolva. Este fio fica conectado à Alma do homem. Este fluxo de energia vital que flui da Presença Divina é sempre puro e harmônico; no entanto, quando este a recebe, requalifica-a do jeito que quiser, imprimindo aos elétrons que se derramam todo tipo de energia dissonante; tem início então a criação de conflitos, limites, problemas, doenças, etc. É o homem criando tudo isso a partir da energia de Deus. Até que ele se dê conta disso e retorne à Perfeição, muita coisa negativa já foi criada e precisará ser dissolvida.

É importante que o homem perceba que Deus atua permanentemente dentro de si e que, se ele permitir, terá toda a Abundância de todos os Bens Divinos. Para isso, precisa alinhar a sua consciência pessoal com a Consciência Divina e deixar que Deus atue através dele. O Mestre Jesus dizia: *"Não podeis servir a dois senhores"*; estes dois senhores são a Presença de Deus e o ego pessoal, a personalidade humana. O que um deseja sempre é diferente do que o outro quer. O ego pessoal quer primeiro para si e, muitas vezes, só para si, identificado que está com a separatividade e com o mundo material. A Presença Eu Sou deseja compartilhar, unificar e está presente em todos os seres, portanto é Una.

Manter a atenção vigilante sobre o ego pessoal é exigência de todo verdadeiro Buscador da Luz e procurar sintonizá-lo com esta Presença Edificante é o caminho da libertação. Cada vez que o homem se entrega à sua Presença Divina, pedindo-lhe que o conduza e não oferecendo resistência a esta direção, a Perfeição começa a fluir. O homem precisa abandonar a tentativa de controle e poder que a sua personalidade experimenta em relação a todas as coisas; deixar-se guiar a favor da correnteza das águas divinas é o melhor caminho a ser percorrido.

É fundamental estar sempre atento ao seu ego pessoal e ao ego das outras pessoas e toda vez que se perceber a tentativa de enaltecimento, vaidade, orgulho, domínio, prepotência e poder pessoal, este ego deve ser trabalhado e lapidado. Identificados com o mundo material, os homens valorizam o poder do ego e os bens materiais, tais como dinheiro, profissão, *status* pessoal, roupas, carros e outros. No entanto, o homem que está no caminho espiritual não está isento do seu ego e será tentado tanto quanto o homem comum (na verdade, até mais). O homem espiritualizado tem outros valores e outras buscas pessoais que, de alguma forma, também podem fortalecer-lhe o ego e despertar vaidade e orgulho espiritual, por exemplo: a capacidade de ver espíritos, auras, Anjos, Mestres e outras coisas; a capacidade de ouvir instruções, vozes, canalizações, psicografias, orientações ou algo assim. Diante de pessoas assim, naturalmente o homem que busca auxílio espiritual reconhece nele algum tipo de poder que ainda não tem, e tem a tendência a se entregar completamente àquela pessoa. Eis aí o grande perigo, tanto para um, quanto para o outro; manipular e ser manipulado, controlar e depender são características do ego.

O verdadeiro Buscador da Luz sabe que todas as pessoas precisam ser estimuladas a buscar a cura, a resposta, o verdadeiro auxílio dentro de si, com seu próprio Deus interno e, temporariamente, pode até auxiliar o outro, mas sempre estimulando-o a andar com seus próprios pés e buscar a comunhão perfeita com o Deus que habita em seu coração. Qualquer coisa diferente disso pode ser a necessidade do ego querendo ter poder, glória, sucesso, fama, status e valorização.

O Mestre Saint Germain chama a atenção para o fato de que os chamados dons de clarividência, clariaudiência, vidência ou qualquer outro são, na verdade, fenômenos psíquicos, ligados à psique humana, e portanto não significam, necessariamente, evolução espiritual; aliás é frequente se encontrar pessoas com faculdades psíquicas desenvolvidas que as utilizam para enganar outras pessoas ou ter lucro, assim como existem pessoas muito evoluídas espiritualmente que ainda não despertaram tais dons. Toda vez que o homem entrega o Poder de Deus que existe em si para algo externo, está colocando força e energia no externo e desviando-se cada vez mais da Presença Eu Sou. Por isso, é fundamental reconhecer e exercitar constantemente este Poder Interno, confiando no Deus que habita em você e praticando este Poder Divino.

Existem centenas de afirmações, conhecidas como Afirmações do Eu Sou, que servem para que o homem utilize este Poder de forma construtiva e libertadora e cada um pode criar afirmações de acordo com a sua necessidade. Jesus usou muito as afirmações *"Eu Sou a Ressurreição e a Vida", "Eu Sou o Caminho, a Verdade e a Vida"* e muitas outras. No livro *Calendário do Eu Sou (Editora Missão Órion)* podemos encontrar várias afirmações importantes. Utilize-as e verá que sua vida se transforma a partir do momento em que você entrega o comando de sua vida ao Deus que habita em você.

Se Deus é perfeição e este Deus flui através de todos os homens diariamente, a tarefa de cada homem é alinhar a sua personalidade com esta energia perfeita, sintonizando seu pensamento, sentimento e palavra com esta Presença Radiante.

A ALMA

A Alma é uma manifestação da Mente Divina que expressa o princípio cósmico do Amor Inteligente; no homem, é um núcleo de consciência que serve como ponte de conexão entre a Mônada, no Plano Monádico e com a personalidade, no plano humano. Algumas vezes, também é chamada de Ego ou Eu Superior (não confundir com Eu Divino, que é a própria Presença Divina ou a Mônada).

Através do Amor, a Alma produz a fusão da aparência e da qualidade, ou seja, da consciência e da forma. Conforme o Mestre Djwal Khul (também conhecido como o Tibetano ou D.K.) a Alma é uma unidade que é síntese da energia material, da consciência inteligente e da energia espiritual. Esta unidade de energia é matizada por uma das sete qualidades do Amor da Divindade (os Sete Raios) e capaz de responder às demais qualidades.

A vestimenta externa da Alma (física, vital e psíquica) é parte da vestimenta externa de Deus e a Alma autoconsciente do homem está em contato com a alma de todas as coisas; é uma parte da Alma Universal e pode se dar conta do propósito da Divindade, cooperando com o Plano Divino. O espírito do homem é uno com Deus e está dentro dele, assentado em sua Alma, assim como a Alma está assentada em seu corpo.

A Alma é responsável pela produção de respostas sensíveis na matéria e que é chamada de consciência em suas várias formas. A matéria, em seu estado indiferenciado, não possui as qualidades de resposta e radiação, pois estas são características da Alma. Somente quando os dois são trazidos à fusão, surge a Alma e proporciona a esses dois aspectos da divindade a oportunidade para manifestar-se como uma trindade. Em relação ao ser humano, a Alma é o princípio da mente que se expressa como: mente concreta ou inferior e mente abstrata ou superior. Estes dois aspectos da Alma trazem à existência o reino humano e permitem ao homem entrar em contato tanto com os reinos inferiores da natureza como com as realidades espirituais superiores.

O CRISTO INTERNO E A CHAMA TRINA

O Cristo Interno é um Centro de Energia que serve como ponte entre a natureza humana e a natureza Divina. É a semente perfeita da Natureza Divina em cada ser humano e que também contém os três aspectos da Divindade (Vontade, Amor-Sabedoria e Inteligência Ativa).

Existe em cada coração humano o que se conhece como Chama Trina ou Chama Crística; são centelhas (ou plumas) de fogos que pulsam no interior de cada ser, ativando em cada um a sua Natureza Divina, ou seja, o Poder e Vontade Divinos (representado pela cor azul), o Amor-Sabedoria e a Iluminação Divinos (representado pela cor amarelo-dourado) e a Inteligência Ativa ou Princípio Criativo (representado pela cor rosa). No momento em que os seres humanos expandem essas Virtudes Divinas e preenchem seus corpos inferiores com essa energia, a personalidade humana começa a ser comandada por essa natureza superior. Diz-se, então, que o Cristo em cada ser começa a despertar; a partir daí, essas virtudes se expandem cada vez mais e o ser humano deixa de ficar centrado na sua personalidade, no seu eu inferior, no ego material; suas aspirações são cada vez mais elevadas e ele irradia Harmonia, Luz, Força, Amor e Perfeição ao seu redor. Quando o Mestre Jesus dizia: *"Ninguém vai ao Pai, senão através de Mim"*, ele se referia ao Cristo manifestado nele; por isso, despertar o Cristo e manifestar as suas vibrações é o caminho que conduz o homem de volta ao Pai (a Presença Divina).

CAPÍTULO 4

O HOMEM E SEUS CORPOS

1. DIVINO

Ser de Fogo Branco

---

2. MONÁDICO

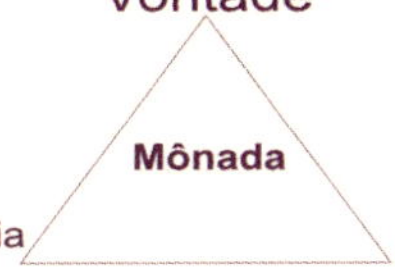

---

3. ESPIRITUAL

ÁTMICO OU
DIVINA PRESENÇA

---

4. BÚDICO

OU INTUITIVO

INTUIÇÃO

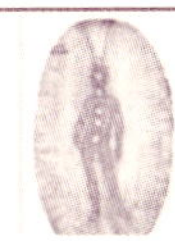

ALMA
EGO / CORPO CAUSAL

---

5. MENTAL

Mental Superior

Mental Inferior

---

6. EMOCIONAL

OU ASTRAL

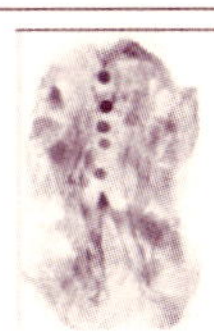

---

7. FÍSICO / ETÉRICO

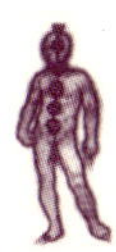

OS SETE CORPOS DO HOMEM

A classificação dos corpos do homem varia de acordo com as fontes que divulgam os ensinamentos dos Mestres. Vamos conhecer as duas abordagens sobre esse assunto. De acordo com o Mestre Djwal Khul (o Tibetano), que ditou Seus ensinamentos através das autoras Alice Bailey e Helena Blavatsky (Sociedade Teosófica), os sete corpos são:

1. Divino
2. Monádico (Tríade Divina: Vontade, Amor-Sabedoria, Atividade Inteligente).
3. Átmico ou Espiritual
4. Búdico ou Intuitivo
5. Mental Superior e Inferior
6. Astral ou Emocional
7. Físico e sua contraparte etérica

De acordo com os ensinamentos divulgados por outros Movimentos, temos a seguinte classificação:

1. Divina Presença, Presença Eu Sou ou Corpo Eletrônico.
2. Corpo Causal
3. Santo Ser Crístico ou Cristo Interno
4. Corpo Mental
5. Corpo Emocional
6. Corpo Etérico
7. Corpo Físico

Em qualquer uma das abordagens percebe-se a presença dos três primeiros corpos considerados superiores, pois são corpos puros, sem imperfeições; também chamados de tríade superior.

Os quatro últimos são considerados inferiores, pois estão sujeitos ao uso do livre-arbítrio do homem, normalmente contaminados com impurezas, limitações, discórdias, desequilíbrios; são chamados também de quaternário inferior. Estes são os corpos que precisam ser domados, comandados pela personalidade humana e elevados, purificados. Para isso são necessárias algumas ferramentas essenciais de autoaperfeiçoamento, empregadas permanentemente por cada homem: **pensamento, sentimento, palavra e atitude**. Essas são palavras fundamentais no caminho do Buscador da Luz e jamais devem ser negligenciadas, pois na medida em que utilizamos bem estes recursos, realizamos uma verdadeira magia em nossas vidas.

Através do uso dessas ferramentas, o homem pode densificar ou purificar cada vez mais os seus corpos. Os pensamentos, sentimentos, palavras e atitudes estão carregados de poder criativo, criando a realidade o tempo todo. Além disso, também são geradores de carmas, ou seja, tudo o que é pensado, sentido, falado e realizado, que não esteja em concordância com as Leis Divinas de Amor, Harmonia e Pureza, automaticamente provoca uma reação. Essa reação, se não for dissolvida e transmutada, fica registrada nos corpos inferiores do homem, até que ele as transforme em perfeição. Quando se usa o pensamento associado a algum sentimento, instantaneamente cria-se uma forma-pensamento.

A forma-pensamento é uma imagem impressa no plano sutil, que fica vinculada ao seu criador e que acaba sendo nutrida por ele. As formas-pensamentos criadas ficam registradas nos corpos mental e emocional do homem e, ao mesmo tempo, são expelidas no plano astral da Terra. Cada ser humano tem uma vibração peculiar, uma marca, tal como uma impressão digital, por isso toda forma-pensamento sempre carrega a marca de seu criador. Não há perigo de ela ser confundida com a de outro ser humano.

No plano astral, além das formas-pensamentos negativas geradas por toda a humanidade, estão também os espíritos prisioneiros, aqueles que se negaram, por algum motivo, a seguir seu caminho de aprendizado e preparação para uma nova encarnação. Portanto, é comum associar-se a estes desencarnados, quando se sustenta um pensamento e um sentimento de baixa vibração. Os chamados espíritos obsessores associam-se aos homens por sintonia mental ou emocional; para afastá-los totalmente é necessária a mudança de vibração mental e emocional e a constante vigilância em relação às energias que são dirigidas permanentemente. O tempo todo, o homem gera vibrações boas ou ruins e é responsável por todas elas.

1. **Corpo Divino: Centelha do Fogo Divino ou Ser de Fogo Branco**: é a essência do homem.

2. **Corpo Monádico ou Mônada**: A palavra mônada vem do grego monas e significa unidade. É aquele corpo que manifesta os aspectos da trindade divina: Vontade, Amor-Sabedoria e Inteligência Ativa. É o verdadeiro espírito do homem, a centelha divina sagrada e eterna que C. W. Leadbeater define como o nosso Deus pessoal, intransferível e imortal.

3. **Corpo Espiritual, Átmico ou Divina Presença**: A palavra Atma ou Atman vem do sânscrito e significa Espírito ou Sopro Vital. É Deus individualizado em cada ser e possui Onisciência e Onipresença. Sua vibração é altíssima e todas as Presenças Divinas de todos os homens, inclusive dos Mestres, vibram no mesmo plano de Luz e Perfeição. Todos são Um. Esse é o Corpo que foi criado à Imagem e Semelhança de Deus, conforme é dito na Bíblia, é o Pai em cada um de nós. Esta Presença Eletrônica liga-se aos corpos inferiores do homem através de um Cordão de Luz, conhecido como cordão-de-prata, conforme já descrito; é através dele que fluem todas as Virtudes Divinas ao ser humano.

4. **Corpo Búdico ou Intuitivo**: A palavra búdico vem de *Buddhi*, uma palavra sânscrita que significa sabedoria, discernimento. Este é o corpo da intuição, que dissolve todas as dúvidas geradas pelos corpos mental e astral. No corpo búdico a unidade com tudo o que existe é uma realidade e pode ser sentida pelo discípulo adiantado. Alguns autores associam este corpo ao Cristo Interno.

5. **Corpo Manásico ou Mental (Superior e Inferior)**: A palavra *manas* vem do sânscrito *man*, que é a raiz do verbo pensar, portanto sugere aquele que pensa, o pensador. O corpo mental inferior é um corpo sutil que gera e armazena todos os pensamentos e palavras formuladas, bem como as formas-pensamentos que foram criadas e sustentadas, desde o início da vida. É neste corpo e não no cérebro que os pensamentos são criados. O corpo mental deveria ser o sustentáculo das Ideias e Imagens Divinas, criando somente formas perfeitas, mas de acordo com o livre-arbítrio do homem, todo tipo de criações impuras e nocivas podem ser idealizadas por este corpo.

No mental, estão presentes os valores morais, religiosos, educacionais, familiares e sociais, e, consequentemente, os conceitos, juízos, paradigmas, crenças e superstições deles decorrentes. Por isso, é importante abandonar os conceitos humanos limitantes e negativos. Este corpo é facilmente influenciado pelos demais corpos mentais inferiores dos homens encarnados ou desencarnados, dependendo do tipo de pensamentos que são vivenciados ao longo do dia. Seu corpo mental recebe, através da sua atenção, tudo aquilo com que você entrar em contato, seja bom ou ruim. Onde estiver direcionada a sua atenção, lá você estará; essa energia é absorvida pelo seu corpo mental e fica instalada. Este corpo está em pleno desenvolvimento na atual raça, a Ariana, e todo discípulo deve aprender a ter pleno domínio de seu poder criativo.

É dito que no homem comum este corpo é pequeno e sem forma, de acordo com os clarividentes. Já no homem evoluído ou em processo de evolução, este corpo cresce em tamanho e em atividade, proporcionando a conexão com planos superiores. Esse corpo necessita, tal como o emocional, do mesmo tipo de controle, comando e purificação; portanto, devem ser evitadas todas as formas de impregnação negativa neste corpo, como pensamentos, palavras, leituras, programas de televisão e outras coisas que causem uma queda na vibração do homem.

O pensamento é mágico, e é a chave para a mudança instantânea de vibração. Mesmo diante de um conflito, um pensamento elevado, sublime, uma oração, uma lembrança boa, é capaz de reverter uma condição negativa e remeter o homem a um plano de Harmonia, Amor e Luz. Sustentando, assim, pensamentos e lembranças boas, manifestando otimismo, o homem pode mudar sua vibração e atitudes. São recomendadas para o corpo mental e emocional a respiração profunda e as técnicas de relaxamento e meditação. De acordo com os Mestres, a meditação deve ter um foco de concentração e, mesmo que outros pensamentos surjam, o indicado é deixá-los passar, sem fixar a atenção neles. No início, eles virão com maior intensidade, mas quando se tem um foco (por exemplo, a estampa da Divindade, de um Ser de Luz, ou qualquer outra coisa), a mente volta sua atenção para esse Foco e não se ocupa com os pensamentos vagos que surgem. À medida que a pessoa vai exercitando essa técnica, o processo vai ficando cada vez mais simples e profundo.

A respiração é importante, pois ajuda a relaxar, e para

que a meditação seja bem aproveitada, é importante que a coluna esteja ereta e o corpo bem acomodado; deve-se respirar profunda e pausadamente. A técnica da meditação concentrada em um foco também é importante, pois, no dia-a-dia, o mental da pessoa acostuma-se a ficar centrado no foco (no caso, bons pensamentos, boas energias) e quando sai do foco (pensamentos negativos ou supérfluos e sentimentos nocivos), mais facilmente o homem se dá conta que está gerando esse tipo de energia.

Já o corpo mental superior é aquele que se encarrega dos processos abstratos e, neste nível de funcionamento, o homem tem condições de estabelecer conexões com o plano superior e com a própria Alma ou Ego. Os pensamentos, neste plano, funcionam como *flashes* ou relâmpagos de uma Alma para outra e não possuem forma ou definição, como no mental inferior. O corpo mental superior, por estar relacionado ao nível da Alma ou do Ego (que, didaticamente falando, está no limite entre este corpo e o corpo búdico ou intuitivo), também é chamado por alguns autores teosóficos de corpo causal ou de manifestação do Ego.

O nome *causal* refere-se ao fato de que nele estão contidas todas as causas, cujos efeitos se manifestarão nos planos inferiores. Conforme o Mestre Tibetano, a construção do corpo causal é o resultado da energia dual entre a personalidade e o Ego ou lótus egóico. À medida que o homem vai evoluindo no caminho espiritual e trabalhando com os aspectos do Amor-Sabedoria, Inteligência aplicada e sacrifício do eu inferior em relação ao cumprimento do Propósito Divino, este corpo vai sendo construído. Nele, armazenam-se as Virtudes Divinas que são conquistadas e expandidas; são os chamados Tesouros no Céu. Ao longo das encarnações, todas as boas vibrações geradas pelos pensamentos, sentimentos, palavras e atitudes vão preenchendo esse corpo. Nada é perdido de uma encarnação para outra, tudo vai sendo armazenado nesse corpo e em cada vida pode-se dispor dessa reserva em seu próprio benefício ou de outros.

Sempre que se invoca a Presença de Deus para obtenção de qualquer Virtude Divina, a Alma ou o Ego derrama essas virtudes do próprio corpo causal para os corpos inferiores, e a pessoa é preenchida com aquela energia. Caso a pessoa ainda não tenha acumulado uma reserva dessa virtude, ela é providenciada pelos Mestres ou pelos Anjos e estes, então, irradiam essas bênçãos a quem estiver invocando ou desejando.

De acordo com alguns autores teosóficos, o corpo causal

é o receptáculo tanto do mal como do bem gerado pelos corpos inferiores do homem, pois constitui tudo o que resta deste, após a desintegração dos demais veículos inferiores; entretanto o bem auxilia-o a desenvolver-se, enquanto que o mal fica em sua periferia, em estado latente, sem afetar a sua construção. Conforme o Mestre Tibetano, o Ego e seu corpo causal podem ser vistos como um lótus de doze pétalas, onde uma chispa de fogo elétrico central ou coração do lótus está envolta por três pétalas que o protegem e mais nove pétalas que circundam estas três. Estas nove pétalas emanam uma irradiação que dão a impressão de uma forma esferoidal. Também pode ser visualizado como nove vibrações emanando de um ponto central, cujas radiações produzem três vibrações principais de grande força que circulam ao redor do centro. As nove vibrações percorrem um caminho diagonal até que chegam à periferia desta esfera egóica, circundando-a e formando o chamado corpo causal. A representação gráfica que existe deste corpo é uma pálida ideia de como ele realmente é, pois ela nos é apresentada de forma bidimensional, enquanto que na verdade ela se manifesta quadridimensionalmente, no plano espiritual. De acordo com C. W. Leadbeater, este corpo pode ser visto por alguns clarividentes como uma esfera de círculos concêntricos coloridos e luminosos que envolve o Ego. Nos iniciados de alto grau e nos Seres Ascensionados este corpo possui brilho, tonalidade e intensidade de cores, muito além daquelas que podemos captar fisicamente, irradiando-se em todos os planos e envolvendo todos os seres.

6. **Corpo emocional ou astral**: É um corpo sutil, que armazena todas as emoções e sentimentos humanos, convertidos a partir de sensações experimentadas pelos órgãos dos sentidos, no plano físico, desde o início da vida. Este corpo serve de intermediário ou ponte entre o físico/etérico e o mental, tanto no sentido de levar as impressões sensoriais do físico/etérico ao mental, como no sentido de manifestar no físico/etérico os pensamentos e imagens geradas pelo mental. Deveria ser o receptáculo natural de todas as Virtudes Divinas, objetivando manifestá-las no mundo físico, mas conforme o livre-arbítrio do homem este corpo pode gerar também sentimentos e emoções negativas.

   Todo tipo de energia emocional vivenciada por cada homem fica registrada nesse corpo em forma de cores, pois sentimentos e emoções geram vibrações cromáticas. Desde as cores mais claras e luminosas (amor, amizade, serenidade, misericórdia, paz, perdão, justiça, fé, harmonia, entre outros) até os tons pardos, marrons, cinzentos, escuros, vermelhos (emoções como raiva, ódio, vingança, inveja, ciúmes, egoísmo, desejos impuros, entre outros).

É um corpo facilmente influenciado pelos demais corpos emocionais, e que entra em sintonia com o plano astral, conforme o tipo de emoções experimentadas. Em cada encarnação, o homem recebe um novo corpo emocional, e este funde-se com o veículo etérico, após o desencarne físico. Esse corpo necessita de comando e purificação e, para que isso aconteça, o homem deve evitar nutrir e irradiar sentimentos e emoções conflitantes e negativas. Para isso, é importante saber que mesmo as emoções vivenciadas através de filmes, novelas, livros, músicas, conversas e outros são processadas como energias reais. Para o cérebro físico não importa se a emoção é real ou fictícia, pois este comanda o corpo da mesma forma, liberando hormônios (adrenalina, cortisol, imperil e outros) e provocando os mesmos males físicos e emocionais.

O homem que está em busca de maior controle e comando das suas emoções deve procurar manter-se afastado de tudo que possa tirar-lhe o equilíbrio, pelo menos até que perceba que sua energia emocional está mais harmônica. Depois, irá interagir com o mundo externo de uma forma bem mais equilibrada. De acordo com os Mestres, de nada adianta entrar na energia do mundo externo e da personalidade de outras pessoas, pois imediatamente a vibração cai. Para ajudar verdadeiramente o semelhante, é necessário estar em paz e ter desenvolvido certa neutralidade; assim se consegue sustentar Amor, Luz, Força ou qualquer outra vibração positiva, mesmo diante das adversidades externas. Todo ser humano que não desenvolve essa energia facilmente é tragado pelo emocional dos outros e pelo astral da Terra, tornando-se alvo de todo o tipo de malefícios.

7. **Corpo Físico/Etérico**: No plano mais denso, o físico, dois corpos são gerados de matéria deste plano: o físico e o etérico. No plano da matéria, conhecemos os estados sólido, líquido e gasoso, bem como outras quatro subdivisões mais sutis da matéria física, nos estados etérico, superetérico, subatômico e atômico. Estes demais estados formam o etérico ou duplo-etérico, como também é conhecido, por ser o duplicado, ou seja, uma cópia do

corpo físico denso, ao qual está intimamente ligado. Este corpo sobrepõe-se ao físico, como se fosse uma segunda pele e sua cor é normalmente azul-acinzentada. Este corpo serve de matriz para a construção do novo corpo físico e funciona como uma barreira entre o plano físico e o astral. À medida que o homem desenvolve sua consciência, transcende essa barreira e acessa os planos mais sutis.

O Mestre Tibetano descreve o corpo etérico como uma rede impregnada de fogo ou uma trama animada por luz dourada, que tem como funções básicas a recepção, assimilação e transmissão de prana (energia vital presente no ar atmosférico, oriunda de diferentes fontes, como: do sol, da própria Terra e de todas as formas criadas no planeta). No corpo etérico encontram-se os chacras (centros de energia) que regem a troca energética entre os demais corpos inferiores, quando o homem ainda está submetido à lei cármica. As energias que chegam aos chacras são irradiadas aos meridianos (estes funcionam como as artérias do corpo etérico), nutrindo o corpo físico com o prana.

Para limpeza e purificação do corpo etérico, é necessário usar o Fogo Violeta com frequência para dissolver as impressões negativas ou limitantes que vão sendo registradas nele. Quando, porém, o homem começa a transcender a lei do carma, e a sua energia vital começa a ascender, ele passa a operar através de centros energéticos que não se situam no etérico, mas até além e acima dele; estes são chamados centros supraluminares.
Atualmente, o aspirante espiritual trabalha três centros etéricos: centro cerebral (fusão dos centros e das energias da cabeça, terceiro olho e garganta); centro cardíaco (que inclui os centros laríngeo e cardíaco); e plexo cósmico (fusão do plexo solar, centro sacro e o centro básico). É importante não confundir estes três centros etéricos, com os três centros supraluminares, citados acima.

A Energia Perfeita e Pura carregada de Luz e de Amor Divinos que flui do Coração de Deus, a Presença Eu Sou em cada homem, derrama-se pelo cordão-de-prata e parte dela fica em um dos centros supraluminares, no alto da cabeça, conhecido como Brahmarandra. O restante se derrama pelo coronário e se divide: parte ativando o Cristo Interno, no coração, e parte ativando a Kundalini, no cóccix. A partir desses centros, a energia é distribuída aos chacras e o processo de irradiação aos meridianos se repete, conforme já descrito.

Já o corpo físico é constituído pelos elementos mais

densos do plano material e é composto basicamente de carbono, hidrogênio, oxigênio, nitrogênio e enxofre. Tem funções fisiológicas básicas e é formado de átomos, células, órgãos e sistemas diversos (nervoso, digestivo, respiratório, cardiovascular, entre outros). É o veículo criado para habitar o mundo físico a cada nova encarnação e está intimamente ligado ao etérico e aos demais corpos ditos inferiores.

Tudo o que acontece nos demais corpos acaba sendo refletido no corpo físico; qualquer pensamento e sentimento, bem como energias e impressões absorvidas pelo etérico, são transmitidas aos elétrons do corpo físico. Por isso, esse corpo não deve ser tratado de forma isolada, como faz a medicina alopática. Nessa forma de tratamento, está sendo visto somente o sintoma e não a origem do problema; nenhuma doença ou limitação física surge primeiro nesse corpo e sim nos demais. De nada adianta exterminar o sintoma do problema, sem identificar a causa do mesmo, pois ele pode retornar a qualquer momento. Qualquer dissonância ou desarmonia mental ou emocional, se não for tratada e harmonizada, poderá gerar doenças. Desta forma, é importante que o homem seja tratado de forma holística, ou seja, como um ser completo: físico, mental, emocional e espiritual. Quando cada corpo recebe o devido tratamento, as causas das doenças vão desaparecendo e, consequentemente, os sintomas físicos também. A medicina homeopática, a psicoterapia, os florais e outras técnicas de cura que veem o ser humano de forma integrada são a melhor maneira de tratar os problemas que surgem.

O corpo físico necessita de cuidados e de purificação como os demais corpos, pois no momento da ascensão, os elétrons que compõem esse corpo devem estar puros e prontos para serem liberados. Para que o corpo físico tenha um nível de pureza maior, é necessária a oxigenação do sangue, do sistema nervoso central, linfático e de todos os órgãos. Por isso, é recomendado o exercício aeróbico, como caminhadas, natação, bicicleta, corrida ou qualquer outra atividade desse tipo, de forma moderada.

Outra forma de manter o corpo físico puro é através do uso adequado da energia sexual. Essa energia atua no corpo mental e emocional também, mas manifesta-se no físico e deve ser utilizada com comando e controle, como as demais energias. O ser humano deve aprender também a sublimar a energia sexual, dirigindo-a para atividades criativas e elevando essa força. Da mesma forma que se deve controlar o pensamento e o sentimento, deve-se controlar o desejo e impulso sexual. Não significa que toda vez que esse desejo se manifesta, ele deve ser satisfeito. Através da sublimação, o desejo pode ser dirigido para outras atividades criativas e para fins mais elevados. O desejo sexual é ativado pelos pensamentos, imagens e concentração no sexo e nos temas ligados a ele; quanto mais concentrado nessa energia, mais interesse sexual o homem terá. No entanto, quando tiver outros interesses ou atividades e estiver focado em temas que o impulsionem a uma evolução espiritual maior, essa área não será tão intensa.

Segundo o Mestre Tibetano, não é exigida do homem a abstenção sexual, visto que a energia sexual faz parte de sua constituição, mas é importante que a pessoa comande e dirija esta energia e não seja comandada por ela, tornando-se escrava do desejo e dos apetites sexuais. Essa energia deve sempre ser usada com amor e como resultado de uma entrega profunda a outra pessoa, jamais de uma maneira vulgar ou superficial, como acontece nos tempos atuais. O mau uso da energia sexual e do dinheiro, associado ao poder pessoal, são dois focos que atuam no mundo humano, como uma forma de manter o homem aprisionado à matéria e aos desejos físicos, impedindo-o de libertar-se e evoluir verdadeiramente. São duas correntes de energia negativa poderosas, que estão sob o comando de seres que não são da Luz e que têm interesse em manter o homem e a Terra como estão. Por isso, o verdadeiro Buscador da Luz deve estar atento a essas energias e saber como lidar com elas.

A outra forma importante de purificação do corpo físico está relacionada àquilo que é ingerido. O Mestre Saint Germain orienta seus discípulos no sentido de evitarem o consumo de drogas de qualquer tipo (incluindo álcool, cigarro e remédios psicotrópicos) e carne de qualquer animal. Deve-se observar o excesso do uso de cafeína (presente no chocolate, chá preto, refrigerantes, café, erva-mate, entre outros), sal (dê preferência ao sal marinho) e açúcar (o branco refinado deve ser evitado, pois não tem nutrientes e rouba energia do corpo físico para ser metabolizado; recomenda-se o mel, melado, frutose, maltose, dextrose, açúcar orgânico, demerara ou mascavo). Todas essas substâncias devem ser utilizadas com moderação, pois afetam o cérebro e o sistema nervoso central, alterando-os e dificultando a sintonia com a Presença Eu Sou, principalmente em momentos de meditação. Além destas substâncias, sabe-se que gorduras de qualquer tipo, em excesso, prejudicam o organismo e afetam o fluxo sanguíneo.

CAPÍTULO 5

IRRADIANDO BOAS VIBRAÇÕES

Mestre Confúcio

OS CHACRAS

Chacra é uma palavra sânscrita que significa roda ou centro de energia. Os chacras são centros de força que funcionam como pontos de conexão entre um corpo e outro, no homem. Existem sete chacras principais e diversos secundários, que estão espalhados ao longo do corpo etérico, associados às glândulas do corpo físico. Esses chacras recebem a energia dos três Centros de Luz (supraluminares), já mencionados, e a direcionam por todo o corpo do ser humano, através dos meridianos.

Os Mestres ressaltam a importância de enfatizar os chacras superiores, ou seja, do coração para cima, pois a humanidade vem atuando, desde a queda do homem, focada nos centros inferiores.

- **Chacra coronário *(Sahashara)*:** localizado no alto da cabeça, associado à glândula pineal; é conhecido como o ancoradouro da Presença Eu Sou, ou chacra das mil pétalas. Esse chacra está ligado à Presença Divina pelo cordão-de-prata, e é através desse Cordão que a Energia Vital, o Amor, a Luz, a Perfeição de Deus flui aos corpos inferiores. Essa energia se derrama por esse Caudal de Luz e anima o corpo etérico/físico, emocional e mental.
- **Chacra Frontal *(Ajna)***: localizado no centro da testa, um pouco acima das sobrancelhas e está associado à glândula pituitária ou epífise. Também conhecido como terceiro olho, pois através desse chacra, funções psíquicas ou parapsíquicas podem ser despertadas, como clarividência, clariaudiência e outras.
- **Chacra Laríngeo *(Vishuda)***: localizado no centro da garganta e associado à glândula tireóide. É um poderoso centro de criatividade, já que a palavra falada é carregada de poder criativo.
- **Chacra Cardíaco (Anahata)**: localizado no centro do peito e associado à glândula timo. Alojado esotericamente na região do coração, entre as omoplatas. Constituído de doze pétalas,

que refulgem maravilhosamente, dando a impressão de ser um verdadeiro sol; também sempre foi considerado um símbolo da Fraternidade Crística, com os doze apóstolos e um centro de irradiação solar, o próprio Cristo. Quando em atividade, cria um fio de luz que se conecta com as doze pétalas centrais do Lótus de Mil Pétalas ou chacra coronário.

- **Chacra Umbilical ou Plexo Solar** ***(Manipura)***: localizado na região próxima ao estômago e associado à glândula pâncreas. Está relacionado com sentimentos e emoções de todos os tipos.
- **Chacra Esplênico ou Sacro** ***(Swadhistana)***: localizado na região do baço, tem a função de especializar, subdividir e difundir a vitalidade absorvida pelo prana. Já os hindus relacionam este chacra com as gônadas ou glândulas sexuais e associam a ele a energia sexual.
- **Chacra Raiz, Base ou Fundamental** ***(Muladhara)***: localizado na base da coluna vertebral, abaixo do cóccix e associado às glândulas supra-renais.

A AURA

A aura é o somatório das vibrações irradiadas pelo corpo emocional, mental e etérico/físico de cada homem. No homem evoluído, expressam-se também em sua aura as vibrações do corpo causal. Esta energia manifesta-se em forma de emanações de luz e gera um campo de força magnética.

Uma simples mudança de pensamentos e sentimentos é o suficiente para modificar a aura, alterando sua cor, sua emanação e sintonia magnética. Quando esta energia é mantida de forma negativa, obscurece o campo magnético do indivíduo e vai manifestando-se em seu corpo físico. Por isso é necessária constantemente a purificação das vibrações e essencialmente dos motivos que levaram a baixar a vibração dessa aura. Os pensamentos, sentimentos e palavras do homem vão construindo esta irradiação e somente a mudança de padrão destes poderá alterar a vibração da aura.

Os pensamentos e os sentimentos de toda a humanidade são transmitidos, de forma consciente ou inconsciente, de uma pessoa para outra, conforme a sua sintonia mental e emocional. A aura é suscetível tanto ao bem quanto ao mal, portanto é importante que o homem compreenda que esse processo de transmissão do pensamento e do sentimento pode ser uma ajuda ou um obstáculo em sua vida. Os Mestres estimulam os homens ao desenvolvimento da visão interna, para que se possa ter consciência dos problemas e corrigi-los sem demora; por isso é necessário estar sempre se protegendo, com o Manto de Luz Branca da Presença Eu Sou e utilizando o Fogo Violeta, para purificação dessas vibrações.

Quanto mais turva estiver a aura, mais densas são as vibrações; no entanto, elas podem ser transitórias e não devem ser reforçadas nem em si nem no outro, pois isso poderia piorar o seu estado energético, ao invés de ajudá-lo. Portanto, aqueles que possuem clarividência não deveriam falar para outra pessoa que a aura dela está negativa ou algo semelhante, pois isso só iria impressioná-la e baixar ainda mais a sua vibração. Poderiam auxiliá-la, dizendo o que fazer de positivo e construtivo, para elevar a sua vibração.

Ao manifestarem dentro de si a harmonia e a perfeição, naturalmente todos os homens atrairão a atenção dos Mestres Ascensionados. Não esqueçam que os Mestres veem sempre as cores de nossas auras e por isso aproximam-se. Outro dado importante, dito pelo Mestre Saint Germain, é que o fato dos discípulos verem, parcial ou perfeitamente, a aura dos demais, não é sinal de desenvolvimento espiritual, pois a capacidade de clarividência, clariaudiência e outras faculdades psíquicas são relacionadas a este plano e não, necessariamente, ao plano espiritual. Quando você estiver envolvido por pensamentos ou sentimentos impuros, conscientize-se disso e permita que esta energia seja consumida pelo Fogo Violeta, reconhecendo somente a perfeição de Deus em você. Nutra-se com essa pureza e perfeição e sinta-se unificado com o Pai. EU E O PAI SOMOS UM; é com esse pensamento e sentimento no coração que cada um pode manifestar a perfeição.

A aura do homem constitui uma verdadeira estação emissora para a energia de Deus e de seus raios divinos. As energias de Luz e de Amor de Deus e dos Mestres associam-se com os pensamentos e sentimentos bons que emergem do homem, sendo depois irradiados em todas as direções no mundo da forma. Para manter a aura protegida é necessário, além de sustentar uma boa vibração mental e emocional, utilizar-se de invocações e de uma sintonia íntima com a Consciência Divina, pedindo a sua Presença Divina que continue a sustentar o radiante Manto de Luz Branca sobre você.

Alguns exemplos de irradiações cromáticas nas auras dos homens e seu significado resumido, conforme Leadbeater:

- Violeta e branco: percepções ampliadas e espiritualidade aumentada.

- Azul: devoção, ideais espirituais.
- Verde: Adaptabilidade, versatilidade, engenhosidade, vitalidade.
- Amarelo-dourado: Intelectualidade, inteligência.
- Laranja: Ambição, orgulho, irritabilidade.
- Carmesim até o rosa: amor em diferentes expressões; quando matizada pelo lilás, pode representar amor espiritual.
- Vermelho: raiva, agressividade, impaciência, descontrole, sensualidade.
- Marrom ou cor de terra: egoísmo, avareza.
- Cinza: abatimento, tristeza, melancolia, medo.
- Preto: bloqueios no fluxo da energia divina, por irradiações de cólera, ódio e maldade.

AS CORES

As cores são ondas eletromagnéticas que possuem comprimento e frequência vibratória respectivos e que dentro de uma determinada faixa de frequência são captadas pelo olho físico sob a forma de vibrações cromáticas. De acordo com Helena Blavatsky, as sete cores do nosso espectro solar (que conhecemos como as cores do arco-íris) relacionam-se aos Sete Raios ou Hierarquias; cada Raio tem sete divisões que correspondem às mesmas cores do espectro. No entanto, a cor que caracteriza a Hierarquia ou o Raio predomina em intensidade em relação às outras. Cada Hierarquia ou Raio é representado por uma série de sete círculos concêntricos e cada círculo corresponde a uma das cores em sua ordem natural. Em cada uma destas há um círculo cuja cor é mais brilhante e intensa que as demais e o círculo terá uma aura ou franja desta cor predominante.

É importante que o Buscador da Luz tenha em mente que as cores que vemos fisicamente não são as cores reais da Natureza Oculta, sendo somente os efeitos produzidos no nosso órgão visual por determinadas gradações vibratórias.

Um estudo feito por Clerk Maxwell, físico renomado e citado por Helena Blavatsky, na Doutrina Secreta, constatou que a impressão gerada na retina por uma cor, pode também ser reproduzida pela combinação certa de outras três cores, pois o olho humano não distingue os componentes, vendo apenas a cor resultante. Os físicos modernos dizem que a retina possui apenas três sensações distintas de cor, devido aos três tipos de cones (fotorreceptores, que estão presentes na retina), que respondem ao espectro das cores vermelho, verde e azul. Desta forma, nosso sistema visual distingue as cores pelo processo de tricromacia, sendo que a maior parte dos cones são os que reconhecem as cores vermelho e verde, e um número muito pequeno responde ao azul. Este terceiro tipo de cone só está presente no homem e nos primatas, pois os demais mamíferos só possuem dois tipos de cone, portanto reconhecem um número ainda menor de cores do que nós. De acordo com Helena Blavatsky, em função dessa condição fisiológica do olho humano, é possível que não percebamos as sete cores existentes no nosso planeta como elas realmente são, mas apenas possíveis imitações ou impressões da cor real.

Helena Blavatsky também menciona a diferença existente entre a cor vermelha, percebida no plano físico (que ela chama de vermelho sanguíneo - relacionado aos desejos animais), e o vermelho-alaranjado (que não é uma combinação do vermelho com o laranja, mas sim uma outra cor, com esta tonalidade), que ela cita como vermelho "espiritual". De acordo com o Mestre Tibetano, a questão das cores ligadas aos Sete Raios, por exemplo, é bastante confusa para os discípulos e, provavelmente isso ocorre devido ao fato de no plano físico percebermos cores, que na realidade não são as mesmas que se manifestam no plano espiritual. É importante lembrar que as cores que vemos com os olhos físicos não são as mesmas que vemos com a visão interna ou com olhos astrais, já que estes possuem um alcance maior do que os olhos físicos conseguem registrar.

A cor vermelha, como a reconhecemos no plano físico, é a que possui maior comprimento de onda, porém menor frequência vibratória. Já a cor violeta é a que tem menor comprimento de onda e maior frequência vibratória. Acima da cor violeta existem as ondas ultravioleta, com frequência vibratória ainda mais alta e abaixo da cor vermelha temos as ondas infravermelho, com frequência vibratória ainda mais baixa. No entanto, estas duas ondas não são percebidas pelo olho humano sob a forma de cores. No caso da cor preta, não há comprimento de onda, nem frequência vibratória.

"Examinemos o arco-íris. Observai que nele não há vermelho carregado, nem preto; entre as radiações superiores, encontramos somente luminosidade e sutileza de cor. Certas cores, que relembram as esferas superiores, penetram até a superfície da Terra. Se alguém não preferir a qualidade fina da cor, ainda não está absolutamente em condição de compreender os mundos superiores"

Mestre El Morya

(Helena Roerich, ***AUM***. Editora Fundação Cultural Avatar/Agni Yoga Society, 2005.p.7)

A SAGRADA RESPIRAÇÃO

A respiração é o que mantém o homem vivo no plano físico, sendo oferecida por Deus aos homens, como fonte de vida e de energia. O ar atmosférico contém o prana, que é a energia vital absorvida e irradiada pelo corpo etérico a todos os órgãos e células físicas e etéricas. Todo homem está qualificando a respiração o tempo todo, pois ela é impregnada com a vibração da consciência humana. Ela é inspirada pelo homem e exalada novamente, impregnando toda a humanidade. O resultado disso poderá ser positivo ou negativo, dependendo do estado de consciência de cada um. Como a maioria dos homens ainda não possui controle da sua energia mental e emocional, qualifica a sua respiração, constantemente, de forma desarmônica.

A respiração que os Mestres recomendam como forma de purificar os corpos inferiores, deve ser feita em quatro tempos: INSPIRAÇÃO, SUSTENTAÇÃO, EXPIRAÇÃO E SUSTENTAÇÃO. Em cada um destes quatro tempos, existe uma tarefa importante a ser feita. Por exemplo: inalar do corpo emocional sentimentos de mágoa, sustentá-los no coração, transmutando-os com o Fogo Violeta e com a Chama Trina; exalar o sentimento de amor e perdão novamente ao corpo emocional e, por fim, a toda a humanidade, com os pulmões vazios.

Isso pode ser feito com qualquer vibração dos corpos emocional, mental, etérico e físico, como uma simples dor de cabeça, por exemplo. É importante, inicialmente, fazer isso com um corpo de cada vez e absorver bem a vibração do corpo, trazendo ao centro do coração, onde será queimada e transformada.

Outra maneira importante de se utilizar a respiração é associando-a a um determinado mantra, onde a inspiração é a fase de atração da Energia Divina, de uma determinada virtude, para o ambiente em que se esteja. A sustentação é a fase de magnetização da Energia Divina sustentada no local, através de apelos e visualizações. A expiração é a fase em que a Energia Divina é conduzida pelos anjos e expandida em todas as direções. E a sustentação final é a fase em que a Energia Divina é irradiada para todo o planeta e para a humanidade.

O HOMEM EVOLUÍDO E O VEGETARIANISMO

É fundamental que todo discípulo da Luz e todo homem que está, verdadeiramente, em busca da evolução seja esclarecido quanto à importância do vegetarianismo.

É estritamente necessário que, durante o processo de autocorreção e aperfeiçoamento, seja abandonada a prática primitiva da alimentação utilizando animais. Estes seres são nossos irmãos menores que, como nós, também estão em processo evolutivo. Cada vez que o homem mata e se alimenta destes seres, contraria a Lei do Amor, cria carmas e ainda ingere substâncias nocivas e trevosas que obscurecem a luz de seus átomos e células, mantendo-o ligado à natureza inferior. O homem comum, ainda não desperto e despreocupado em relação ao caminho espiritual, alimenta-se de carne e faz tudo isso por absoluta ignorância. Seu nível de consciência ainda é baixo e, em função disso, não tem noção da importância do que isso significa para si e para os animais em geral.

No entanto, o Buscador da Luz, que está desejoso de aperfeiçoamento e que já conhece as Leis, sabe exatamente o que está gerando e provocando no seu mundo. É incoerente desejar o Reino dos Céus, a Paz, o Amor, a Bondade Infinita de Deus e continuar sendo conivente com a matança e o sofrimento destes pequenos seres. De nada adianta trabalhar a personalidade, orar, apelar, visualizar por um planeta harmônico e pacífico e permitir que isso continue acontecendo, sabendo-se corresponsável por esta prática primitiva e cruel.

Caso você nunca tenha pensado sobre isso, informe-se; veja como é a realidade dos animais que são abatidos aos milhares, diariamente, para que o homem satisfaça seu apetite carnívoro. Gado, galinhas, porcos e outros milhares de animais sofrem, nos matadouros, as maiores crueldades que um ser humano pode fazer, sem nenhum tipo de punição legal. Tudo justificado pelo consumo da carne e pelo dinheiro que mantém esta indústria do sofrimento e da dor. Quando o homem fuma, ingere álcool, usa drogas e comete excessos alimentares gera consequências para seu corpo físico e seus corpos sutis. No entanto, quando o homem se alimenta da carne, além de fazer mal ao seu corpo físico e sutis, ele colabora com o sofrimento de muitos seres e o mal que ele gera envolve outro ser, portanto é muito pior. O carma de quem trabalha em matadouros de animais não é só da pessoa, mas de todos os homens que se alimentam da carne e que contribuem para que esse tipo de instituição e de profissão exista. Todos são responsáveis por este carma.

Muitas vezes, a alimentação carnívora é uma questão de hábito, de crença ou de cultura, e nunca foi questionada pela pessoa. Muitos homens que gostam de animais, como cães, cavalos, gatos, golfinhos, e outros, alimentam-se de carne, pois a sensação que eles têm é de que determinados animais foram realmente criados para servir de alimento. No entanto, o gado, a galinha ou o porco são animais como quaisquer outros; possuem sentimentos, sentem medo, dor, tristeza, alegria e expressam afeto. Procure questionar-se sobre isso, assista documentários, filmes, leia livros sobre o assunto, converse com pessoas vegetarianas, com médicos ou nutricionistas que orientam esse tipo de alimentação e desmistifique as crenças limitantes que você possui em relação à necessidade da alimentação carnívora. Se você está realmente em busca de purificação e evolução espiritual, precisa se libertar desse tipo de aprisionamento e libertar também os seus irmãos menores desse sofrimento. Reflita!

CAPÍTULO 6

INICIAÇÃO: A META DE TODO O BUSCADOR DA LUZ

Senhor Maitreya

O PROCESSO DE INICIAÇÃO

O termo iniciação vem do latim e significa a formação de um princípio, o que sugere uma expansão de consciência. Cada iniciação representa a aceitação do discípulo a uma etapa mais adiantada, expandindo o fogo interno e a mudança de polarização. O processo leva a uma contínua expansão de consciência, com a revelação de mistérios profundos e está disponível aos homens que se esforçam o suficiente para isto e cujos carmas o permitem.

A iniciação não envolve, necessariamente, o desenvolvimento de faculdades psíquicas, mas leva à compreensão interna e possibilita ao homem perceber as lições a serem aprendidas em todos os momentos. Este processo envolve uma postura correta no pensar, sentir, falar e agir do próprio discípulo. No momento em que a mudança começa a acontecer, o Mestre pode auxiliar seu discípulo e aí acontece a iniciação propriamente; um novo ritmo atômico é produzido em seus corpos. Essa cerimônia representa um ponto de realização e resulta numa percepção consciente da personalidade em relação à Sabedoria da divindade e a um breve período de Iluminação, onde o Iniciado vê uma parcela do Caminho a ser percorrido.

O Caminho Probatório ou de Provação é anterior ao Caminho da Iniciação e é o momento na vida do homem em que ele se coloca a serviço das forças evolutivas e procura construir seu caráter e controlar sua personalidade. Ele trabalha na construção de seu corpo causal, procurando manifestar a energia do Cristo. Durante este período o homem aprende a conhecer-se, identificando suas falhas e tentando corrigi-las. É ensinado a atuar como um Servidor da Luz e, durante muitas encarnações, sustenta essa atividade, acessando a Sabedoria Divina. Um Mestre o percebe e o deixa sob os cuidados de um de Seus discípulos (Iniciados do primeiro e segundo graus atuam ensinando, entre 22 h e 5 h da manhã, todas as noites, aos discípulos aceitos e aos que estão no Caminho Probatório, em todas as partes do mundo).

Cada homem é reconhecido pelo brilho de seus corpos; portanto, quanto mais pura a matéria que compõe os corpos, mais o Iniciado refletirá a luz interna. Os alunos são classificados, pelos Seres de Luz, pela magnitude de sua luz, velocidade da vibração, pureza do tom e claridade da cor. Quando o homem está purificando seus corpos físico/etérico, emocional e mental com tenacidade e dedicação, a luz interna brilha com mais intensidade e, na sustentação desta tarefa, o processo de refinamento aumenta. Os discípulos aprendem em grupos, nos templos dos Mestres ou em sala de aula, durante a noite. Além disso, podem ser chamados, individualmente, à Presença do Mestre para uma recomendação, advertência ou predisposição para uma iniciação. Grande parte da preparação do discípulo é feita por um iniciado mais adiantado, que atua como tutor deste, sendo responsável pelo seu progresso. No entanto, hoje em dia, muitos Mestres já estão assumindo diretamente o preparo dos discípulos.

Um discípulo é aquele que está disposto a servir à humanidade; cooperar com o plano dos Seres de Luz; desenvolver os poderes da Divindade, seguindo o comando do Eu Superior e não do eu-personalidade. O discípulo é aquele que começa a entender o significado do trabalho em grupo e que muda o foco de si próprio para o grupo; reconhecendo sua força interna, usa-a para o bem comum. O discípulo se conscientiza de sua responsabilidade diante de todos que o cercam, ensinando-os a diferenciar o real do irreal e fazendo isso através do exemplo de sua própria atitude. O trabalho a ser desenvolvido pelo discípulo consiste em buscar uma resposta sensitiva à vibração do Mestre; uma pureza prática de vida; uma libertação da ansiedade do eu-personalidade; o cumprimento de suas dívidas cármicas, resgatando-as e transmutando-as.

Um dos maiores elementos para a evolução prática é a palavra. O homem que mede suas palavras e as emprega com fins positivos, levando Amor e Harmonia aos outros, dá os primeiros passos no Caminho e se prepara para a Iniciação. A palavra é um meio de criação e a manifestação da força. No silêncio está a conservação da força e na utilização das palavras faladas está a distribuição da força.

Algumas orientações são importantes: estudar com atenção os três primeiros livros do *Bhagavad Gita* (que conta a história do discipulado); observar o coração (o amor tem que ser impessoal); estar preparado para lidar com a solidão (inicialmente ela ocorrerá, pois a mudança e a introspecção levam a uma separação temporária); cultivar a felicidade, que está fundamentada na confiança no Deus interior; exercitar a paciência (a perseverança é uma das características divinas).

É necessário manter os olhos fixos no Plano Interno, os ouvidos atentos à voz da Divindade que se escuta no coração; os pés firmes na senda que leva às Iniciações; as mãos abertas em oferecimento a todos e a vida entregue ao serviço.

A primeira iniciação – O Nascimento

O controle do Eu divino sobre o corpo físico deve ser grande (a gula, os vícios, a energia sexual não devem dominar). O centro cardíaco é vivificado, possibilitando maior controle do emocional e serviço abnegado. É ensinado ao iniciado como harmonizar seu corpo emocional e a atuar no plano astral como faz no físico (sintonizando-se com elementais e devas astrais e atuando nos subplanos inferiores). Durante muitos anos ou encarnações o iniciado fica nessa etapa do processo, aperfeiçoando seu corpo emocional. O iniciado depara-se com o Cristo em seu coração.

A segunda iniciação – O Batismo

O controle do corpo emocional deve ser demonstrado. Estabelece-se uma sintonia com o Eu Divino e com o Mestre, manifestando-se somente o que for para o bem comum e o corpo emocional torna-se limpo e cristalino. O Eu Divino comanda os dois corpos inferiores (físico/etérico e emocional) e os submete a sua vontade. A aspiração e o propósito de servir, amar e progredir se tornam fortes e isso gera um rápido progresso.

Nessa iniciação é vivificado o centro laríngeo e isto gera uma capacidade de se por a serviço do Mestre, concedendo-lhe a capacidade de divulgar o que é útil, possivelmente pela palavra falada, em algum tipo de serviço. Uma visão das necessidades do mundo é atingida e uma parte do plano, demonstrada. É necessário o domínio da mente concreta pelo Eu Divino. O iniciado aprende a controlar seu corpo mental, desenvolve a capacidade de manipular a matéria mental e aprende as leis de construção do pensamento criador – a precipitação. Ele atua nos subplanos inferiores do plano mental, e antes da terceira iniciação deve comandar plenamente os planos físico, astral e mental.

A terceira iniciação – A Transfiguração

A personalidade inteira é envolvida com a Luz que vem do alto. É só a partir daí que a Mônada ou o Eu Sou dirige a Alma ou Eu Superior e este a personalidade. São ativados os centros da cabeça, e a meta do desenvolvimento é a intuição espiritual.

Quando o físico estiver puro, o emocional estável e firme e

o mental controlado, então o iniciado poderá, com segurança, manejar as habilidades psíquicas para ajuda dos demais. O Iniciado é capaz de criar formas-pensamentos vibrando dentro do espírito do serviço e não comandados pelo desejo ou pela mente inferior. A partir daí, o Senhor do Mundo entra em sintonia com o iniciado e pode-se alcançar a capacidade de ver e ouvir em outros planos, bem como ler e compreender os registros. O coração torna-se puro e amoroso e o intelecto estável o bastante para lidar com o saber.

Antes que venha a quarta iniciação, o treinamento é intensificado e a acumulação de conhecimento é cada vez mais rápida. O iniciado tem acesso aos livros ocultos e pode contatar com o Mestre com o qual está ligado e com o qual tem trabalhado, de modo consciente, por muito tempo.

Quarta Iniciação – A Crucificação ou Renúncia

É o momento da grande renúncia do eu inferior e das coisas deste mundo: sua personalidade aperfeiçoada, amigos, família, dinheiro, reputação, caráter e permanência no mundo. Caso ele permaneça servindo na Terra, ele maneja todas as energias com total domínio e a ele são destinadas tarefas e grandes projetos, ensinando muitos alunos e reunindo à sua volta os que deverão assisti-lo em tempos futuros.

Quinta iniciação – Ressurreição e Ascensão

O iniciado transforma-se num Adepto ou Mestre e está aperfeiçoado, podendo ainda atingir mais duas iniciações. Para atingir a sexta iniciação é necessário fazer um curso de ocultismo planetário. Um Mestre controla as leis nos três mundos enquanto o Chohan de sexta iniciação controla as leis em todos os níveis da cadeia planetária, e um de sétima iniciação controla as leis no sistema solar.

Nas duas primeiras iniciações o Mestre que oficia o trabalho é o próprio Cristo.

Regras para solicitantes à Iniciação:

1. Amor por todos os seres; as necessidades do mundo têm que ser maiores do que a sua própria.
2. A atitude mental deve ser a de não se importar se vai haver ou não a iniciação.
3. Quando a vida no mundo físico é fertilizada, a emocional

estabilizada e a mental transmutada, esta sintonia abre os Portais de Luz.

4. Responsabilidade em relação às vidas menores que compõem seus corpos, incluindo a natureza e os elementais do planeta.
5. Estudar sua origem divina e sua manifestação, bem como sua natureza inferior, conscientizando-se da interdependência que existe em todas as coisas vivas.
6. O absoluto vegetarianismo e a abstenção de álcool ou bebidas fermentadas e do fumo. Isso deve ser exercitado durante o período probatório, até que o discípulo se torne um aspirante à iniciação.
7. Pureza nos pensamentos, precisão na palavra e habilidade na ação. Vigilância constante do pensamento, auto-observação no falar, eliminando expressões desnecessárias e negativas e empregando a palavra com sabedoria. O silêncio deve ser cultivado.
8. O controle dos centros inferiores pelo centro da cabeça, aplicando sua energia na meditação, correto pensar e serviço dedicado.
9. Encontrar o grupo de servidores ao qual pertence no plano interno. Este reconhecimento estará baseado na unidade do objetivo, da vibração, na identidade de afiliação grupal, nos laços cármicos do passado e na capacidade de trabalhar em harmonia.
10. O estudo do procedimento seguido pelos Construtores de Formas, conhecendo o propósito do som, significado da grafia e sintaxe das palavras, bem como das leis de vibração e eletricidade, bem como da correspondência entre o macrocosmo e o microcosmo.
11. O controle do impulso sexual e a transferência do fogo que vitaliza os órgãos reprodutores para o centro da garganta, levando à criação mental. Isso não significa abstinência da vida sexual, mas um uso prudente e devido dessa energia. Caso seja necessária uma abstinência temporária para que isso seja alcançado, essa deve ser realizada.
12. Aprender o uso das mãos no serviço: para curas físicas e emocionais, bênçãos, oração e manipulação da matéria e correntes mentais; procurar a marca do mensageiro em seus pés, empregando-os na busca do caminho e permitindo que ele os leve ao serviço e a transmissão do Fogo Divino aos homens; aprender a usar a visão interna, desenvolvendo a autoconsciência e tendo uma visão mais ampla de si e do mundo.
13. Aprender as leis daquilo que irradia; os significados da magnetização, a transmutação e o nome oculto do Eu Superior.
14. Ouça, toque, veja, aplique, conheça.

A CONSTRUÇÃO DO *ANTHAKARANA*

O *anthakarana* é um princípio da consciência; ancorado na cabeça, funciona como ponte ou canal que, inicialmente, traz a consciência da Alma à personalidade, fazendo com que estes dois núcleos se comuniquem de forma direta. Na etapa seguinte, este canal se estende da Alma até a Mônada e permite que a Alma seja comandada por esta. Este canal é feito de matéria mental (também chamada de manásica) que surge e se desenvolve a partir da aspiração espiritual consciente. Auxiliam também na construção deste canal o uso de mantrans e decretos, as visualizações, a meditação, a disciplina e a atenção dirigida.

Através da construção do *anthakarana*, o homem deixará de ter medo da morte, negará todo sentido de separatividade e fará com que ele responda, na consciência física, às impressões que lhes chegam dos Planos Superiores ou da Mente de Deus. Dessa maneira, o homem poderá colaborar com os propósitos e planos do Criador.

Para que o discípulo atinja o estágio da iniciação é necessária a construção do *anthakarana*, que promove um relacionamento próximo entre o Eu espiritual e a mente superior e, depois, desta com o cérebro, fazendo a ligação entre mente superior e inferior. Para isso é preciso muito trabalho, poder de visualização e capacidade interpretativa da intuição que começa a despertar; este processo necessita ser feito com o máximo de compreensão consciente, embora parte da humanidade esteja fazendo esse processo de forma totalmente inconsciente.

A Alma humana está, de certa forma, sujeita ao controle da personalidade no homem comum, como se fosse prisioneira desta personalidade. No Caminho Probatório, o homem procura usar sua capacidade mental cada vez com mais consciência e inteligência e começa a irradiar Amor-Sabedoria ao seu redor. Nesse estágio a energia dual da alma fica mais ativa e aí inicia-se um processo de sintonia e ritmo entre a personalidade e a Alma, uma oscilando para o campo vibracional da outra.

É importante o uso da mente consciente para o reconhecimento das ideias e a receptividade em relação a elas, bem como para a criação de formas-pensamentos construtivas e positivas (a meditação é um grande auxiliar do discípulo para que ele se focalize no plano mental). Surge certo controle mental, direcionando-a para dois polos: o humano e a atividade da Alma. A energia do discípulo flui para o mental superior e para o plano intuitivo e destes planos fluem energias para o mental inferior ou concreto e para o plano físico; o caminho entre dois reinos começa a ser criado. Ao longo do processo, isto vai ficando cada vez mais constante e, desta forma, parte desta ponte ou canal de comunicação, o *anthakarana*, é construído.

Na etapa do desenvolvimento em que o discípulo passa pela terceira iniciação, esta ponte está concluída e o iniciado transita pelos planos superiores e inferiores livremente, podendo permanecer somente nos planos superiores, deixando para trás o mundo inferior. Depois desta iniciação, os três mundos da Alma (Atma, Budhi, Manas Superior) e os três mundos da personalidade (mental inferior, emocional e etérico/físico) tornam-se apenas um e o iniciado vê o primeiro mundo como inspiração e o segundo como campo de atuação ou de serviço.

É importante entender a diferença entre o *anthakarana* (cordão ou fio da consciência) e o *sutratma* (cordão-de-prata ou Fio da Vida). O *sutratma* une e vivifica tudo, incorporando no ser, seja ele qual for, o propósito de sua expressão. É a corrente de vida, a energia viva que flui da fonte para a expressão externa e produz o desenvolvimento de todas as formas. É também o caminho vital que abrange da Mônada à personalidade, através da Alma e que termina no coração humano e em algum ponto focal nas outras formas de vida.

Já o *anthakarana* é a base da continuidade da consciência e o caminho e meio de expansão entre os diferentes planos (inferior e superior). É a síntese de três fios: o da vida (que vem da Mônada e está ancorado no coração), da consciência (que vem da Alma e está ancorado na cabeça) e da criatividade (que é criado pelo homem e subdividido em três fios ancorados no plexo solar, na cabeça e no coração). No momento em que o corpo astral e a natureza mental atuam como uma unidade, conectando-se com a Alma, uma extensão destes três fios, que compõem o fio da criatividade, juntamente com fio da vida e da consciência, é ancorado na garganta e o homem torna-se um criador consciente no mundo físico.

A ASCENSÃO

A ascensão é a libertação da roda das encarnações e é decorrente do processo de purificação dos corpos inferiores, associado ao desenvolvimento de todas as Virtudes Divinas. Quando o ser humano torna-se mestre de seu pensamento, sentimento, palavra e atitudes, transmuta seu carma, e reflete as Qualidades de Deus, seu Cristo Interno torna-se seu verdadeiro dirigente.

Naturalmente, esse processo gera uma elevação da frequência vibratória de todos os corpos inferiores do homem, que afinal se sintonizam com o Corpo Eletrônico ou o Corpo da Presença EU SOU, que envolve os demais num grande abraço, absorvendo-os para si; assim, todos os elétrons que compunham cada corpo da personalidade (mental, emocional, etérico/físico), absolutamente purificados, reúnem-se no Corpo da Divindade.

Diferentemente do que ocorre no processo de desencarne, a que chamamos de *morte*, os elétrons do corpo físico não são abandonados neste plano e sim erguidos à Glória de Deus, junto com os demais; por isso, todo Ser Ascensionado dispõe destes elétrons e, se necessário, materializa um corpo físico, instantaneamente. A ascensão é o processo pelo qual todos os Ascensionados passaram, inclusive o Mestre Jesus, que fez isto publicamente, para mostrar aos homens esta real possibilidade. De acordo com Saint Germain, a grande maioria das ascensões ocorre no plano físico e, caso isso não seja feito, o homem precisa nascer mais uma vez para libertar este corpo e fazer isso de forma consciente.

É importante desejar a ascensão, como uma forma de melhor servir ao Plano de Evolução, mas permanecer focado no aqui e no agora, pois é neste momento, no Eterno Presente, que a ascensão é construída. O processo de evolução pode ser comparado a uma grande escada; cada degrau é uma etapa do processo; se você aprende as lições necessárias, sobe um degrau, caso contrário, pode até descê-lo. Ao longo do caminho, um dia você estará no último degrau, faltando apenas uma pequena etapa no trabalho de libertação final.

A ascensão ocorre todos os dias. A cada mudança de pensamento, no abandono de antigos padrões e na expressão de sentimentos mais elevados e realizações cada vez menos egoístas, você percebe ter dado um passo ascensional. Se for olhar pra trás, verá o quanto mudou e evoluiu nesta encarnação; então é só continuar trabalhando com dedicação e afinco nesta tarefa que, inevitavelmente, a ascensão acontecerá. Esta é a meta de todos os homens: um dia todos tornar-se-ão Mestres Ascensionados, assim como estes um dia foram homens na Terra. O uso contínuo do Fogo Violeta é fundamental para se alcançar esta meta, pois vai libertando pouco a pouco o homem de todas as suas prisões, até que ele alcança a liberdade definitiva.

É importante lembrar que, diariamente, o homem recebe de sua Presença Eu Sou um derramamento infinito de bênçãos e de Perfeição para seu uso diário. Uma pequena parcela desta energia apenas é elevada e redirecionada a essa Presença em forma de gratidão e pureza; o restante é utilizado para gerar todo tipo de dissonância e satisfação dos desejos da personalidade humana. Portanto, no momento em que o homem começa a empreender a energia que recebe de Deus, todos os dias, com absoluta perfeição, constrói esta Escada de Luz e devolve ao Alto todas as bênçãos possíveis. Seu corpo causal é construído, devidamente preenchido com as Qualidades Divinas e, assim, vai se aproximando o grande momento de libertação. A ascensão é a etapa final da evolução no planeta Terra, mas existem muitos outros passos ascensionais a serem dados, ao longo do caminho, até o retorno ao Coração de Deus. É uma longa caminhada...

CAPÍTULO 7

OS ELEMENTAIS E OS ANJOS

1º Raio - Miguel

2º Raio - Jofiel

3º Raio - Samuel

4º Raio - Gabriel

5º Raio - Rafael

6º Raio - Uriel

7º Raio - Ezequiel

LINHAS DE EVOLUÇÃO

Existem três linhas de evolução que foram enviadas por Deus à Terra, para crescerem juntas. Estas linhas de evolução são conhecidas como Hominal ou Humana, Elemental e Angélica.

O homem teve a tarefa de ser cocriador, junto com Deus, e executar seu Plano Divino. Os elementais são os seres que manifestam as formas e foram incumbidos de concretizar no mundo físico os projetos de Deus e do homem. Já os anjos foram designados para expandir e irradiar aos homens e elementais as Virtudes Divinas e assim obterem a sua evolução.

ELEMENTAIS

Estes seres se dividem basicamente em três categorias: aqueles que compõem os elementos fogo, água, ar e terra, também conhecidos como espíritos naturais ou forças relacionadas aos elementos; aqueles que criam os reinos mineral, vegetal e animal e aqueles que criam os corpos físicos dos homens. Estas duas últimas categorias também são chamadas de Construtores de Formas.

Os elementais foram criados pelo Grande Arquiteto do Universo, para envolverem toda a forma com sua irradiação de Amor e para servirem ao homem e à Terra, embelezando-a e provendo-a. Eles são a manifestação natural do Amor Divino e fornecem sustentação a tudo o que evolui no Planeta; são os tecelões de toda Criação e a manifestação da Atividade Perfeita do Espírito Santo. Pode-se vê-los como extensões de Deus no mundo da forma. O seu único propósito é servir e cumprir os Desígnios Divinos, pois são totalmente obedientes à Vontade de Deus. Cabe-lhes executar, alegremente, a Vontade Divina. A descida da Ideia Divina do plano espiritual para a matéria é a vida que eles conhecem e manifestam. Desta forma, cumprem o Plano de Deus, dando-lhe forma física e manifestando toda a sua Perfeição. Obedecem à Mente Divina e aceitam totalmente seu comando; os elementais, no primeiro estágio de desenvolvimento, não possuem livre-arbítrio como o homem e, por isso, não têm discernimento, poder de escolha ou decisão, apenas cumprem o Plano, sem questioná-lo. São maleáveis e adaptam-se facilmente ao que lhes é designado; reproduzem tudo o que lhes é sugerido. Para eles o homem também é um Deus, portanto, tudo aquilo que lhes é comandado pela mente humana, também é uma ordem que eles cumprem. Sem capacidade de discernir o bem e o mal, criam também as imperfeições e impurezas que os homens lhes impõem. Cabe ao homem a função de discernir e escolher o bem e a perfeição, na hora de criar novas formas-pensamentos e dirigir estes pequenos seres; eles dependem totalmente do homem, são seus servos fieis e obedientes.

Compondo os quatro elementos, eles recebem nomes específicos:

- FOGO – Salamandras (dirigidos por Hélios e Vesta/Oromasis e Diana)
- ÁGUA – Ondinas (dirigidos por Netuno e Lunara)
- AR – Sílfides ou Silfos (dirigidos por Thor e Áries)
- TERRA – Gnomos (dirigidos por Pelleur e Virgo)

Os elementais que animam os quatro elementos da natureza estão sujeitos ao comando imperfeito do homem e, da mesma forma que as outras categorias de elementais, necessitam de criações harmônicas e puras. Todas as dissonâncias criadas pelos homens são retratadas por estes seres e aquilo que o homem conhece como fenômenos da natureza (terremotos, tsunamis, maremotos, furacões, erupções vulcânicas e outros), são a imitação que os elementais fazem, em suas obras, de tudo aquilo que o homem faz em seus corpos mentais e emocionais e, consequentemente, em seu mundo físico. Portanto, o ser humano é o verdadeiro responsável por estes cataclismas naturais; esta não é a Vontade de Deus, visto que Ele só gera Perfeição.

No caso dos elementais que criam os corpos dos homens, os quais chamaremos de Construtores de Formas, o processo funciona da seguinte forma: quando a Alma desce ao plano físico, é designado um ser elemental do corpo para acompanhar o homem durante sua encarnação. Este Construtor é um servo obediente do homem, ao longo de várias encarnações, e só será substituído se o homem lhe tiver causado um mal muito grande, através de seus pensamentos e sentimentos. Aí, um novo elemental do corpo lhe é designado. Caso contrário, este permanecerá como um companheiro do homem até a libertação da roda das encarnações, e uma vez que o homem atingir a ascensão, o elemental do corpo também atingirá.

O Construtor cria, a partir da matriz etérica, o novo corpo físico, sob a orientação da Presença Divina e do Cristo Pessoal de cada ser. Na concepção física, o elemental do corpo da Alma que está por renascer associa-se aos elementais do corpo da mãe e do pai, constituindo uma trindade e manifestando as energias do Pai, Filho e Espírito Santo, em cada átomo e célula do embrião que começa a se desenvolver. Como o modelo utilizado é a matriz etérica do homem, a manifestação física será uma cópia exata daquilo que estiver registrado nesta matriz, ou seja, fruto dos pensamentos, sentimentos, palavras e atitudes do passado. Portanto, a perfeição ou não da forma criada está relacionada a fatores ligados ao carma individual de cada homem, ou seja, o elemental não pode reproduzir na matéria o que o homem não criou na dimensão do Espírito. A alquimia deste processo depende ainda dos elementos presentes no corpo da mãe e dos respectivos nutrientes físicos, bem como da vibração elevada da mãe e do pai. No fim do segundo mês de gestação, o Espírito Santo desce ao corpo físico do embrião e anima o coração físico, em sintonia com o ritmo do Coração de Deus.

O Construtor do corpo é uma cópia perfeita de seu senhor (o mental do homem), muitas vezes imperfeita, mas sempre uma réplica de seus desejos. Todos os pensamentos e sentimentos criados pelo homem são manifestados, instantaneamente, nas suas células e átomos. Por isso, tudo aquilo que o homem cria no seu mental e no seu emocional é impresso na carne e gera bênçãos ou infortúnios; se o homem pensa em doenças, limitações, dificuldades e negatividade, é isso que o elemental do seu corpo estará construindo em cada célula, e ficando doente. A fonte energética que este Construtor de Forma utiliza é a luz dos corpos mental e emocional, a chama do coração do homem e a vibração dos chacras; quando esta energia está obscurecida por dissonâncias e impurezas, as imperfeições são retratadas. Por isso, quanto mais luz, alegria, força, amor e positividade forem nutridos nos corpos sutis do homem, mais perfeição será retratada em seu corpo físico.

A categoria de elementais que constrói as formas minerais, vegetais e animais também obedece ao Comando Divino, gerando perfeição. No entanto, quando a vontade humana subjuga a natureza, criando-lhe imperfeições, os Construtores de Forma obedecem e a transformam em criações deturpadas e impuras. Quando a Terra foi criada por Deus, os Elohim e Arcanjos dos Sete Raios manifestaram a perfeição em todas as formas; tudo era harmonioso, puro e perfeito: o ar, á água, a terra e o fogo no coração do planeta. Os minerais foram colocados também para servir ao homem; por exemplo, os cristais e o ouro são minerais que servem como expansores da energia Divina em toda a Terra, impregnados nas entranhas do planeta. O ouro é considerado um raio de sol precipitado, a mesma energia pura e perfeita dos Deuses Solares Hélios e Vesta, numa dimensão mais densa. Os vegetais vieram servir ao homem trazendo diversidade e abundância na alimentação física (grãos, raízes, caules, folhas, frutos, enfim) e os animais que povoaram o planeta no início da criação foram os pássaros e alguns poucos animais marinhos, todos manifestando a harmonia e a perfeição da Obra Divina.

As duas primeiras raças que habitaram a Terra sustentaram essa perfeição e mantiveram a beleza de todas as formas criadas por Deus; no entanto, a partir da terceira raça (onde começa a ocorrer uma involução do homem), os homens desviaram a Energia Divina de Harmonia e Pureza, que lhes era oferecida por Deus, para criações impuras, conforme seu próprio livre-arbítrio.

Isto resultou na queda do homem e na involução; seus pensamentos e sentimentos, que até então eram harmônicos, começaram a gerar imperfeições e estas começaram a ser retratadas pelos pequenos Construtores de Formas. A natureza começou a ser contaminada por formas imperfeitas e passou por várias mutações; muitas espécies animais, vegetais e minerais foram surgindo, em função das dissonâncias geradas pelo mental e emocional humano. Os vegetais começaram a desenvolver espinhos e toxicidade e os animais começaram a ficar cada vez mais agressivos e predadores. Esse processo aconteceu durante milhares de anos, até a criação de uma infinidade de espécies minerais, vegetais e animais, que se conhece nos dias atuais.

No momento em que o homem tiver consciência de que suas formas-pensamentos criam realidade e são retratadas pelos seres elementais saberão que devem utilizar esse poder criativo somente para gerar o bem, a pureza e a perfeição. Assim, estes seres refletirão essa harmonia em todas as obras e todas as impurezas conhecidas no reino da natureza, nos tempos atuais, começarão a desaparecer. De acordo com os ensinamentos, os seres elementais precisam manifestar a pureza e a perfeição de Deus em suas formas e, consequentemente, evoluírem. À medida que evoluem, vão se transformando em Devas (com responsabilidades de sustentação de formas mais complexas), Veladores ou Zeladores Silenciosos (aqueles que sustentam a forma de um planeta, por exemplo) e Elohim (aqueles que são chamados de Arquitetos do Universo); estes estágios de evolução não obedecem à mente humana, já integram a Hierarquia e, portanto, não conhecem outra coisa senão a Vontade de Deus e o fiel cumprimento de Seu Plano de evolução.

OS REINOS CRIADOS NA NATUREZA

Existe uma progressão do nível de complexidade nestes seres que compõem a natureza, iniciando-se pelo mineral, depois vegetal e por fim o animal. Este último possui alma-grupo e reencarna como os seres humanos, até atingir a libertação. Cada espécie de animal possui uma alma-grupo e, à medida que aqueles animais pertencentes a esta alma-grupo desencarnam, contribuem ou não para sua evolução. Essa contribuição depende exclusivamente da forma com que aquele animal foi tratado pelos homens. Considerado como irmão menor do homem, o animal precisa de amor, respeito, compaixão e estímulo para a sua evolução. Se ele teve tudo isso, a alma-grupo é beneficiada e todos os seres que fazem parte dela, também o são. Esse processo vai acontecendo sucessivamente, até que aquela espécie beire à individualização, ou seja, liberte-se da evolução animal e tenha a possibilidade de receber a Chama Trina em seu coração, preparando-se para uma evolução humana.

Conforme explicado pela Fraternidade Branca, cada ser evolui dentro do seu reino, ou seja, o homem não vira animal, vegetal ou mineral, porém o contrário pode acontecer, em períodos ou estágios de evolução diferentes no mesmo planeta ou até em outro planeta. Os animais que atualmente estão se preparando para receber a individualização são os gatos, cães, cavalos e elefantes, que, ao longo desta Era, poderão desaparecer como espécies, pois terão cumprido seu aprendizado neste plano e renascerão em outro. Entretanto, este tipo de extinção das espécies será por vias naturais e não pelo abuso do homem.

Todo Construtor de Forma é preparado no Reino etérico para criar uma forma, seja qual for. Este é um processo longo e que exige muita dedicação. Normalmente um Elohim ou um Mestre Ascensionado é o Instrutor do pequeno Construtor. Seja para criar uma flor, uma folha, um fruto, uma rocha, um corpo de um animal ou de um homem, todos passam por um treinamento rigoroso, até terem condições de assumir a construção da forma.

O processo é exatamente este: a imagem daquilo que será criado é projetada pelo Instrutor e o Construtor copia esta imagem, transformando-se nesta forma; para ele a textura, o tamanho, o modelo, a cor, enfim toda característica descrita é fundamental. Imitar esta forma e sustentá-la é o esperado pelo Instrutor e, quando o pequeno Construtor alcança esse ideal, é designado para vir aos planos mais densos da Terra e animar a forma no mundo físico. Após completar seu trabalho, ou seja, vivificando esta forma durante um determinado período de tempo, ele é liberado e novas tarefas lhe são designadas.

Desta forma, o minúsculo Construtor cresce e evolui, criando formas cada vez mais complexas e perfeitas, até transformar-se em Deva, Velador ou Elohim, conforme já explicado. Lembre-se de que cada pequena folha, grão, fruta, rocha, cristal, animal é um ser em evolução no planeta e que sua evolução depende totalmente do ser humano para ser concluída.

MINERAL: Este reino tem como meta a condição radioativa, ou seja, a emissão de energia e partículas pelos núcleos dos átomos de determinados elementos químicos; a transmutação de um elemento em outro. Na radioatividade natural, a energia liberada não prejudica o equilíbrio planetário. Atualmente, os minerais se dividem, quanto à sua evolução, em: metais inferiores, metais nobres (prata, platina e, de forma muito especial, o ouro, conforme já citado); pedras semipreciosas e cristais e pedras preciosas. Os minerais são regidos pelo Sétimo Raio (que é o Raio responsável pela radioatividade nos minerais) e pelo Primeiro Raio (que produz o Reservatório básico do Poder). Na próxima etapa evolutiva, serão retirados da Terra os minerais usados em experiências atômicas e em outras atividades que envenenaram o plano físico.

VEGETAL: É o reino mais adiantado, aquele que melhor realizou o seu propósito. Sua função divina e exclusiva é a de ser o transmissor e transformador do prana para as demais formas de vida no nosso planeta. É o único reino que é regido por três Raios: o Segundo (produz seu magnetismo, sua atração; trabalha a sensibilidade), o Quarto (produz a harmonia entre a forma e a vida, manifestando a cor) e o Sexto (produz o nascimento voltado para a luz; trabalha o impulso para consagrar a vida ao sol, o doador da Vida). O resultado da ação desses três Raios é o perfume das flores, que é encontrado nas espécies mais elevadas do reino vegetal (o segredo desse perfume é revelado ao homem numa certa Iniciação). Velhas árvores representam um grau de desenvolvimento elevado do reino vegetal; já são capazes de demonstrar preferências e simpatias, emanando sentimento de alegria pelo sol, pela água, pela capacidade de atrair abelhas, pássaros, etc. e também por aqueles que lhes são simpáticos.

Quando os vegetais são colhidos para alimentação do homem, não sentem a sensação de morte, de terem a sua vida interrompida com brutalidade. No futuro, serão retirados da Terra os vegetais tóxicos.

Para que o homem trabalhe com segurança no plano astral, sem correr riscos, é necessário que ele seja vegetariano. Em sua evolução, o homem se tornará capaz de ler no *akasha*, isto é, de trabalhar no registro da luz astral ou ter acesso a esse registro – neste caso, só conseguirá isto se for vegetariano, no mínimo, há dez anos.

ANIMAL: É um reino regido pelo Terceiro Raio, o da Adaptabilidade, que produz o instinto, e pelo Sexto Raio, da Devoção, que neste reino se manifesta como domesticidade. A raiz da crueldade dos homens para com os animais começou na época lemuriana. A relação entre os reinos humano e animal, no início, era apenas física. Na Atlântida surgiram os primeiros animais domésticos; com o afeto que os humanos começaram a lhes dedicar, a relação com esses animais domésticos passou a incluir também o emocional (astral). O próximo passo é estimular-lhes a mente, para que seu instinto se transforme em inteligência. Mais tarde, quando o princípio mental já estiver trabalhado, o passo evolutivo seguinte é auxiliá-los espiritualmente, despertando-lhes a vontade de evoluir; desta forma, eles tomarão conhecimento de suas metas evolutivas. Outra obrigação que os homens têm, nesse processo de individualização ou "transfusão", é cultivar a alegria dos animais que lhes são próximos.

O grande serviço que os animais domésticos prestam aos seus donos é a transmutação de suas energias instintivas; e há também aqueles que, por amor a seus donos, até conseguem absorver e transmutar enfermidades. Os Animais mais evoluídos são o elefante, 1º Raio; cão, 2º Raio; gato, 3º Raio; cavalo, 6º Raio. No processo de purificação da Terra, só poderão permanecer aqui os animais que deixarem de ser sanguinários.

Tarefas que, nesta época de transição, os homens têm que desempenhar para colaborar no processo de individualização (ou "transfusão") do reino animal:

1. Desenvolvimento da mente (Estimulando corretamente o nascimento /desenvolvimento da mente – e consequente nascimento da Alma – o homem também estará contribuindo para que o animal consiga compreender aquilo que vê ou percebe psiquicamente);
2. Estímulo da docilidade, da domesticidade, para que se extinga definitivamente a agressividade animal;
3. Desenvolvimento da alegria;
4. Alimentação.

Individualização: "O fenômeno da Individualização, o processo mágico ou alquímico pelo qual o homem-animal pode adquirir mente racional e vida autoconsciente é, na realidade, uma Iniciação, um Mistério sagrado revelado pelo divino Ser Criador do nosso planeta. O termo Iniciação, frequentemente aplicado em nossos estudos esotéricos, sempre implica luz, redenção e ascensão, tomada de consciência em outro nível, em outro Plano ou em outro Reino, aceleração do ritmo vibratório e participação consciente em certos Mistérios de ordem cósmica." (Vicente Beltrán Anglada, ***Conversações Esotéricas***, Editora Aquariana, 1992. p. 50/51)

ANJOS

Os Anjos são conhecidos como Mensageiros de Deus, pois são eles que absorvem, sustentam, potencializam e expandem as Virtudes Divinas. Atuam em toda a Terra e contribuem com homens e com elementais em todos os planos e dimensões, auxiliando, inclusive, na libertação e purificação de espíritos aprisionados no plano astral. Existem legiões imensas de Anjos que atuam sob o comando dos Arcanjos de cada Raio, ou seja, uma Hierarquia que serve a determinadas Virtudes Divinas, irradiadas por Deus:

- **Primeiro Raio**: Anjos da Fé e Proteção.
- **Segundo Raio**: Anjos da Iluminação e do Amor.
- **Terceiro Raio**: Anjos da Criatividade, Bondade e Amor.
- **Quarto Raio**: Anjos da Harmonia, Esperança e Purificação.
- **Quinto Raio**: Anjos da Cura e da Perfeição.
- **Sexto Raio**: Anjos da Paz e dos Serviços Prestados.
- **Sétimo Raio**: Anjos da Misericórdia e da Libertação.

O processo de evolução dos Anjos se inicia quando um Arcanjo ou Mestre ensina-lhes a irradiar e sustentar uma determinada Vibração Divina (Amor, Paz, Luz, Cura, Fé, etc.). O Arcanjo ou Mestre irradia de seu corpo o Amor, por exemplo, e os Anjos-aprendizes absorvem essa irradiação e precisam fazer o mesmo: expandir Luz Rosa-Dourada e sustentá-la em seus corpos. Este processo é demorado, até que a sustentação seja perfeita. Antes disto acontecer, estes Anjos não são designados às esferas mais densas da Terra, pois ainda não conseguem sustentar em seus corpos determinada virtude e ficam mais suscetíveis a serem absorvidos pelas energias dissonantes geradas pelos homens (Anjos Caídos – isto já aconteceu na história da Terra).

Por isso, devem ter essa vibração autossustentada e serem canais transmissores de tal virtude, sem possibilidade de esgotá-la. Quando estão prontos, são conduzidos pelos Devas ou Arcanjos a determinado local onde estão sendo invocados e derramam suas bênçãos sobre os homens. Sempre que os seres humanos fazem alguma oração, pedido, desejo ou invocação de alguma Virtude Divina, instantaneamente, atraem Anjos que são especializados em sustentar e irradiar tal virtude. Quanto mais a humanidade apelar pelo Bem, pela Luz, Amor, Cura, Perfeição, Misericórdia e, ao mesmo tempo, irradiar estas energias através de seus corpos emocionais mais atividades terão os Seres do Reino Angélico, e é exatamente isso que fará com que eles evoluam e tenham atribuições cada vez maiores, até atingiram o grau de Arcanjo (Anjo Ascensionado).

Existem muitas categorias de Anjos, de acordo com suas atribuições e responsabilidades, por exemplo: Querubins, Serafins, Príncipes, Tronos, Potestades. Existe, ainda, o Anjo Guardião de cada homem (não confundir com Anjos Cabalísticos, que regem os dias do ano), da mesma maneira que existe o elemental do corpo do homem; este Anjo da Guarda é o mesmo desde a primeira encarnação do homem na Terra e, quando o homem ascensionar, este ascensiona junto. A função básica do Anjo da Guarda é absorver, sustentar e irradiar as Virtudes Divinas no homem e ao redor dele; para isso, o homem precisa vibrar nesta frequência, ou seja, nutrir bons sentimentos e expandi-los ao seu redor, bem como apelar por virtudes que deseje desenvolver. Se o homem não nutre bons sentimentos e não pede por eles, o Anjo da Guarda não tem o que oferecer; respeita o livre-arbítrio de seu dirigente e não interfere em suas escolhas. Consequentemente, isto gera certo distanciamento, pois, neste caso, o Anjo não consegue auxiliar o homem; ele fica apenas observando e aguardando com expectativa o momento em que ele invoque alguma Virtude Divina. Quando isso acontece, ele providencia para que esta energia seja irradiada sobre ele, seja através de algum Mestre ou de Deus.

Os Anjos sustentam todo tipo de trabalho cerimonial, seja em Igrejas, Templos ou Santuários; são eles que imantam esses ambientes, formando uma egrégora de Paz, Amor, Harmonia, Proteção, Luz e Força. Quando os homens entram em contato com esses locais captam imediatamente estas vibrações, pois estão impregnadas no ambiente.

Os Anjos não possuem asas, eles se deslocam rapidamente nos Céus e seus corpos são feitos de Luz, de acordo com a Virtude aos quais servem. A imagem dos Anjos com asas, tão representada por artistas, ao longo dos tempos, deve-se ao fato de eles se deslocarem velozmente e projetarem Luz ao seu redor, dando a impressão de possuírem asas. Normalmente a aparição de Anjos no mundo físico se manifesta em forma de Luz (Bolas de Luz, Luzes que piscam, enfim).

Os Serafins são Anjos Poderosos e Majestosos; são Guardiões de Focos de Luz etéricos e abrem caminhos, construindo Túneis de Luz para que os Mestres transitem nos diferentes planos e dimensões terrestres. Normalmente, os Serafins os acompanham em suas atividades de Cura e Libertação e estão sempre em número de sete, deixando um rastro de Luz Branca quando se deslocam nos Céus. Podem medir de dois a quatro metros. Já os Arcanjos, podem chegar a sete ou oito metros de altura.

Os Querubins são Anjos que se encontram nas esferas solares, abastecendo-se com estas irradiações e trazendo-as à Terra e aos homens.

CAPÍTULO 8

O HOMEM CRIA O TEMPO TODO

PRECIPITAÇÃO

A precipitação é um processo que consiste em manifestar, a partir da Luz e da Substância Cósmica Universal, todo tipo de criação. É o trabalho consciente de materialização de algum projeto. O homem faz isso constantemente, no momento em que se utiliza do poder criativo do pensamento e do sentimento (oferecido por Deus em cada um), criando uma forma-pensamento. No entanto, vem fazendo uso deste poder de maneira errônea e malqualificada.

O Mestre Saint Germain ensina como fazer uso desse Poder Criativo de forma dirigida, qualificada e positiva. Todo projeto de precipitação é individual e deve ser construtivo, honesto, respeitável e não pode ser algo fútil e banal, ligado à natureza inferior do homem (satisfação dos apetites), pois isso inevitavelmente irá gerar carmas negativos.

Saint Germain salienta a diferença essencial entre **utilidade, desejo e apetite:** a **utilidade** é o cumprimento da Lei Universal do Serviço; o **desejo** é a atividade de Deus se expandindo e se manifestando perfeitamente e o **apetite** é um hábito criado pela satisfação dos instintos e consiste em energia concentrada por sugestões do mundo externo. É importante não envolver ninguém em seu projeto de precipitação pessoal, pois no momento em que você direciona uma precipitação incluindo alguém em especial, está interferindo no livre-arbítrio do outro, já que a vontade do outro deve ser consultada e respeitada. Isso pode gerar a criação de novos carmas pessoais.

A precipitação pode ser desenvolvida em relação a qualquer coisa, desde que cumpra os requisitos citados, devendo-se observar sempre a intenção por trás do objeto de conquista. É fundamental ter consciência de que, durante todo o processo criativo, é a energia de Deus que comanda o projeto. Deus é o Grande Criador de todo o Universo; a decisão de criar é Divina, e Deus é o Autor, o Executor e a Obra realizada. A verdadeira precipitação é Atributo e Poder da Visão de Deus, atuando no mental do homem e sustentando a imagem na consciência. A capacidade de ver e o poder criativo são o seu Deus Interno, ou seja, sua Presença Divina se manifestando. É necessário que os Buscadores da Luz sempre tenham consciência de que, no decorrer de todo o processo de precipitação, são instrumentos de Deus. Deus atua através de cada homem, e a consciência e o reconhecimento disto são fundamentais. Todo dom, capacidade, habilidade, talento, enfim, é doado por Deus.

Afaste a ideia da personalidade como doadora ou supridora, pois somente a Presença Divina em cada homem tem esse Poder. Se o homem julga que seus talentos pertencem à personalidade humana, corre o risco de se desviar do caminho. Se acredita que pode precipitar tudo o que desejar, sem reconhecer Deus atuando no processo e atribuindo suas conquistas ao ego, ao eu inferior, a possibilidade de desvio no caminho espiritual é muito grande, pois aquele que se enaltece no poder pessoal pode transformar-se num ser prepotente, arrogante, egocêntrico, fazendo questão de mostrar suas capacidades. No verdadeiro caminho espiritual, a humildade é uma das características marcantes; o verdadeiro aspirante ou discípulo é aquele que sabe que é um mero instrumento de Deus, não tendo necessidade de se envaidecer diante dos demais, ao passo que aquele que está identificado com o ego tem essa necessidade constante.

Se a intenção é edificante e positiva e o homem reconhece a Divindade atuando permanentemente, o êxito é garantido; só não o será se o homem não estiver suficientemente harmonizado e com a sua consciência focalizada no nível mais elevado. Todas as Bênçãos Divinas fluem sobre as consciências humanas, mas nem todos conseguem sustentá-las, pois sintonizam o seu mental e o seu emocional com energias impuras.

Lembre-se de que, durante o processo de precipitação, as ferramentas utilizadas para a obra são os corpos mental e emocional. Se esses corpos não tiverem o nível de pureza necessário, o resultado pode não ser o esperado; além disso, as energias cármicas que não foram transmutadas ou dissolvidas podem interferir no processo, gerando atrasos ou impedimentos, ou seja, caso o homem não esteja se empenhando em resgatar seus carmas e resolver suas pendências, desejando apenas conquistas e melhorias, poderá não ter merecimento para as suas realizações. O merecimento está diretamente ligado ao empenho do ser humano em dissolver seus carmas e aperfeiçoar-se o máximo possível, incluindo o uso de seus corpos mental e emocional. Não adianta, ao longo do dia, deixar sua mente e suas emoções sem nenhum controle, gerando energias malqualificadas e negativas e, em determinado momento, concentrar-se de forma harmônica e equilibrada para realizar o seu projeto mental, achando que tudo sairá perfeito.

Como já explicado, as ferramentas de trabalho são os seus corpos inferiores, eles é que utilizam e revelam a Luz Eletrônica e precisam estar equilibrados e harmoniosos. *"Através de uma veste impura, a Luz não pode brilhar"*, lembre-se disso. Por isso é que a verdadeira espiritualidade é coerência, é estar vinte e quatro horas em vigilância total e manter a sintonia com a Energia mais elevada e Pura da Presença Eu Sou. O fato de estar no caminho da evolução, frequentar a Igreja, o Templo Budista, o Centro Espírita, o Centro de Umbanda ou o Grupo de Apelos aos Mestres Ascensionados, mantendo a sua energia em boa vibração por uma hora, não garante ao homem a perfeição no resultado de sua precipitação. O importante é procurar manter esta vibração harmoniosa ao longo do dia e estar atento aos possíveis deslizes, para equilibrar novamente a sua energia pessoal.

Existem sete passos importantes em todo o processo criativo, seja de um planeta ou de algum desejo humano; no entanto, lembre-se de que esse processo não deve e não pode interferir no livre-arbítrio de ninguém.

1. **Vontade, querer:** o processo se inicia quando se deseja muito alguma coisa; tem que se querer aquilo com muita Vontade, Força e Fé, acreditando no Poder dessa Vontade para gerar aquela coisa. Nada pode impedir a realização desta Vontade. Sem essa Vontade de fazer algo construtivo, não há sustentação da realização. A Vontade é o Poder Magnético da Divindade. Nesse momento do processo de precipitação, atua a energia do Primeiro Raio.

2. **Idealização mental**: é importante saber exatamente o que se quer, com todos os detalhes e com muita precisão. Como esse processo será construído inicialmente no plano mental, é preciso ter uma imagem mental clara e concisa a respeito daquilo, como se fosse um projeto, um mapa descrevendo todos os detalhes da forma a ser criada. Os elementais que auxiliarão nesse processo construtivo precisam desta clareza para começar o trabalho. Se houver dúvidas ou indecisões, isso vai atrapalhar; então é recomendado que se escreva o que se quer, com todos os detalhes possíveis. Pode-se também desenhar, ou se tiver alguma imagem daquilo que deseja, anexe ao seu projeto de precipitação, pois isso só irá contribuir para que a imagem fique cada vez mais clara em sua mente. Nessa etapa da precipitação, o Segundo Raio se manifesta.

3. **Nutrir com amor e alegria**: o sentimento colocado no projeto é fundamental para que ele se manifeste fisicamente. Como já visto, a forma-pensamento é criada a partir do momento em que o pensamento é associado ao sentimento; senão fica apenas uma ideia, um plano mental. Já que a forma que está sendo construída é edificante e positiva, os sentimentos que devem estar presentes são amor e alegria. Sinta-se feliz, alegre, imagine-se e visualize-se com aquele objetivo alcançado, realizado. Nutra-o com muito amor, pois o amor sustenta a criação, atrai e mantém os átomos unidos. Aqui surge o poder coesivo; adoração, magnetização e gratidão. Sem amor nada é permanente, é a mola-mestra que impulsiona toda a criação; sem ele, tudo se dissolve no ar. A criação propriamente dita começa aqui, pois a criação é trina, mas também é sétupla. Nesse momento, o Terceiro Raio começa a atuar.

4. **Sustente a pureza:** é fundamental manter o projeto original livre de qualquer valor humano, como condições materiais, crenças mentais, interferências negativas e limitantes, medo ou dúvida, enfim. Não deixe outra ideia interferir no projeto. Você não deve se preocupar com os meios pelos quais irá alcançar seu ideal, deixe que Deus se encarregue disso; o Universo conspira a seu favor. Ao deixar algum fator humano interferir no projeto, você está tirando a Criação da Obra das Mãos de Deus e impondo ao projeto coisas que Deus não reconhece. Lembre-se de que Deus é Perfeição e para Deus nada é impossível. Esse plano deve ser mantido em absoluto sigilo e segredo, pois o silêncio concentra a energia, enquanto que a palavra projeta a energia, direcionando-a e expandindo-a. O Mestre Saint Germain sinaliza a importância do silêncio, para que não haja interferência de nenhum tipo, comprometendo a pureza original do trabalho. Portanto, não permita que nenhuma condição inferior à Perfeição de Deus macule o seu projeto. Pureza é atributo do Quarto Raio.

5. **Concentração**: Concentre-se no plano e leia-o sempre, visualize-o como se já estivesse realizado, pois no plano mental realmente ele já está concluído. No momento em que estiver trabalhando no projeto, não permita interferências de nenhum tipo e canalize a sua energia para o trabalho. Concentre-se nessa imagem como uma Verdade Absoluta e dissolva toda e qualquer ilusão negativa. Nessa etapa do processo, o Quinto Raio atua.

6. **Ritmo**: o ritmo é fundamental para que o projeto se manifeste, mas lembre-se de que quem impõe o ritmo é você (todos os dias, dia sim, dia não, uma vez por semana, enfim); uma vez estabelecido o ritmo, ele deverá ser cumprido. Escolha, de preferência, um horário ou momento do seu dia para a realização do projeto e cumpra o estabelecido. Mantenha essa disciplina, pois o ritmo, a ordem, a disciplina, são sempre exigências no caminho do aperfeiçoamento. Se quiser fazer o projeto mais de uma vez por dia, faça; mas estabeleça horários; afaste todo tipo de tensão ou ansiedade, trabalhe em seu projeto naquele dia ou horário previamente escolhido e depois não pense mais nele. Saint Germain indica para que se faça sempre a visualização antes de dormir, pois a imagem fica na consciência durante algum tempo sem perturbações (é no Grande Silêncio que o Poder e a Atividade de Deus ficam potencializadas). O Sétimo Raio é o raio do Cerimonial, do Ritmo e da Constância e, na precipitação, ele se manifesta antes do Sexto Raio.

7. **Paz, serenidade**: mantenha-se tranquilo, sereno, em absoluta Paz. Esta é a certeza da realização. Não gere ansiedade em relação ao projeto, não estabeleça prazos, pois o tempo é relativo. Existe o tempo de Deus para que o projeto se realize e este tempo não pode ser controlado pela personalidade humana. Lembre-se de que tempo é uma condição humana; para Deus existe o Eterno Agora. O tempo é medido pelo relógio, que conta as horas em função do movimento de rotação da Terra, portanto o tempo é relativo, está ligado ao fato de você viver na Terra. Se estivesse em Vênus ou em qualquer outro planeta do sistema solar, o tempo seria outro, por isso está associado ao plano físico e a obra que está sendo realizada está sendo criada em outra dimensão, que não a física; assim, o tempo é outro. Além disso, o Mestre Saint Germain diz que se você estabelecer um prazo e não alcançar seu objetivo no tempo determinado, sua tendência é abandonar o projeto. Uma forma-pensamento nutrida ritmicamente não se dissolve com rapidez e se, em qualquer parte da Terra, um outro homem começar seu projeto de precipitação com um desejo tão parecido com o seu, ele instantaneamente atrai essa forma-pensamento e começa a nutri-la. Fazendo isso, pode concretizar o plano rapidamente, pois faltava muito pouco para que ele se manifestasse fisicamente. O Mestre Saint Germain diz que, às

vezes, faltava apenas um dia ou uma hora de trabalho para realizar o seu plano e que, por ansiedade e por esperar a concretização do projeto em um determinado prazo, o homem o abandona. Portanto, relaxe, fique em Paz, descanse na Paz de Deus e deixe que a Criação seja selada com essa Paz. Esse é o Sexto Raio que se manifesta, selando a Obra.

A Terra e qualquer outro planeta foram construídos a partir deste processo de precipitação, ou seja, em sete etapas:

1. Na primeira etapa, Elohim e Arcanjos do Primeiro Raio magnetizaram a Vontade de Deus (Raio Azul);
2. Na segunda, Elohim e Arcanjos do Segundo Raio detalharam a Ideia Divina (Raio Dourado);
3. Na terceira etapa, Elohim e Arcanjos do Terceiro Raio Rosa nutriram a Ideia Divina com Amor e unificaram a Vontade e a Ideia, estabelecendo o Princípio Criativo ou a Forma (Raio Rosa);
4. Na quarta, Elohim e Arcanjos do Quarto Raio, sustentaram a Pureza da Vontade de Deus (Raio Branco);
5. Na quinta etapa, Elohim e Arcanjos do Quinto Raio concentraram a Energia e sustentaram a Verdade Perfeita de Deus (Raio Verde);
6. Na sexta, Elohim e Arcanjos do Sétimo Raio mantiveram o Ritmo, a Ordem e a Disciplina no trabalho criativo (Raio Violeta);
7. Na sétima e última etapa, Elohim e Arcanjos do Sexto Raio selaram a Criação com a Paz de Deus (Raio Rubi-Dourado).

Estes são os Sete Dias da Criação ou Sete Dias Cósmicos, nos quais a Terra foi criada e não os sete dias da semana, como metaforicamente a Criação é conhecida.

Como já foi dito, a precipitação pode ser feita com diferentes objetivos, seja uma conquista material, mental, emocional ou mesmo espiritual. Você pode desenvolver um novo padrão mental, emocional, criar uma relação emocional perfeita (sem direcioná-la a alguém, lembre-se do livre-arbítrio do outro), eliminar ou criar um hábito físico, desenvolver a espiritualidade, enfim, o que quiser. Vamos exemplificar esse processo criativo com um elemento bem palpável, do plano físico: uma casa.

Imagine uma pessoa que deseja conquistar uma casa, pois vai casar ou quer sair da casa dos pais ou, ainda, quer parar de pagar aluguel. Avalie as condições para que o processo esteja em sintonia com as Leis Divinas; é algo necessário no plano físico, útil, honesto para consigo e com os outros, construtivo e respeitável, portanto a intenção é boa. Já o mesmo objeto de desejo, a casa, desejada por alguém que já tenha um vasto patrimônio e quer ter mais, para investir e ter mais bens materiais ou simplesmente porque deseja enaltecer-se perante os outros, mostrando suas riquezas; pode ser honesto e construtivo, mas com certeza é fútil, ou seja, não é necessário, é apenas a satisfação dos apetites da natureza humana. Veja como o mesmo objeto de desejo pode ter intenções completamente diferentes e, portanto, energias também diferentes. Siga os passos da precipitação:

1. Queira muito a casa, acredite nesse poder criativo e deseje essa casa com muita vontade, força e fé. Acredite que nada pode impedir a manifestação desse desejo, pois ele está carregado com a Vontade de Deus.
2. Idealize a casa, escreva num papel todos os detalhes (quartos, banheiros, salas, jardim, garagem, enfim tudo o que você imagina nessa casa). Se tiver uma foto de uma revista de uma casa que seja do jeito que você quer, guarde junto com o que você escrever.
3. Sinta-se na casa, imagine a sua alegria, seu bem-estar, ame essa casa e nutra-a com toda a sua energia positiva e gratidão. Vivencie na sua imaginação cada momento dentro da casa e irradie felicidade pela conquista.
4. Não comente com ninguém sobre seu plano de ter a casa, não deixe que a questão financeira interfira no tipo de casa que você deseja (lembre-se de que você não tem que se preocupar com o dinheiro, pois Deus está provendo essa Criação). Confie na Perfeição de Deus atuando na Obra e mantenha a pureza de seus pensamentos e sentimentos constantemente.
5. Concentre toda a sua atenção no projeto mental, quando estiver visualizando a casa, sem distração ou dispersão. Intensifique a sua energia e amor somente nisso e aceite essa imagem como a Única Verdade atuando.
6. Leia o que você escreveu de forma rítmica, ou seja, crie horários para a sua visualização e faça-a sempre antes de dormir, sem falhar nunca, até alcançar seu objetivo.
7. Sinta que a casa já existe, já é real. Fique tranquilo e não estabeleça prazos nem gere ansiedade ou desarmonia. Saiba que o projeto está nas Mãos de Deus (sua Presença Eu Sou) e relaxe, sustente a Paz e no momento certo, você verá fisicamente essa casa diante de você. Confie!

CAPÍTULO 9

OS SERES DE LUZ SUSTENTAM A TERRA

Conselho Cármico

O CONSELHO CÁRMICO

Existe um grupo de Mestres que constituem o chamado Conselho Cármico ou Senhores do Carma, como também são conhecidos. São sete Seres que têm como função a avaliação cármica de todos os homens que reencarnam na Terra e o cumprimento da Justiça Divina.

De acordo com os Mestres, todo ser humano que desencarna é levado a um determinado plano dimensional ligado à Terra, de acordo com o seu nível de consciência; desde os planos mais densos até os mais elevados. Todos os que necessitam têm um tempo para se restabelecer da última encarnação e descansar (atualmente esse prazo está estabelecido em até seis meses, tendo como referência o tempo físico).

Após esse período, independentemente do plano dimensional em que a Alma se encontre, o homem recebe a visita de um Mensageiro do Conselho Cármico, convidando-o a comparecer diante destes Seres. Mesmo que resista, terá que apresentar-se diante deste Conselho de Seres Divinos, pois não é permitida a reencarnação física sem antes receber a sentença dos Senhores do Carma. Conforme é dito, muitas almas estavam há dezenas e até centenas de anos sem reencarnar, pois se negavam a comparecer diante do Conselho. Entretanto, nos últimos anos, estes seres foram impelidos a reencarnar, mesmo que não aceitassem a sua sentença. Isto aconteceu pela necessidade de que todos os seres que se encontram nos planos mais baixos de vibração, ao redor da Terra, aproveitem o processo de aceleração e purificação do planeta.

Em função da entrada na Nova Era, muita coisa será acelerada e dissolvida e esta é a oportunidade dessas almas resgatarem e consumirem seus carmas, equilibrando-os e impulsionando a sua evolução espiritual. Ao longo desta Era do Raio Violeta, muitas mudanças acontecerão e uma delas é a mudança vibracional da Terra, que se tornará um planeta regido pelo Amor e pela Perfeição.

Portanto, todos os seres que têm a Terra como sua Escola de evolução precisam ter as suas vibrações pessoais aceleradas e purificadas, ficando em sintonia com o planeta. Quem não conseguir manter esta sintonia será retirado da Terra e conduzido a um planeta-escola compatível com o seu nível de consciência. Ninguém que não tiver alcançado um grau mínimo exigido de Pureza e Amor poderá ficar na Nova Terra; desta forma, o Amor Misericordioso de Deus ofereceu a estas almas, aprisionadas há tanto tempo nos planos inferiores do astral, a possibilidade de reencarne, para aperfeiçoamento e aprendizado com as almas mais evoluídas que se encontram na Terra. O livre-arbítrio de cada ser é que vai determinar o seu destino, pois o homem tem a chance de dissolver o passado e aperfeiçoar-se com esta nova vibração ou continuar repetindo os mesmos erros. Quem permanecer nesta condição não terá muito tempo disponível, pois o Chamado já foi feito e o joio e o trigo já estão sendo separados.

No Conselho Cármico, cada ser é avaliado e é revisto o seu Livro da Vida (livro que contém o histórico de todas as encarnações). Os Senhores do Carma julgam cada Alma e dão a sentença com absoluto Amor e Misericórdia, sem nenhuma intenção de castigo ou punição, mostrando quais os pontos importantes para a evolução daquele ser. Em geral, os homens aceitam e concordam com a avaliação e se preparam para a nova encarnação, sabendo que possuem uma meta, um plano a ser realizado. O homem comum, que ainda não despertou, é levado ao Conselho Cármico em grupo e, de acordo com o histórico cármico de cada um, recebe sua sentença sem ter consciência do que está acontecendo.

Já o homem desperto, aquele que tem uma consciência mais elevada e que vem manifestando as Qualidades Divinas, é recebido individualmente pelos Senhores do Carma. Normalmente ele tem um padrinho ou avalista, que é um Mestre Ascensionado, e que se compromete pessoalmente pelo acompanhamento daquela Alma. Isto acontece porque o homem que já vem expressando as energias Crísticas, é um instrumento de Amor e Pureza no plano físico, servindo aos Seres de Luz e podendo contribuir imensamente para que essas energias se expandam pelo planeta.

Após o julgamento e definição da sentença de cada Alma, ela é levada a determinadas esferas, onde se prepara para a nova encarnação, aprendendo e sustentando determinadas energias em sua Alma. Também este é o momento de utilizar o Fogo Violeta e consumir as causas negativas geradas nas encarnações anteriores, libertando-se de fardos mais pesados.

A Alma é acompanhada por um Anjo ou Mestre e é preparada nos planos superiores para cumprir a nova etapa com total dedicação. Após este processo, cada Alma é encaminhada a Mãe Maria, para que ela comece o processo de preparação para o novo encarne físico. Em seu

Santuário Etérico, Mãe Maria recebe cada ser que vai encarnar e extrai de sua matriz etérica os elétrons mais brilhantes e puros, ou seja, a energia mais perfeita que está contida nesse corpo e modela o coração etérico que será utilizado pelo homem no plano físico.

A partir deste modelo de Perfeição, o Cálice Sagrado, sede do Cristo Interno e da Chama Trina, os elétrons vão girando e atraindo ao mundo da forma o modelo a ser construído. Neste momento, entra em ação o Construtor de Forma do corpo físico, que reproduz a matriz etérica no novo corpo de carne; do ponto de vista físico, esse é o momento da concepção do novo ser, dando origem à nova vida.

Fazem parte do Conselho Cármico, os seguintes Seres de Luz, cada um representando a energia de um Raio:

Lord Sainthru, Manu da Sétima Raça-Raiz e representa o Primeiro Raio;
Mestra Libra, Deusa da Liberdade, representando o Segundo Raio;
Mestra Nada, Deusa do Amor, representa o Terceiro Raio;
Mestra Palas Atena, Deusa da Verdade, representando o Quarto Raio;
Elohim Vista, O Olho de Deus que Tudo Vê, representa o Quinto Raio;
Mestra Kwan Yin, Deusa da Misericórdia, representando o Sexto Raio;
Mestra Pórtia, Deusa da Oportunidade, que representa o Sétimo Raio.

O Conselho Cármico se reúne duas vezes por ano (em 30 de junho e em 31 de dezembro) no Santuário etérico do Royal Teton, recebendo as petições da humanidade e liberando a energia divina à Terra e à humanidade. Durante este período avaliam também o carma planetário, das nações e povos e dos homens individualmente, promovendo dispensações, de acordo com o comprometimento e serviço de cada um.

É importante pedir ao Conselho Cármico a Misericórdia e a transmutação de todos os carmas presentes na Terra, gerados pelos homens. Você pode escrever, nestas datas (ou em quaisquer outras), seus pedidos pessoais de transmutação, estendendo-os a todos os homens e elementais e intercedendo por todo o planeta, encaminhando esta carta aos Senhores do Carma e queimando-a no Elemento Fogo.

HIERARQUIA DO PLANETA TERRA

Senhor do Mundo – Mestre Gautama
Diretor Divino ou Buda Divino – Lord Maitreya
Instrutor do Mundo – Mestre Jesus
Mestre Kuthumi
Mestre Lanto
Maha Chohan – Mestre Paulo Veneziano
Chohan do Primeiro Raio – Mestre El Morya
Chohan do Segundo Raio – Mestre Confúcio
Chohan do Terceiro Raio – Mestra Rowena
Chohan do Quarto Raio – Mestre Serapis Bey
Chohan do Quinto Raio – Mestre Hilarion
Chohan do Sexto Raio – Mestra Nada
Chohan do Sétimo Raio – Mestre Saint Germain
Veladora Silenciosa da Terra – Imaculatta
Criadores e Sustentadores do eixo da Terra – Polaris e Magnus

CAPÍTULO 10

OS SETE RAIOS DIVINOS

2º Raio - Confúcio

1º Raio - El Morya

3º Raio - Rowena

4º Raio - Serapis Bey

5º Raio - Hilarion

7º Raio - Saint Germain

6º Raio - Nada

OS SETE RAIOS DIVINOS

Os Sete Raios são Energias Divinas, emanadas do Coração de Deus ao universo, ao sistema solar e ao planeta Terra. São energias que compõem tudo o que existe, tudo o que foi criado (desde as maiores galáxias até as menores partículas), em todos os níveis de consciência e em todos os planos de manifestação; vivificam cada núcleo de vida, realizando o propósito de criação. Na Bíblia são chamados de "os Espíritos diante do Trono de Deus". Através da manifestação dessas irradiações, o Grande Criador Universal precipita todas as suas Obras.

Imagine um Grande Sol Central, de um brilho muito intenso e visualize isso como o Núcleo da Criação. Ao redor desse Grande Sol, perceba irradiações cromáticas, que na verdade são Qualidades, Virtudes Divinas, emanando desse Núcleo e se expandindo pelo Universo. Esses são os Raios que vêm do Coração de Deus. Estão qualificados como Raios de Aspectos Divinos e de Atributos Divinos. Conheça-os melhor:

Raios de Aspectos: Primeiro Raio (Vontade e Propósito)
Segundo Raio (Amor-Sabedoria e Iluminação)
Terceiro Raio (Inteligência Ativa e Adaptabilidade)
Raios de Atributos: Quarto Raio (Harmonia através do Conflito)
Quinto Raio (Conhecimento Concreto)
Sexto Raio (Devoção e Idealismo)
Sétimo Raio (Ordem e Cerimonial)

RAIOS DE ASPECTOS DIVINOS

PRIMEIRO RAIO: representado pela cor AZUL.

O Primeiro Raio contém a Vontade e o Propósito de Deus. Nesse aspecto Divino, encontram-se virtudes como Força, Fé, Poder, Propósito, Firmeza, Decisão e Proteção Divinas.

Existe um Mestre Ascensionado que sustenta essa Irradiação Divina na Terra; esse Mestre é conhecido como Chohan ou Senhor do Primeiro Raio e seu nome é El Morya.

Antes de alcançar a Ascensão, o Mestre El Morya viveu muitas encarnações na Terra, prestando serviços como governante ou líder religioso. Ele foi Abraão, patriarca na Caldéia, que foi o fundador das doze tribos de Israel; Melchior, um dos Reis Magos presentes no nascimento de Jesus; Rei Arthur, Rei da Bretanha, no século V, que fundou a Ordem dos Cavaleiros da Távola Redonda e dirigiu os cavaleiros na busca do Santo Graal (Cálice usado por Jesus, na última ceia). Como Arthur, fez um reinado justo, social e politicamente, estimulando a ordem, a harmonia e o crescimento do povo. Encarnou-se depois como Tomás Becket, arcebispo na Grã-Bretanha, no século XII, defensor da fé cristã, que acabou se opondo ao Rei Henrique II. Mais tarde, foi Thomas More, chanceler do Rei Henrique VIII, na Inglaterra, no século XVI, também fiel defensor da fé cristã. Acabou contrapondo-se ao Rei, no momento em que este quis aproveitar-se de sua influência junto ao Papa, para criar a lei do divórcio. Foi trancado na torre do castelo, durante muitos anos, e escreveu o romance *Utopia* (uma sociedade perfeita). Retornou à Terra como o Imperador Akbar, Imperador Mongol, no século XVI, ocasião em que foi um grande líder e promoveu o desenvolvimento da Índia, bem como buscou a unificação de várias religiões, na época. No século XIX, renasceu como Thomas Moore, escritor e poeta irlandês, que viveu na Inglaterra. Sua encarnação final foi como El Morya Khan (Índia, século XIX), onde era conhecido na região do Himalaia, como Mestre M., sábio hindu que preparava discípulos na Índia e em toda a Terra. Junto com outros Mestres, como Saint Germain, Kuthumi e Serapis Bey, patrocinou a criação da Sociedade Teosófica, fundada por Helena Blavatsky e pelo Coronel H. S. Olcott, em 1875.

O Mestre El Morya preparou Helena Blavatsky desde os seis anos de idade, em manifestações astrais, para que ela, no futuro, assumisse essa grande obra, no plano físico. Aos vinte anos de idade, Helena o encontrou pessoalmente e, a partir daí, sua relação com o Mestre ficou cada vez mais estreita. A Sociedade Teosófica foi a primeira instituição que trouxe a público o conhecimento de uma Fraternidade de Seres de Luz, chamados de Mahatmas ou Mestres Ascensionados, que auxiliam a Terra em sua evolução; até então, esse conhecimento era restrito a Ordens Secretas. Desde então, ao longo do século XX e até hoje, esses ensinamentos expandiram-se por todo o planeta. O Mestre El Morya atingiu a sua ascensão em 1898 e assumiu a direção do Primeiro Raio, patrocinando outros movimentos importantes que difundem os ensinamentos dos Mestres nos dias de hoje.

Enquanto permanece ligado ao planeta Terra, o Mestre El Morya vive no plano etérico, na chamada oitava de luz dos Mestres Ascensionados (um plano de absoluta Pureza e Perfeição) e tem um Retiro, onde a Chama Azul é sustentada. Esse local está situado no plano etérico sobre a cidade de Darjeeling, na Índia, junto às montanhas do Himalaia. O Santuário do Mestre é conhecido como Templo da Divina Vontade e de lá partem todas as diretrizes do cumprimento do Plano Divino para o planeta Terra. O Primeiro Raio rege todos os governantes e líderes em geral, portanto no Santuário de El Morya, existe um salão, onde, em algum momento, esses governantes terrenos são recebidos e orientados sobre o Plano Divino. Esses homens são levados em seus corpos sutis ou, mesmo, no período entre as encarnações e nem sempre trazem as lembranças nítidas desse encontro, em suas consciências.

Servem também no Primeiro Raio, o Bem-Amado Arcanjo Miguel e seu Complemento Divino, a Bem-Amada Arqueia Fé. Estes são Seres Angélicos que têm a função de sustentar e irradiar, em todos os planos, as vibrações de Fé e Proteção. O Arcanjo Miguel é considerado o Príncipe dos Arcanjos e comanda uma Legião de Anjos Azuis. Tanto ele quanto seus Anjos empunham Espadas de Fogo Azul, que têm a função de seccionar todas as influências e interferências negativas do mundo mental e astral de toda a Terra, protegendo os homens. Diante de qualquer situação limitante, negativa, de ameaça ou perigo, basta invocar o Arcanjo Miguel e os Anjos Azuis, para que atuem na situação e, instantaneamente, será criado um Escudo Azul, um Cinturão Eletrônico de Fogo Azul, que o manterá imune a toda força destrutiva que tente envolvê-lo. Apele ao Arcanjo Miguel, visualize sua Espada cortando toda influência e sinta que sua aura ou seu ambiente vai sendo selado e protegido por essa Chama Azul.

Assim como o Mestre El Morya, o Arcanjo Miguel e Fé também possuem um Retiro Etérico ao redor da Terra. Esse Santuário é conhecido como Templo da Fé e da Proteção Divina, e fica localizado nas Montanhas Rochosas, em uma região conhecida como Banff, no Canadá. Possui formato circular e tem quatro átrios de entrada, cada um deles orientando os quatro pontos cardeais, e jardins suntuosos.

Além dos Anjos e Arcanjos, também servem ao Primeiro Raio seres conhecidos como Elohim (Os Elohim são os Arquitetos do Universo, aqueles que obedecem à Mente Divina e que atuam em todas as Criações de Deus; Elohim também é um dos nomes de Deus). Esses Seres atuam no plano mental superior e são responsáveis por dar forma às criações. Os Elohim (ou os Eloha, que é o plural de Elohim) do Primeiro Raio são conhecidos como Hércules e Amazon. O Elohim Hércules possui uma Coroa com Doze Olhos, que representam o conhecimento e a compreensão da Vontade Divina para os homens. Você pode visualizar essa Coroa ao redor de sua cabeça e pedir ao Elohim Hércules que o auxilie na abertura de sua visão interna, revelando assim o Plano Divino que foi estabelecido para você. Os Elohim Hércules e Amazon trabalham com a Força e Decisão e impulsionam essa irradiação nas demais Virtudes Divinas, fortalecendo-as e expandindo-as sobre a Terra, por isso todas as irradiações dos demais Templos Etéricos fluem sobre este local. Fica localizado sobre os Alpes Suíços, na região de Lucerne. Outro templo ligado ao Primeiro Raio é o Templo da Paz e da Sabedoria, também conhecido como Templo do Lótus Azul; fica localizado nas Montanhas do Himalaia, na região do Tibet. Sua chama é azul e quem reverencia o Lótus Azul, formulando um desejo com muita vontade e fé, terá este desejo realizado. Seu dirigente é o Deus Himalaya.

É importante compreender que estes Raios Divinos são derramados sobre toda a Terra e em todos os homens, e que essa energia vem qualificada somente com a Perfeição de Deus, pois são emanações do Criador. No entanto, quando essa irradiação toca as consciências e os corpos sutis dos homens, eles as empregam de duas formas: a primeira é mantendo a Perfeição Original, permitindo que o Poder de Deus, a Força Divina, a Proteção do Pai e a Vontade Divina assumam o comando. O homem que assim procede se entrega completamente a esse Comando Interno, utilizando essas virtudes para o bem comum e estimulando seus companheiros de jornada. Ele reconhece que suas obras criativas, seus dons, talentos e habilidades, pertencem a essa Energia Divina que flui sobre ele. Ele não assume nenhum mérito pessoal, nem se envaidece. Exerce a liderança, o Poder Interno, a determinação, a firmeza, com o propósito de servir ao Bem e a Luz, sem jamais esperar exercer sobre seus companheiros qualquer influência negativa.

A segunda forma de expressão dessa natureza do Primeiro Raio é puramente humana: entra aí a personalidade, o ego pessoal e material, desejando manipular, controlar, obter méritos, valorização e engrandecimento pessoal. Atribui todos os seus atos e conquistas ao eu inferior e se enaltece o tempo todo. Tem a necessidade de se sobressair em relação aos outros homens, buscando a liderança autocrática, a dominação e o poder pessoal. Tal postura facilmente gera características como arrogância, prepotência, orgulho, vaidade e soberba. Todas as imperfeições humanas são criadas a partir do livre-arbítrio do homem em utilizar as Energias Divinas de uma forma adulterada, servindo sempre ao ego pessoal.

É importante compreender que é possível transmutar esses defeitos e limitações, retomando, assim, à verdadeira vibração do Raio. Esse será o aprendizado humano numa encarnação, ou em várias delas; enquanto não dissolver as criações humanas e as limitações da personalidade, transformando-as novamente em virtudes, o homem estará preso à Roda do Carma. Por isso, é fundamental avaliar os defeitos da personalidade e perceber dentro de qual energia eles estão associados. Essa é a manifestação humana do Raio, também conhecida como Raio da personalidade. Isto também é válido para os demais Raios que serão abordados.

Todos têm um Raio de expressão na personalidade (e nos seus corpos físico/etérico, emocional e mental), um Raio de expressão na Alma e um Raio de expressão na Mônada. A mônada é a origem divina e esse Raio, necessariamente, será um dos três raios de aspecto (Primeiro, Segundo e Terceiro). Ao longo de todas as encarnações, esse Raio estará presente como o tom fundamental, a nota-chave que rege a vibração do homem. Antes de descer aos planos inferiores da matéria, o homem, ainda como Centelha Divina, aguarda a realização do Grande Plano Divino na Esfera Solar e aí se identifica com um dos três aspectos divinos, sustentando-o. O sol físico é também um Ser Puro de altíssima vibração, conhecido como Hélios e Vesta (Deuses Solares).

De acordo com os Mestres, a única forma de saber a que Raio se pertence é através da meditação no Grande Silêncio, ou seja, silenciar a voz externa e ouvir a Voz Interna. Pela meditação e pela sintonia com determinada energia, se obtém a verdadeira resposta. Qualquer outra forma de buscar esse conhecimento é totalmente equivocada e, em consequência, poderá levar a conclusões erradas. Quanto ao Raio da personalidade, pode-se fazer uma profunda autoanálise e identificar as fraquezas e defeitos humanos, vendo com que manifestação humana dos Raios eles se encaixam.

Além dos Raios da Mônada, da Alma e da personalidade (que por sua vez tem mais três Raios regendo seus corpos mental, emocional, físico/etérico), deve-se levar em consideração a influência do Raio do sistema solar (Segundo Raio), do Logos Planetário, a Terra (Terceiro Raio), do Reino Humano (Quarto e Quinto Raios), da Raça atual, Ariana (Terceiro Raio), do Ciclo em que vivemos (Sexto, indo para o Sétimo Raio) e do País em que se vive (Brasil, Quarto e Segundo Raios). Todos estes estão em conexão com o ser humano e influenciam o seu processo evolutivo.

No caso da personalidade, é importante entender que, à medida que o homem vai evoluindo, o Raio da Alma vai trabalhando no interior e com a totalidade dos três corpos, procurando uma integração dos três. Quando o Raio da personalidade comanda os três corpos e estes se subordinam a ele, começa a luta entre o Raio Egoico ou da Alma e o da personalidade. Posteriormente, o Raio da personalidade vai se alinhando ao da Alma e o discípulo está pronto para o caminho da iniciação. Por fim, o Raio da Alma alinha-se ao da Mônada, funcionando o homem em uníssono, embora isso só ocorra após a terceira iniciação.

MANIFESTAÇÕES DO PRIMEIRO RAIO NO HOMEM EVOLUÍDO

Força, coragem, firmeza, destemor, poder de decisão, poder de governar e gerenciar associado ao amor, liderança, iniciativa, fé, confiança, utilização dinâmica da energia, preparação do caminho (pioneirismo), entrega à Vontade Divina, identificação com a totalidade.

MANIFESTAÇÕES DO PRIMEIRO RAIO NO HOMEM INVOLUÍDO

Orgulho, ambição, arrogância, prepotência, vaidade, egocentrismo, imposição da vontade e do poder pessoal, desejo de domínio sobre os outros, obstinação negativa, onipotência, egoísmo, energia destruidora, desamor.

Necessitará desenvolver ternura, humildade, amor, tolerância, paciência e simpatia.

Aos Raios estão associadas algumas músicas e aromas, pois de acordo com os Mestres, a vibração do Raio está contida nessas melodias e perfumes. A grande maioria das músicas clássicas foi inspirada pelos Seres de Luz e seus compositores captaram essa vibração das esferas superiores, criando as melodias.

Músicas do Primeiro Raio:
Pompa e Circunstância (Elgar) – Mestre El Morya.

Coro dos Soldados (Gounod) – Arcanjo Miguel.
Quinta Sinfonia (Beethoven) – Elohim Hércules.
Panis Angelicus (Cesar Franck) – Lady Miriam.
Os Vitrais da Igreja (Respighi) – Anjos Azuis.
Nimrod (Elgar) – Mestre Godfré Ray King.
Adágio (Albinoni) – Mestre Princípio.
Terra da Esperança e da Glória (Elgar) – Templo da Vontade Divina.
Intermezzo, da Ópera Carmen (Bizet) – Deus Himalaya.
Dança da Fada Açucarada, Suíte Quebra-Nozes (Tchaikowsky) – Mestra Melissa.
Intermezzo, Suíte Karélia (Sibélius) – Anjos Azuis.
Coro Nupcial, Lohengrin (Wagner) – Arqueia Fé.

Aromas do Primeiro Raio: Verbena, Sândalo, Patchouli, Rosa Branca, Angélica.

Símbolos do Primeiro Raio: O Cálice Sagrado (Santo Graal) e a Espada Excalibur.

Na vida prática, o Primeiro Raio pode ser utilizado para mentalizações, visualizações, apelos e decretos. Através de tais técnicas, todos os homens podem desenvolver as qualidades de Fé, Força, Poder e Proteção e se entregar cada vez mais ao cumprimento da Vontade Divina. Basta aquietar seus corpos e entrar em sintonia com essa Divina Virtude, visualizando-a se derramando ao seu redor ou onde desejar, e sustentar essa vibração. Veja algumas visualizações e apelos ao Primeiro e aos demais Raios na parte final deste trabalho.

ENSINAMENTOS DO MESTRE EL MORYA (extraídos de seus livros sobre Agni Yoga, publicados pela Fundação Cultural Avatar).

O Fogo

"O elemento Fogo é o mais todo penetrante, o mais criativo, o maior Portador da Vida. Cada homem carrega dentro de si mesmo o Fogo Uno, e mutável por todo o Universo. Ninguém deseja imaginar que o tesouro universal está dentro de si. Mas o Fogo do Coração, só pelo seu ímã, une todas as estruturas mundiais. É necessário utilizar este tesouro em toda a estrutura da vida. Só há uma Luz de Fogo em todo o mundo. O Fogo é o caminho da Hierarquia; é o caminho do amor e da compaixão. Durante intensas manifestações ardentes, pode-se observar uma característica da propriedade básica do Fogo. Os objetos ao redor parecem tornar-se transparentes. O fogo aparentemente transmuta todas as substâncias ardentes e revela a matéria resplandescente, que jaz na base de tudo que existe. O mesmo pode ser dito sobre o ímã do coração ardente: de maneira peculiar, ele revela a natureza ardente de tudo que dele se aproxima".

"O mundo se regenera baseado no princípio do Fogo: o Fogo dos centros energéticos, o Fogo do espírito, o Fogo do coração, o Fogo da realização espiritual, o Fogo da conquista, o Fogo da Hierarquia, o Fogo do serviço – estes são os princípios de um mundo novo".

"RODEIA-TE COM FOGO E TORNAR-TE-ÁS IMUNE".

(Helena Roerich, ***Mundo Ardente***, Série Agni Yoga, Fundação Cultural Avatar, 1987)

Centro dos Pulmões

"É um dos centros mais sensíveis. O Fogo se combina com as mais sutis energias e começa a criar novas manifestações. A qualidade da chama deste Fogo afirma uma recepção de puro Fogo do Espaço. A ação dos fogos silenciosos une o fogo dos pulmões ao Fogo do Espaço. O acender do centro dos pulmões tem fornecido ao iogue todas as possibilidades, inclusive as das manifestações superiores. Este centro dá poder sobre a água e o ar. O centro dos pulmões está na base de todos esses chamados milagres. Todas as dores dos mártires desapareceram através do controle deste centro, e somente o Cálice do êxtase viveu. Este centro pode ser chamado de transmutador do fogo".

(Helena Roerich, ***Infinito***, livro 1, Série Agni Yoga, Fundação Cultural Avatar/ FEEU, 1979)

Coração

O Coração é o caminho de acesso a Deus e a Perfeição de todos os Seres Iluminados. Comande o seu coração para que ele se aproxime, tanto quanto possível, do Mestre. Se as palavras são necessárias para a afirmação do Mestre, comece a conversar com Ele como se Ele estivesse ao seu lado. Não é preciso esperar uma resposta do Mestre somente em palavras comuns. A resposta pode chegar através de numerosos sinais. Que o coração se acostume a conversar com o Mestre.

O Coração é a parte mais central e profunda do Ser, da Consciência. É o ponto de conexão com a essência deste sistema solar; é a Consciência Universal em nós. Portanto, é uma parte da consciência que está transcendente a nossa consciência individual. À medida que usarmos o Coração, podemos até expandir a nossa consciência para além do sistema solar (receber a influência de Sirius, por exemplo).

O Coração vê, sente, expressa a essência. Assim, dissolve os apegos, as carências, as perdas, as ilusões, as enfermidades, a ilusão da separatividade.

A mente é seletiva; escolhe, exclui; diz sim a umas coisas e diz não a outras. O Coração é o contrário: é como o sol que brilha sobre os justos e os injustos; não julga; inclui tudo e, ao fazê-lo, tudo nele se transforma; coisas, pessoas, situações são acolhidas em seu interior e automaticamente são transmutadas e se revelam em sua essência. O Coração contém a chave da Unidade. Ouvindo-se a voz do Coração, os ódios e os antagonismos desaparecem.

É o centro da irradiação do propósito espiritual, a força que dinamiza todas as atividades superiores da consciência. Corresponde ao 'Coração do Sol', e por isso é a fonte espiritual de Luz e de Amor; é o Cristo. É alimentado pelo Fogo Solar.

É um Centro de Vida e de Compaixão, de União Interna, do Conhecimento daquilo que é e do que deve ser. No Coração não existe tempo nem espaço, mas só o Eterno Presente.

É o Grande Ímã; sua lei é a Lei de Atração. Como os opostos se fundem no Coração, esta Lei também é chamada de União Polar. Portanto, o Coração é o órgão da fusão, assim como o centro da cabeça é o órgão da síntese. Passa a funcionar bem a partir do momento em que a natureza emocional do discípulo (com sua predominante qualidade do desejo) passa a ser controlada pela Alma. Através do funcionamento do Coração (também chamado de "agente da Alma"), o discípulo se relaciona cada vez mais intimamente com sua Alma. E então ocorrem duas grandes expansões de consciência: 1a.) ele é atraído para um *ashram* de um Mestre, tornando-se um "discípulo aceito"; 2a.) ele é atraído para servir e se relacionar intimamente com a humanidade. Servindo e trabalhando, ele se torna, ele próprio, o Coração de um grupo ou de uma organização. Através dele, o Amor é ancorado na terra, substituindo a emoção, o desejo e os aspectos materiais do sentimento.

(Texto baseado no livro ***Coração***, de Helena Roerich, da Série Agni Yoga, publicado pela Fundação Cultural Avatar)

Mantra AUM

AUM (que se pronuncia OM) é som da criação. Enquanto os Elohim criavam a Terra, entoavam o Mantra, preenchendo tudo com este som. "AUM é poder da Graça, pois sua sagrada consonância enche o coração com a Graça Divina. O símbolo da combinação das energias superiores é AUM. É necessário levar o organismo a uma condição harmoniosa. Com este objetivo, os sábios indicaram o poder das invocações sagradas. AUM, ou foneticamente OM, foi tal síntese das aspirações sagradas. O Todo-Poderoso AUM sobrepujará o ataque mais insano e violento. A fim de começar racionalmente a ressonância do AUM, devemos estar permeados com o respeito pela grandeza da Criação”. “Alguns significados de AUM:

A é pensamento – a Base
U é luz – a Causa Primária
M é mistério – o Sagrado

A: vigília
U: sonho
M: sono profundo

A: linguagem
U: mente
M: alento vital (prana)”.

(Helena Roerich, ***AUM*****,** Série Agni Yoga, Fundação Cultural Avatar, 2005)

Pentagrama Flamejante (uma estrela de cinco pontas).

Esta Estrela está associada ao corpo do homem com os braços e as pernas abertas, com uma irradiação especial do chacra laríngeo. Este símbolo funciona como Escudo e Proteção.

(Helena Roerich, ***Coração***, Série Agni Yoga, Fundação Cultural Avatar, 2004)

FÉ

Todos os homens que despertam do sono profundo da inconsciência e que desejam trilhar um caminho na Terra que faça sentido e que tenha um significado maior, acabam buscando respostas para os seus questionamentos. Normalmente se perguntam: Quem sou eu? De onde vim? Para onde vou? O que vim fazer aqui? Qual o sentido de estar vivo?

Nesse momento, começa um caminho sem retorno. Cada um vai mergulhando em busca de explicações para as suas questões pessoais e, aos poucos, vai encontrando as respostas. No entanto, são poucos os homens que realmente entendem o significado real da vida e se dedicam ao autoconhecimento, movidos por uma energia majestosa de aperfeiçoamento e desenvolvimento. Outros tantos se contentam com o pouco que alcançaram e não se empenham com determinação e vontade para decifrar os mistérios da vida e de si mesmos. Muitos caminhos são escolhidos para esse crescimento pessoal e o principal deles talvez seja a religião, embora a filosofia e a ciência também sejam seguidos. Na ciência, a lógica e a razão são pontos fundamentais, pois tudo é explicado a partir do intelecto e dos processos lógicos. A filosofia também se utiliza dos processos mentais, onde pensar e compreender o funcionamento das leis é necessário, para que se possa desenvolver uma crença em determinada visão filosófica.

Aparentemente, as religiões seguem um caminho similar, estabelecendo doutrinas, divulgando dogmas e verdades relativas, pois são abordadas de forma diferente, conforme os segmentos religiosos. No entanto, a base de qualquer fundamento religioso ou espiritual está fundamentada numa palavra muito pequena, mas de uma importância gigantesca no que concerne às mudanças de rumo na vida dos homens: a Fé.

Fé é diferente de crença, pois a crença é mental e é estabelecida através de valores e paradigmas que agradam ou não aos homens. A fé não é mental, ela é sentida; é um sentimento que vibra no coração, na essência do ser, sem a necessidade de uma explicação lógica. A fé não pode ser mensurada quantitativamente. Não se pode ter 60 ou 80% de fé. Ou se tem fé ou não se tem fé.

Na busca do crescimento espiritual perseguido por muitos na Terra, esse tema é prioritário, pois como é possível crescer ou evoluir, independentemente da religião ou filosofia seguida, sem ter fé absoluta naquilo que lhe é apontado como chave para a purificação ou redenção? De nada adianta o conhecimento intelectual de doutrinas espirituais ou de ensinamentos esotéricos sem a fé, que funciona como o elemento libertador. Sem fé nada funciona, nada se transforma. Através desse aspecto divino, inicia-se um novo caminho e um processo criativo em todo o Universo. Por isso, a fé tem que ser cada vez mais desenvolvida pelos homens; todos têm esse potencial divino latente dentro de si, é necessário apenas desenvolvê-lo, alimentá-lo, assim como se faz com o Amor e com a Luz Divina em cada um.

Desde as coisas mais simples do cotidiano dos homens até as conquistas mais grandiosas nos planos espirituais, todas dependem da capacidade do homem acreditar nelas. Por isso, ter fé é acreditar, acreditar é querer, e querer é poder. Não esquecendo nunca que esse querer e esse poder devem estar sempre em concordância e sintonia com as leis e os mandamentos dos céus.

"A fé remove montanhas" e através dela tudo é removido e alcançado, pois enquanto o homem estiver vibrando no sentimento da fé estará em unicidade com a vontade do Criador, que é sempre Perfeição e Amor para todas as suas criaturas. Jesus andou sobre as águas e curou enfermos através da fé depositada no Pai. Pedro andou sobre as águas junto com Jesus, mas no momento em que ele duvidou, afundou. A dúvida e o medo, emoções tipicamente humanas, são os maiores entraves na conquista e fortalecimento da fé. No momento em que os homens se entregam nas mãos de sua própria Divindade, identificando-se com Deus individualizado e não mais com o eu-personalidade, tudo torna-se possível, viável e alcançável, até mesmo a perfeição prometida.

Por que relutar em se entregar com Fé na Presença de Deus que habita em cada um? O Poder Divino está sempre ao alcance do homem e, quando este o aceita como o único comando em sua vida, ele flui incessantemente, manifestando perfeição.

Analise a sua fé, questione-se e veja se ela está a contento. Observe se você se sente alimentado por ela e, assim, se sente forte e firme, solidamente amparado pela Proteção e pela Força Divina, ou se está, ao contrário, à mercê de invasores e forças humanas. É o momento de aprender a não dar mais atenção e força às mentes humanas e às energias do astral, pois elas são infinitamente mais fracas do que o Poder e a Força de Deus que habita em você. Se for ouvida a voz do ego, com suas dúvidas, desconfianças e temores, não será possível ouvir a voz de Deus que fala suavemente ao seu ouvido. Portanto é necessário refletir e mudar o comportamento.

O único caminho para a mudança é reforçar a Fé na energia pura e perfeita que se derrama sobre você, aceitando-a como seu único Poder e entregando-se totalmente ao seu Comando, sem oferecer resistência. Deixe que essa Voz direcione sua vida e viva em sintonia com a Vontade do Pai, sentindo-se protegido, fortalecido e dirigido por sua própria divindade. Acredite que o seu Deus Interno sabe o que é melhor para a sua vida. Ele nunca falha, pois seu Amor é a maior Força de todo o Universo. Sinta-se unificado com sua divindade e estará sempre na melhor companhia, mergulhado numa constante sensação de harmonia e paz. Não deixe que nada do mundo inferior perturbe essa paz e ameace a sua fé. Acredite no Poder de Deus e viva de acordo com a Vontade do Criador, pois só assim caminhará em direção ao aperfeiçoamento e a evolução verdadeiros. Aceitando-a, o homem pode caminhar sobre as águas, pode permanecer indestrutível em meio ao fogo e até intimar o corpo a ressuscitar.

Mestre El Morya

DISCURSO DO MESTRE EL MORYA

Que Meu Nome seja um talismã forjado especialmente para ti. Possam as profundezas do céu serem generosas para ti. Bênçãos, muitas bênçãos.

Dirige os teus olhos a distância, como o faz o falcão – este é o meu conselho: apurar a visão. Discípulo meu, vê com clareza, enxerga com perfeição. Contempla! Sonha com o futuro e verás a regeneração do mundo.

Sobre o Amor, eu posso dizer: nas almas puras, o Amor se dirige sempre para o alto, mas a Compaixão se derrama sempre para baixo. Digo-te que a chama do teu coração fique, permaneça acesa com o Fogo da Compaixão. Na Compaixão, jaz a grande pérola do conhecimento secreto. Todos os Bodhisattvas, todos os santos, todos os mártires caminharam ao longo desta Senda. Compaixão, compaixão, compaixão.

Eu te falei da beleza, do amor, da ação. Eu te falei da devoção, da prontidão e da compaixão. E, finalmente, te convoquei para o Grande Serviço. Sim, sim, sim, Eu te convoco, e Eu te proclamo como Meu, como Minha...

Pensa nas estrelas, que sempre dão sua luz à humanidade. Sê como essas estrelas, e dá teu amor, sabedoria e conhecimento a outros. Apenas quando tudo é dado, podemos receber.

Mas onde está o traje no qual subir os degraus do templo? Onde está o tecido digno de cobrir a nudez e a sombra de teu corpo? Através de todo o universo, pulsa o tecido do Princípio da Vida. Através de todo o universo, é encontrado o traje digno. E a alegria nele palpita, vibra, ressoa. Neste traje, tu subirás os degraus do Templo. Com este traje, que é o Tecido da Mãe do Mundo, cobrirás todo o teu ser. Alegria em todos os Mundos!

Dignamente vestido, trabalha então para a Unificação e para o nascimento da Nova Raça, cujo primeiro requisito é trazer o Espírito para a vida. Haverá um novo voo do Espírito, e ele dará a volta sobre o mundo! A época, sem dúvida, é muito difícil, não tem precedentes. As nuvens te envolvem, mas Meu Raio está sempre contigo. Eu te assinalo com o Meu Sinal. A minha Coroa está contigo, pois Eu te dou a Coroa. Em Meu Nome tu trabalhas: não te esqueças deste ponto. Lembra-te dele particularmente. Onde quer que vás, levas a Minha Luz contigo. E lembra-te também de que aquele que Me segue é sempre vitorioso. Pois EU SOU INVICTUS, a Chama Eterna que arde no coração dos heróis e heroínas dos séculos!

Filhos, discípulos, Meu Filho, Minha Filha, sê feliz! O maior dos júbilos está muito próximo.

Eu te envolvo no abraço da Vitória do Amor e te ofereço, em Nome do Espírito da Ascensão, este Cálice Ardente do Poder de Amor, de Fé e de Vida Plena.

EU SOU MORYA, o Guardião da Vontade de Deus!

SEGUNDO RAIO: representado pela cor AMARELO-DOURADO

O Segundo Raio é a expressão do Amor-Sabedoria e da Luz Divina. Esse Raio atua diretamente nas consciências e corações dos homens e tem o propósito de revelar o Amor e a Sabedoria, despertando a Luz interna. É o raio que dirige as consciências e as formas em todos os reinos da natureza e corresponde à Segunda Pessoa da Trindade Divina: o Filho (que herda do Pai o desejo de amar e da Mãe, a capacidade de criar formas).

Para entender a essência deste Raio, é importante rever o conceito de Amor, principalmente da maneira como ele é visto pelos homens. De acordo com os Mestres, o Amor não é um sentimento, mas sim um princípio de Atração Magnética, ou seja, o Grande Princípio de Atração, Aspiração e Força Magnética, que se manifesta como atração e interação entre os pares de opostos, no nosso sistema solar. Já a Sabedoria é a percepção intuitiva da Verdade; independente do raciocínio é a conscientização do "Reino de Deus Interno" e a percepção do "Reino de Deus Externo", no sistema solar. A Sabedoria é sintética e subjetiva, unindo e combinando, lidando com a essência das coisas, por isso é a ciência do espírito; enquanto que o conhecimento é separativo e subjetivo, divide e diferencia, estando ligado ao intelecto, por isso é a ciência da matéria.

A Luz é a essência de todas as partículas criadas, é a energia que vivifica cada elétron emanado do Núcleo da Criação (Deus). Quando se visualiza Luz no interior de qualquer ser (mineral, vegetal, animal, humano) se está colaborando com sua evolução. Se, além dessa visualização, ainda nos sentimos parte dessa Luz, dessa Totalidade, o serviço ainda é mais efetivo. Os átomos e elétrons dos homens são compostos de Luz, embora haja neles um ponto de resistência, que deve ser transformado em Luz.

O nosso sistema solar e a nossa galáxia são do Segundo Raio. Na criação dos mundos e na regência do plano evolutivo, o Segundo Raio formula o plano com precisão, unidade e perfeição (O Grande Geômetra), enquanto que o Primeiro Raio corporifica a ideia de Deus, iniciando a Obra (O Grande Abstrator) e o Terceiro Raio (O Grande Arquiteto) materializa o Propósito de Deus, o Pai, sob a direção de Deus, o Filho.

O Segundo Raio governa o Caminho do Discipulado e transmuta o conhecimento em sabedoria, nutrindo, também, a vida Crística em cada discípulo. No caminho do discipulado é importante a compreensão e prática dos seguintes itens:

- Nova compreensão do que é o Coração, como parte da Consciência (magnetismo e inclusividade).

- Conhecimento dos Fogos (que são as energias criadoras), sua relação com os Corpos e as Leis Cármicas e Superiores: A eletricidade do nosso sistema solar é tríplice: existe o fogo por fricção (ou fricativo) ou fogo da personalidade (corpo físico/ etérico, mental e emocional) regido pelas Leis Cármicas; o fogo solar ou da Alma (do Cristo Interno ou Anjo Solar) e o fogo elétrico ou do espírito (da Divindade), ambos regidos pelas Leis Superiores. A eletricidade gera a coesão no interior de todas as formas, produzindo a união dos átomos e organismos dentro das formas, sustentando e expandindo a vida na forma durante seu ciclo de existência. Os Raios de Aspectos estão associados aos três tipos de fogos:
  1º Raio – elétrico
  2º Raio – solar
  3º Raio – fricativo
- O Serviço, como propósito da nossa existência.
- Construção sábia em relação ao Plano (Colaboração consciente com o reino da natureza: animais, vegetais e minerais.)
- Supressão ou controle da irritação (e também cuidado com a preocupação, medo, dúvida e autopiedade).
- Aceitação/Carma Ioga (compreensão intuitiva e compreensão compassiva do outro).
- Uso consciente dos recursos planetários (não-desperdício).
- O exercício da impessoalidade (contato com a alma, percepção da Vida Una, desapego e renúncia aos valores egoístas) e da impassibilidade (repouso sereno, não se afetar com as situações externas).
- Desfazer-se de desejos nefastos, materialistas, e repensar sua própria relação com os bens materiais.
- Entrega confiante (*"Que se faça, ó Pai, a Tua Vontade"*).

O Mestre que dirige, atualmente, esse Raio na Terra é o Mestre Confúcio; seu Complemento Divino é a Mestra Soo-Che. Durante o último século, tivemos como Chohan do Segundo Raio o Mestre Kuthumi e depois o Mestre Lanto, até que Confúcio assumiu a regência.

O Mestre Confúcio, antes de atingir a ascensão, viveu na Terra sob muitas encarnações, sendo mais conhecido como um Mestre de Sabedoria chinês: Confúcio (século VI a.C.). Seu Retiro etérico no nosso planeta fica no Royal Teton, planície do Wyoming, nos Estados Unidos.

O Mestre Lanto viveu na antiga Lemúria, como sumo sacerdote

no templo da Mãe Divina; depois na Atlântida, também como sacerdote do Fogo Sagrado que lidava com o poder de Precipitação (processo de atrair a Luz e a Susbtância Cósmica Universal e transformá-la numa forma física). Lanto encarnou na China, como governante contemporâneo do sábio Confúcio, século VI a.C., tendo alcançado a sua ascensão. O templo etérico do Mestre Lanto é conhecido como Templo da Precipitação e fica nas Montanhas Royal Teton, em Wyoming, nos Estados Unidos. Este Templo possui uma grande sala, que tem um teto abobadado, onde existe uma estrela de sete pontas, com uma cruz de malta no centro. Nas pontas da estrela, um planeta lhe corresponde e ao redor do conjunto, o fogo rosa e violeta o circundam.

O Mestre Kuthumi ocupa, atualmente, o cargo de Instrutor do Mundo, juntamente com o Mestre Lanto e o Mestre Jesus. Os três dirigem toda a base do pensamento filosófico, que serve como fundamento para as religiões, filosofias e sistemas educacionais dos tempos atuais, preparando as consciências humanas para as grandes mudanças planetárias. Antes de ascensionar, Kuthumi esteve encarnado como Pitágoras (filósofo e matemático grego, que criou uma Escola na cidade de Crotona, com propósitos iniciáticos e estudos de diversos temas, como reencarnação); Baltazar (um dos Reis Magos presentes no nascimento de Jesus), São Francisco de Assis (santo e grande defensor da natureza e dos animais e que buscou a reconstrução da Igreja Católica, no século XIII, aproximando-a novamente do povo) e Koot Homi Lal Sing, sábio hindu contemporâneo do Mestre El Morya e que também preparava discípulos em todo o planeta. Kuthumi e El Morya são muito ligados e tiveram muitas encarnações juntos, um impulsionando a caminhada do outro. O Mestre Kuthumi também alcançou a sua ascensão por volta de 1898. Seu Foco de Luz etérico localiza-se sobre a região da Cashemira, no norte da Índia, e é conhecido como Templo da Iluminação e da Sabedoria Divina.

Outro Mestre que também serve ao Segundo Raio chama-se Djwal Khul, também conhecido como Mestre Tibetano ou simplesmente, como D.K. Ele era discípulo do Mestre Kuthumi e seguiu seus passos em direção à ascensão, tendo instruído muitos discípulos na Terra. Suas obras mais conhecidas são em parceria com a escritora Alice Bailey, no início do século XX.

Atuam, também, no Segundo Raio Mestres conhecidos como Deuses Meru, que têm seu Foco de Luz na Montanha Meru, às margens do lago Titicaca, no Peru, América do Sul. A entrada deste templo se dá através de uma caverna iluminada por veios de ouro pelas paredes, que conduz ao interior da montanha, onde se precipita o Fogo Dourado que vem do interior da Terra. Os Deuses Meru são os "pais" da sexta raça-raiz, uma raça de homens que está começando a encarnar na Terra, e que vem com características mais evoluídas. São os filhos da sexta-raça, junto com os homens mais evoluídos que já vivem na Terra, que prepararão a Grande Mudança Planetária e a instauração definitiva da Nova Idade do Ouro, no planeta.

Esse Templo é conhecido por manifestar a atividade feminina do Segundo Raio, pois traz consigo a capacidade de nutrir todas as ideias de paz, amor e reconstrução de um novo planeta e uma nova humanidade. É um foco de poder e força do Espírito Santo e é uma atividade mantenedora de toda a criação. A irradiação suave desse raio feminino talvez explique o porquê de a busca espiritual ser, em sua maioria, de mulheres, na atualidade. Este aspecto feminino do raio é sintonizado através da sensibilidade, suavidade, percepção e intuição e todos que desenvolvam estas características, podem ser mais facilmente estimulados nesta busca.

Hoje já não é necessário um grande período probatório, como foi outrora, nem tampouco é exigido do discípulo a busca pelo isolamento em mosteiros, afastado de tudo e de todos. Pelo contrário, é inserido na vida moderna, urbana ou rural, que os discípulos devem doutrinar os seus corpos e buscar a mestria e domínio de sua energia. Manter o equilíbrio e a harmonia, inseridos no mundo conflitado da atualidade, pode representar maior crescimento espiritual do que se isolar em reclusão, embora os períodos de refúgio e afastamento sejam necessários para auxiliar o discípulo a conseguir autodisciplina.

Também atua no Segundo Raio o Mestre Kenich Ahan, que rege um Templo de Iluminação conhecido como Templo do Sol, em Yucatan, no México, e que instruiu e promoveu o desenvolvimento da civilização maia. Neste Foco de Luz, a Luz Eterna, o brilho e o fulgor dos Deuses Solares Hélios e Vesta são reverenciados e todo Buscador da Luz, pode se beneficiar ao entrar em sintonia com este Santuário, atraindo o brilho resplandecente e o poder criativo para si.

Servem também no Segundo Raio os Arcanjos Jofiel e Constância, com suas legiões de Anjos Dourados, que vem trabalhando na Terra, derramando Luz e Amor em todos os seres. Seu Santuário etérico fica localizado no norte da China central, próximo a Lanchow.

Os Elohim que atuam no Segundo Raio são conhecidos como Cassiopeia e Minerva e têm o poder de auxiliar na sustentação de formas-pensamentos e ideais carregados com Luz e Sabedoria Divina. Seu Santuário fica na Alemanha.

Siddhartha Gautama
O Senhor do Mundo

GAUTAMA, O SENHOR DO MUNDO

Também ligado ao Segundo Raio está o Mestre Gautama, conhecido como Senhor do Mundo. Ele é o Grande Hierarca da Terra e sustenta a Trindade Divina, mantendo o equilíbrio do nosso planeta. Alcançou sua iluminação como Siddhartha Gautama, cerca do século V a.C., quando trouxe ao mundo ensinamentos importantes como As Quatro Nobres Verdades e o Caminho Óctuplo, que leva ao Equilíbrio Perfeito.

As Quatro Nobres Verdades:

1. A dor existe neste mundo;
2. O desejo é a causa da dor
3. A dor pode ser suprimida;
4. Existe uma Via ou um Caminho de supressão da dor; é o Caminho da Libertação ou, ainda, o Caminho da Iluminação, denominado Caminho Óctuplo.

O Caminho Óctuplo é um método de discipulado que se compõe de Oito Passos:

1. Doutrina Reta (conhecimento do Caminho e do instrumental necessário);
2. Sentimentos Retos (sentimentos puros e divinos);
3. Linguagem Reta (palavras não-agressivas, convenientes, sábias e úteis);
4. Conduta ou Ação Reta;
5. Pureza Reta (não só de corpo, mas de pensamento e de alma);
6. Reto Meio de Subsistência;
7. Solidão Reta;
8. Reta Meditação ou Êxtase Reto (imersão na Senda).

A prática do Caminho Óctuplo leva o ser à Consciência da Unidade de toda a vida, da Compaixão e de um Grande Amor por todos os seres. A Alma, trilhando-o, pode enfim se libertar. O Foco de Luz etérico do Mestre Gautama fica em Shamballa, a grande cidade de Luz da Terra, chacra cardíaco de nosso planeta, onde a Chama Trina vibra, sustentando a vida na Terra. O símbolo eletrônico de Gautama é uma flor de lótus desabrochada.

A expressão divina do Segundo Raio se dá através do homem que busca ouvir a Voz Interna do Deus que habita em si; é aquele homem que procura silenciar o ego, os julgamentos e críticas, e medita profundamente em seu próprio coração. Dissolve todas as suas dúvidas e questionamentos, seguindo a Orientação Divina; entra em contato com a intuição pura que vem da Grande Fonte, acessa a Sabedoria Interna e o Amor, presentes em seu Coração e coloca em prática todos os ensinamentos e orientações internas que recebe, sendo um exemplo vivo de tudo o que aprende e que serve a sua evolução. Manifesta a Sabedoria associada ao Amor verdadeiro e é exemplo, para os seus irmãos, de serviço, entrega e compaixão.

Já na expressão humana do Segundo Raio, encontraremos o homem que busca todas as informações do lado de fora, querendo agilidade e rapidez de respostas, mesmo que elas sejam superficiais ou equivocadas. Normalmente está em busca constante de conhecimento, do saber, mas seu propósito é puramente intelectual. Tem dificuldade para pôr em prática o que aprende através de leituras, cursos e do conhecimento em geral. Age com superficialidade e com tendência a dispersão, não se aprofundando em si mesmo. Muitas vezes age com arrogância intelectual, pois faz questão de mostrar que sabe muito e que sempre tem algo a dizer sobre determinado assunto. Pode se mostrar também distante afetivamente, pois está mais preocupado com o intelecto e a racionalidade do que com as relações humanas.

MANIFESTAÇÕES DO SEGUNDO RAIO NO HOMEM EVOLUÍDO

Calma, serenidade, perseverança, amor à verdade, intuição, inteligência, paciência, fidelidade, inclusividade, sensibilidade para o Todo, revelação da verdadeira Iluminação, sabedoria e linguagem apropriada.

MANIFESTAÇÕES DO SEGUNDO RAIO NO HOMEM INVOLUÍDO

Frieza, indiferença, arrogância intelectual, valorização excessiva ao estudo, capacidade de percepção do Todo e ficar à parte, separativismo, ambições materiais, egoísmo e subordinação do poder para esse fim, superficialidade.

Necessitará desenvolver amor, compaixão, altruísmo.

Músicas do Segundo Raio:
Canção da Índia (Rimsky-Korsakov) – Mestre Gautama
Greensleeves (Willians) – Mestre Kenich Ahan/Templo do Sol

Doce Mistério da Vida (Herbert) – Mestre Kuthumi
Canção de Kashmir (Finden)- Mestre Kuthumi/ Elohim Cassiopéia e Minerva
Air on G Strin (Bach) – Mestre Djwal Khul
A Cotovia que se Eleva (Willian) – Mestre Confúcio
Gigue (Patchelbel) – Mestre Kuthumi
Sexta Sinfonia, Pastoral (Beethoven) – Shamballa/Mestre Gautama.
Canon em Ré (Patchelbel) – Templo da Iluminação
Fé de Nossos Pais (Walton) – Templo da Iluminação dos Deuses Meru
Estrela Vespertina (Wagner) – Mestre Confúcio
Jardim Encantado "Kitezh" (Stravinsky) – Mestre Confúcio e Soo-Che/ Elohim Cassiopéia e Minerva
Entrada dos Deuses em Valhalla (Wagner) - Mestre Lanto
Em um Templo Chinês (Ketelbey) – Mestre Lanto
A Tormenta (Tchaikowsky) – Mestre Kenich Ahan
Abertura de Hélios (Nielsen) – Mestre Kenich Ahan/ Deuses Solares Hélios e Vesta
Serenata (Schubert) – Arcanjo Jofiel e Constância

Aromas do Segundo Raio: Benjoim, Patchouli, Flor de Laranjeira.

Símbolo do Segundo Raio: Caduceu de Mercúrio ou de Hermes: é um cetro, com duas serpentes enroladas ao seu redor, cruzando-se quatro vezes (a elevação dos quatro corpos inferiores do homem). No alto do Cetro, as serpentes se encaram e ao lado delas, surgem as asas da liberdade. É um símbolo que representa o despertar da energia primordial (*kundalini* – a força da Grande Mãe) e a ascensão da mesma até o chacra coronário, permitindo que o ser humano seja comandado somente pelas forças superiores. O Cetro representa a coluna vertebral do homem.

O SILÊNCIO: OUVIR A VOZ INTERNA

Na medida em que o homem aprende a silenciar e escutar a Voz Interna, Esta se expressa cada vez mais. A Voz do silêncio não deixa margens à dúvida, e procurar ouvi-la é um hábito que deveria ser desenvolvido por todos os homens.

Aprender a ouvir a Voz interna é fundamental, pois ela é a Voz do Cristo Interno, que flui de um plano bem mais elevado, acima de nossos corpos inferiores. Sua Voz se distingue de imediato, sobretudo quando nos mantemos em harmonia. Por isso, é importante mergulhar profundamente na Chama Crística de seu coração.

Dentro de cada um de nós vive esse Cristo e podemos manifestá-lo em nossas vidas, concentrando a nossa força no Poder, na Luz e no Amor de Deus. O desejo de manifestar Deus em todos nós faz com que haja uma expansão dos fogos internos acumulados pelo fogo do Espírito Santo. Estes fogos funcionam como um ímã divino, e aumentam o fluxo de perfeição que flui em nossas auras e depois se expande pelo mundo.

Por isso, é necessário o empenho na tarefa diária de expandir a Luz, o Amor e o Poder interno. Devemos apelar ao Santo Ser Crístico e perceber o Fogo Solar que começa a crescer dentro de nós. Visualizar a Chama Trina expandindo-se em nosso coração e no centro dela, sobreposta à Chama Dourada, enxergar a Luz do Cristo. Visualizar a imagem do Filho de Deus, que nos ensinou a vencer os limites humanos, transformando-se num Ser Divino. Deixar que a imagem de Jesus, o Cristo, cresça cada vez mais dentro do Fogo Dourado, até que de braços abertos Ele se expanda em nossos corações, e tal como Ele, aceitar somente a perfeição do Pai.

Sentir o Cristo em nossos corações e aceitá-lo sempre como um elo que nos mantém unidos a Deus, garantindo que a separação é apenas uma ilusão do nosso ego pessoal. Ficar centrado nessa energia Crística, deixando que ela dissipe todos os problemas humanos e harmonize todas as situações impuras de nossas vidas. Manifestar o Cristo em cada um de nós, permitindo que Ele dissolva mágoas e medos e restabeleça a paz, o amor e o perdão.

Manter sempre essa Visão Crística aberta e dominante e esquecer do eu inferior, que ainda tenta nos aprisionar. Não devemos mais ouvir os chamados do eu inferior, pois ele nada tem a nos oferecer. É importante saber que o Cristo que acaba de despertar em nós precisa ser nutrido e sustentado, para que Ele cresça e assuma o controle absoluto do nosso eu-personalidade. Vamos aceitar a Luz do Cristo que brilha em nós e deixar que esse Poder Divino seja utilizado com Amor e Sabedoria.

DISCURSO DO MESTRE KUTHUMI

Amados Filhos da Luz, reconhecei vosso Cristo Interno e deixai que ele vos comande e vos guie sempre até Nós. Fazei com que a Luz despertada em vosso santuário interno não se dissipe, nem enfraqueça. Lembrai-vos sempre de minhas palavras e minha dedicação em levar até vós todo o conhecimento e sabedoria, para auxiliar-vos a alcançar a plenitude dos céus.

Tendes em vossas mãos um poder que poucos conhecem em vosso mundo, que é o conhecimento das Leis Divinas e a sua verdadeira aplicação.

O manejo dessas forças divinas só depende de vosso livre-arbítrio. Assim como eu, muitos Instrutores vos tem incentivado e relembrado do uso dessas leis em vosso mundo. Procuramos relembrar-vos, constantemente, todos os ensinamentos que durante séculos recebestes, somente para que possais buscar a harmonia e a perfeição em vosso plano e tornar-vos canais condutores dessas vibrações a todos os vossos irmãos.

Temos vos conduzido de mãos dadas às paisagens de Luz que vêm a ser o vosso lar espiritual. Aqui está o vosso verdadeiro ambiente de estudo, onde recebeis a pureza e a clareza de nossos ensinamentos. Aproveitai esse derramamento de Luz e Amor Divinos, para absorver essas vibrações em vossas auras e expandi-las no mundo externo, pois assim estareis contribuindo para que as Hostes Ascensionadas consigam realizar seu trabalho aqui na Terra. Não deixei que essas vibrações tão puras e perfeitas, que estão agora em vossos corpos, se desvaneçam com o passar dos dias e meses. Sustentai esta energia em vosso ser através de atos que expandam essa Luz. Praticai tudo o que sabeis e sintonizai-vos sempre com vossa divindade, pois assim estareis sempre em sintonia Comigo e com todos Nós. Assim, libertos, como estais agora, é como eu gostaria de vê-los; sempre purificados, unidos com as forças da luz espiritual e receptivos ao caudal de energia divina, como um farol às forças puras. Esse farol que sois hoje, e podereis ser sempre, atrairá as almas que na correnteza da vida perderam a firmeza e o equilíbrio de um correto modo de viver.

Filhos de meu coração, muitas vezes já demonstrastes que estais aptos para ser um amparo e dar orientação a muitas almas errantes. Aqui fostes preparados e ungidos como um instrutor de almas. Percorrestes vários caminhos, seguistes curvas e desvios, mas encontrastes o Caminho de Luz que vos traz ao meu Santuário. Ensinai este caminho a todos os que quiserem conhecê-lo, e transmiti aos que se interessarem, o conhecimento que aprendestes com todos Nós. Não há limites para vós, que sois um verdadeiro filho da luz. Servi como instrumento de luz nas mais diversas formas de atuardes neste plano. Em todas elas podereis ser sempre focos de luz, que dissolvem as sombras. Deixai que o vosso Cristo lhe mostre como servir. Pedi e lhes será revelado. Estais sendo preparados para isso e é isso que deveis ser: Instrutores de Luz, de Amor e da Verdade Divina. Fé, alegria, vontade e coragem, associados à humildade, amor e compreensão, são a chave para o vosso voo em direção ao infinito e o resplandecer da luz em vossos corpos. Vede no que podeis vos transformar e acrediteis, pois é isso que já sois: um sol, um Deus em formação, uma luz que ilumina a escuridão e guia todos os que ainda não perceberam a sua própria luz.

Eu sou sempre o Vosso Instrutor de Luz em todos os mundos. Banhai-vos com o meu Amor e com a minha Luz.

EU SOU Kuthumi, um Servidor do Amor e da Luz de Deus.

Mestre Kuthumi

TERCEIRO RAIO: representado pela cor ROSA.

O Terceiro Raio representa a Inteligência Ativa ou Adaptabilidade. O resultado da interação entre a força magnética do Amor Divino e a Vontade de Deus, aquilo que liga a Ideia Divina à Vontade de Deus, manifesta-se no plano das formas. Esta é a expressão do Princípio Criativo, da Inteligência Ativa, aplicada com Amor. É o Raio de aspecto que representa o Poder Criativo de Deus ou a manifestação de Deus-Mãe, que traz à forma as manifestações da Mente Divina. O discipulado do Terceiro Raio envolve a arte divina da criação do homem e a arte de dissolver pelo Fogo Sagrado tudo o que se opõe ao Divino. Representa a terceira pessoa da Santíssima Trindade, a energia do Espírito Santo. O Terceiro Raio contém as demais irradiações do Coração de Deus, ou seja, os outros quatro raios, chamados Raios de Atributos, pois são atributos da energia do Espírito Santo e de Sua Atividade Criativa, que são os seguintes: Branco, Verde, Rubi-Dourado e Violeta.

A atual Chohan (dirigente) do Raio Rosa é a Mestra Rowena, que assumiu essa atividade a partir de dezembro de 1964. O antigo dirigente do Terceiro Raio foi o Mestre Paulo Veneziano que, desde esta data, assumiu o cargo de Maha Chohan (dirigente de todos os Chohans). Ele representa a energia do Espírito Santo para o planeta Terra. Antes dele, Mestre Aéolo, também conhecido como Santo Aéolo, era quem tinha esta função. Hoje ele representa o Espírito Santo Cósmico.

A Mestra Rowena viveu na Terra como Santa Bárbara, aquela que por Amor ao Cristo protegeu e defendeu os cristãos, enfrentando todos os seus adversários com força e determinação. Seu Retiro etérico localiza-se no sul da França, e o nome do Santuário é Chateau Liberté (Castelo da Liberdade), um belíssimo Foco de Luz, adornado com as pinturas de Paolo Veronese (Paulo Veneziano), no plano etérico, e de outras obras de arte belíssimas. Seu complemento divino é o Mestre Vitória, que dirige o Templo da Vitoriosa Conclusão, localizado sobre a Inglaterra. Este templo tem o formato de uma flor-de-lis e é rodeado pela Chama Violeta.

A última encarnação do Mestre Paulo Veneziano na Terra foi como o pintor italiano Paolo Veronese (séc.XVI), muito conhecido por suas pinturas com cores vivas, brilhantes e contrastantes, bem como pela forma de representar as cenas religiosas. Em encarnações anteriores, viveu na Atlântida, onde estava ligado a assuntos culturais do governo; no Peru, durante o Império Inca, ocasião em que foi um artista, e no Egito, ligado à arquitetura. Ascensionou em 1588. O Santuário etérico do Maha Chohan fica no Sri-Lanka, oculto atrás de uma plantação de chá, e é conhecido como Templo da Consolação. Nele, estão presentes os sete aspectos da Divindade.

O Espírito Santo é a energia da vida, por isso o divino alento (energia vital contida no ar atmosférico) é insuflado nas narinas de cada recém-nascido, fazendo com que ele desperte para o mundo físico e aprenda a nutrir-se com esta energia. Como o Maha Chohan é o representante do Espírito Santo planetário, simbolicamente, é dito que Ele é quem insufla o divino alento em cada ser. Isso é feito no momento do nascimento de cada bebê, pois enquanto a criança está no ventre materno, ela não respira. Por isso, no mundo físico, o trabalho com a respiração é fundamental, pois é o alento divino, a energia do Espírito de Deus iluminando as células e elétrons físicos. A respiração correta, prolongada e profunda é fundamental para manter o corpo saudável e trabalha a purificação do emocional e do mental. É interessante observar que, quando as pessoas perdem o equilíbrio, elas respiram fundo ou suspiram, numa tentativa instintiva de restabelecer a harmonia interna.

Servem, também, no Terceiro Raio os Arcanjos Samuel e Caridade, que possuem um templo etérico nas Montanhas Blue-Ridge, em Charlottesville, conhecido como Templo da Adoração. Servem, ainda, nesse Raio os Elohim Órion e Angélica, cujo Templo etérico fica sobre o Lago Winnipeg, no Canadá.

Somente através do amor os homens conseguirão alcançar a sua ascensão individual e a Terra alcançará a sua libertação. Um dos grandes Seres de Amor que é referência até hoje para os terráqueos é Sanat Kumara, o Grande Ser de Vênus que se ofereceu incondicionalmente para salvar a Terra e prometeu não deixá-la até que o primeiro filho da Terra pudesse substituí-lo. Hoje, Siddartha Gautama ocupa o cargo de Senhor do Mundo, mas Sanat Kumara ainda o auxilia na sustentação da Terra.

As energias que estão sendo dirigidas por Sanat Kumara e por Gautama para a humanidade são:

- Manifestação do serviço do Primeiro Raio, com o objetivo de intensificar o Fogo da Decisão e Determinação, preparando homens de todos os raios para exercitarem a força de vontade, o autodomínio, a firmeza e a autonomia, superando a natureza humana e alcançando a Divindade.
- Estimulação dos homens capazes de mudar, fortalecendo-os na vontade para o bem, para o saber e para servir, sustentando-os na busca de autocorreção e autoconhecimento.
- Purificação dos corpos dos novos Aspirantes à Luz no que

diz respeito ao desapego, disciplina, desenvolvimento e responsabilidade.

- Dissolução das limitações que impedem o desenvolvimento do Plano Divino, eliminando padrões antigos na forma de pensar, sentir e agir.
- Intensificação da evolução no reino humano e distribuição da energia espiritual para os demais reinos (mineral, vegetal e animal).

MANIFESTAÇÕES DO TERCEIRO RAIO NO HOMEM EVOLUÍDO

Sinceridade, intelecto claro, paciência, tolerância, compreensão, concentração em assuntos filosóficos, uso da energia para manifestar a beleza e a verdade, uso da inteligência para o desenvolvimento do Plano Divino, adesão à ação correta e à revelação da divindade, da luz, da glória e da boa vontade, suavidade, diplomacia, bom senso, compaixão.

MANIFESTAÇÕES DO TERCEIRO RAIO NO HOMEM INVOLUÍDO

Orgulho intelectual, isolamento, falta de concentração mental, egoísmo, teimosia, crítica excessiva, intensa atividade mental e material, ânsia de glória, beleza e materialismo, tendência à ilusão e fascinação, uso inteligente da força com motivos errados, capacidade de manipulação emocional, amor egoísta e possessivo.

O homem com tais tendências necessitará desenvolver simpatia, tolerância, devoção, bom senso, precisão, desapego.

Músicas do Terceiro Raio:
Romance, Concerto N º. 1 (Chopin) – Mestra Rowena/Arcanjo Samuel e Caridade
O Amanhecer (Cadman) – Maha Chohan
Rapsódia sobre um Tema de Paganini (Rachmaninoff) - Sanat Kumara
Noturno Opus 9 (Chopin) – Lord Maitreya
Melodia em Fá (Rubinstein) – Mestra Rowena
Glorifiquemos ao Senhor (Mascagni) – Arcanjo Samuel e Caridade
2ª Sinfonia, 4º. Movimento (Sibelius) – Elohim Órion e Angélica
I love You Truly (Carrobs Bond) – Mestre Paulo Veneziano
La Marseillase (Berlioz) – Templo Chateau Liberté

Sinfonia 2, 3º. Movimento (Rachmaninof) – Mestra Vênus
Polovtsian Dance (Borodin) – Chama Rosa
O Cisne (Saint-Saens) – Chama Rosa
Capricho Vienense (Kreisler) – Sanat Kumara
Valsa de Muzette (Puccini) – Chama Rosa

Aromas do Terceiro Raio: Rosa, Lótus Branco, Mirra, Verbena, Angélica, Açucena, Cravo.

Símbolo do Terceiro Raio: Pomba Branca de asas abertas, que representa o Espírito Santo e que derrama de seu corpo as virtudes dos Sete Raios.

AS MANIFESTAÇÕES DO AMOR INCONDICIONAL DE DEUS

O Amor Divino é um Poder, uma Inteligência, uma Luz capaz de ser ampliada até se transformar em Chama ou Fogo Infinito e está na inteligência consciente de todo indivíduo, especialmente dos Buscadores da Luz. O Amor é o Princípio Primeiro da Vida e pode ser produzido em qualquer proporção, sem limites, para uso infinito. Sendo o Amor o Núcleo Central de toda Vida, quanto mais Nele penetrarmos e o usarmos conscientemente, tanto mais rápida e facilmente libertaremos esse poderoso Poder de Deus, que permanece sempre como uma represa, esperando encontrar uma abertura na nossa consciência, através da qual possa projetar-se.

PERDÃO

O perdão é a chave para a libertação. Entretanto, perdão não significa absolvição; mesmo perdoando ou sendo perdoado, o erro precisa ser reparado e transmutado. Todos os carmas que os homens carregam são frutos da falta de Amor, pois o Amor está contido no perdão, assim como o perdão está contido no Amor. Enquanto não houver o perdão a todos pelas ofensas, mágoas ou o que quer que seja, o homem estará preso, amarrado a estas pessoas e terá que resgatar esse relacionamento, mesmo que isso leve muitas vidas. A libertação vem somente quando se consegue perdoar.

Quando Jesus ensinou a orar, ele disse: *"Perdoai as nossas ofensas, assim como nós perdoamos a quem nos tem ofendido."* Portanto, esta é a lei fundamental do carma, aquilo que for feito aos outros é o que será recebido de volta. Por isso, o grande perigo de um coração sem misericórdia é que ele fere quem o possui. Toda energia fica bloqueada ao redor do coração e o coração fica endurecido.

PACIÊNCIA E TOLERÂNCIA

Um dos grandes problemas para o homem é a irritabilidade, pois ela abala o sistema imunológico. O Mestre Tibetano diz que a irritação é uma doença psicológica básica, que ataca o sistema nervoso; e que, junto com a preocupação, reduz a vitalidade humana, afeta o corpo astral, provocando doenças. Diz, ainda, que a irritação e a preocupação são epidêmicas. O Mestre El Morya diz que a irritação gera um grave veneno, que ele chama de "imperil". O imperil é uma toxina que pode infectar, enfraquecer e até destruir os projetos, os relacionamentos e os negócios. Ele pode se disseminar como um vírus, exceto se o homem substituir a irritação por harmonia. O que o neutraliza é a paciência e a tolerância, duas formas de exercitar o Amor. O Coração cheio deste Fogo neutraliza o efeito tóxico do imperil, afastando a discórdia e a irritação.

GRATIDÃO

A gratidão fortalece porque, quando ela é gerada pelo homem, este cria uma ponte entre o seu coração e o Coração da Divindade, e a energia flui, abundantemente, de um polo a outro. A gratidão abre as portas para o derramamento de todas as bênçãos do Universo.

SUAVIDADE

A suavidade é doação, é leveza, é doçura; é o contrário da rigidez, da resistência e da fragilidade. Tudo o que é frágil corre o risco de ser quebrado; no entanto, a suavidade é flexível e pode dobrar-se. O sorriso, a fala mansa, a gentileza, a docilidade geram mais positividade do que a força mal empregada.

COMPAIXÃO

A compaixão auxilia o homem no aprendizado de suas lições espirituais, pois não coloca nos outros a culpa daquilo que lhe acontece, e sim revela que as suas reações aos fatos é o que realmente importa; portanto, a compaixão gera crescimento. Quando o homem ama desinteressadamente, Deus lhe oferece mais poder, pois sabe que este será usado com sabedoria. E quanto mais poder é oferecido, maior será a capacidade de amar, ou seja, só sabe lidar bem com o poder quem ama verdadeiramente. Pois o amor verdadeiro usa a compaixão para entender o sofrimento do outro e tenta ajudá-lo sem tentar dominá-lo.

A CÂMARA SECRETA DO CORAÇÃO

A energia que flui da Presença Eu Sou se irradia pelo centro do coração antes de ser distribuída para os chacras e sistemas dos corpos do homem. Ao chegar ao coração, ela é qualificada com a vibração individual de cada ser.

O coração é visto como uma grande Catedral ou uma humilde Capela, um Cálice Sagrado, uma Câmara Secreta, que dá acesso a outras dimensões: todo o Universo está dentro do coração. Dentro dele, existe uma centelha divina, Deus dentro de cada um; é a sintonia perfeita com a origem. O poder de mudar tudo o que estiver errado e impuro, em si mesmo e no mundo, está no coração. Através da oração e da meditação, o homem volta-se para este foco de Poder, Luz e Amor, e quando entra em seu coração e enaltece o nome de Deus, estabelece uma força contínua. Um fluxo permanente de bênçãos que são elevadas ao alto e que fluem de volta repete-se permanentemente criando uma alquimia, onde o homem se oferece a Deus e Deus se oferece ao homem. Aquilo que é oferecido a Deus, fica no corpo causal do próprio homem e aquilo que Deus lhe oferece é somente energia qualificada divinamente, que se derrama no seu mundo pessoal. Assim, o homem veste o Manto de Luz Divina. Cada vez que entra em sintonia com o coração, potencializa este Grande Sol e este regenera seus corpos, para que a sua oferta ao Pai seja cada vez mais luminosa. Cada vez mais esse homem tem o poder de irradiar Luz ao planeta e a todos os seres. Assim, seu corpo causal amplia-se e ele cria o anthakarana, o caudal que serve de escada para a Ascensão.

ESPÍRITO SANTO

Em todo o Universo só existe um Poder, que é a Energia Criadora de Deus, a Energia da Vida – o Espírito Santo. Ele faz do sol uma fonte inesgotável de energia e pode transformar o homem neste ser pleno de criatividade e de vida. O Fogo do Espírito Santo possui uma energia de iluminação, amor e alegria que ativa o pensamento e enche de vontade e força a ideia.

Para manifestar a Chama do Espírito Santo é preciso sustentar um Amor Incondicional, que consegue lidar com todas as situações do mundo humano e com a própria personalidade, sem permitir que isso interfira na essência de seu ser; é saber que a sintonia com Deus é a única fonte de abastecimento e equilíbrio. Todas as situações que tirem o equilíbrio são exemplos de que o homem ainda não desenvolveu a capacidade de amar incondicionalmente. Diante disso, o Espírito Santo auxilia a transpor estas situações e ensina a vivenciar o Amor com toda a sua plenitude e perfeição. A personalidade humana critica os outros e aponta seus erros, julgando-os; o Espírito Santo vê a essência de cada ser e valoriza o que cada um realiza de positivo, estimulando-o. Sempre existem duas formas de perceber e interpretar tudo o que acontece ao redor: pela visão do eu-personalidade ou pela visão do Espírito Santo. Por isso, é necessário que se peça auxilio ao Espírito Santo para que ele modifique a maneira como as pessoas encaram os fatos, mudando seus pensamentos, sentimentos, palavras e ações, através dessa Chama. É importante que cada um faça um detalhado exame de consciência e avalie aquilo que precisa ser modificado em sua personalidade, sem esconder-se de si mesmo, pedindo ao Espírito Santo que o auxilie nesta purificação e libertação. Assim ele revelará uma visão nova, plena de compaixão, compreensão e Amor.

O exercício deste Amor é fundamental. Por isso, cada pessoa precisa expressar o Amor em todas as suas formas: amando e agradecendo a sua Divindade, ao planeta em que vive, aos elementos que o mantêm, aos seus irmãos. Quanto mais Amor é enviado, mais ele também é recebido, pois o Amor abre portas para que tudo flua com harmonia e perfeição. O Amor é a própria atividade do Espírito Santo que serve para criar e impregnar toda a sua criação com essa energia. O homem deve purificar seus corpos para receber o fogo desse Amor, afastando a negatividade e a densidade e aprendendo a disciplina do controle da energia. O Espírito Santo é elo de ligação entre Deus e seus filhos; é o Grande Consolador.

DISCURSO DA MESTRA ROWENA

Avaliai-vos, novamente, e vede as vossas escolhas, os vossos sentimentos e atitudes e resgatai-vos enquanto ainda é tempo, pois o chamado pode vir a qualquer momento e deveis estar livres de todas as amarras e sentimentos pueris. A essência de tudo na busca do aperfeiçoamento e do serviço prestado é o Amor. Sem Amor de nada adiantariam as leituras, os apelos, os estudos, pois tudo ficaria somente num plano mental e racional. É o Amor que mostra a cada um de vós, nas experiências do cotidiano, se subistes um degrau em vossa escada da ascensão, ou se descestes. É só o Amor projetado em palavras de compreensão e tolerância que provam que vós realmente sois um discípulo aceito. É só o Amor em vossas atitudes que mostra o quanto estais servindo à Terra e aos homens. É só o Amor em vossos pensamentos que dissolve

Mestra Rowena

toda energia dissonante que foi criada por vós. O Amor está na base de todos os ensinamentos de Deus; sem ele, tudo perde o significado.

Portanto, olhai para o vosso pequeno eu e vede se há coerência em vossas atitudes e sentimentos, vede se eles estão comandados por essa Força Poderosa e Libertadora ou se vós estais presos a condições puramente humanas. Se estiverdes, esse é o momento em que podeis transmutar o passado e criar uma nova vida, livre de tudo que desejais. Empregai o Amor Divino como primeira e última energia que emanais em vossas auras. Irradiai e exercitai esse Amor nas condições de vossa vida que hoje não fluem dentro da Harmonia Divina, para que todas se dissolvam e possais ser aceitos como discípulos fiéis, leais e dedicados à nossa causa. Lembrai-vos sempre de que deveis ser o exemplo vivo de tudo que ouvis dos Seres de Luz, caso contrário, jamais podereis usar vossas palavras para dizerdes que sois discípulos dos Mestres Ascensionados. Se minhas palavras são firmes, ainda assim estão transpassadas pelo meu Amor e é somente por amar cada um de vós que eu insisto em chamar a vossa atenção mais uma vez. Exercitai o Amor em vossos corações, deixai que a Força Criadora do Espírito Santo atue através de vós e edificai grandes obras aqui na Terra.

Eu Sou vossa Irmã na Luz.
Eu Sou Rowena.

RAIOS DE ATRIBUTOS DIVINOS

QUARTO RAIO: representado pela cor BRANCA.

O Raio Branco expressa as virtudes da Harmonia, Pureza e Ascensão. Este Raio contém todas as Virtudes Divinas, pois Pureza é sinônimo de Amor, Luz, Fé, Misericórdia, Paz, Verdade, Harmonia, enfim, todas as Qualidades Divinas.

O Quarto Raio revela a Mãe Divina em toda a Criação; é o Princípio e a Presença da Mãe Divina no mundo material, desejando manifestar a mesma Harmonia, Beleza, Ordem e Perfeição vista nos planos superiores.

A Grande Mãe revela a Luz e a Sabedoria de forma intuitiva, mostra a todos aquilo que é Real; por isso, quando invocada, auxilia a dissolver a ilusão e a romper padrões cristalizados. Ela também auxilia no Serviço, ensinando aos homens como servir, curar, usar melhor o tempo e os recursos, bem como a se entregar completamente ao Plano Divino, renunciando ao livre-arbítrio. Ensina aos homens a realizar milagres (palavra latina que significa "maravilha"; sendo que o termo latino veio do sânscrito *smayate*, que signica "Ele sorri". O sorriso é uma atividade sobrenatural de Deus; um milagre ocorre quando Deus sorri).

O Quarto Raio promove o encontro com o Cristo em cada coração, é o Caminho que leva ao Pai; serve de Ponte entre a natureza humana e a natureza divina. No momento em que Jesus dizia: *"Ninguém vai ao Pai, senão através de Mim"*, referia-se ao Cristo em seu coração e a manifestação deste Cristo visível e tangível, diante de todos. Em outras palavras, quando o Cristo for conhecido como Rei no trono do coração, então Ele revelará o Pai ao seu devoto, a Jóia mais Preciosa – a ligação direta com o Altíssimo Deus Pai-Mãe.

O Mestre Ascensionado que sustenta essa Irradiação Divina na Terra chama-se Serapis Bey, que é o Chohan do Quarto Raio. Encarnou na Atlântida, como Sumo Sacerdote do Templo da Ascensão e foi orientado pelos Seres de Luz para transferir o Foco de Luz físico da Chama da Ascensão, para outro local, pois o continente iria submergir. Serapis Bey e seus assistentes viajaram pelo mar até o Rio Nilo, onde acabaram erguendo um novo Foco da Chama da Ascensão, que ficou conhecido como Luxor. A partir daí, a Chama foi realimentada e sustentada durante muito tempo e Serapis Bey reencarnou sucessivamente no Egito, com o objetivo de servir a esta Chama. Foi o faraó Amenhotep III, o Magnífico (que construiu o templo físico de Luxor) e depois Ramsés (que aprimorou a construção do templo de Luxor).

Com o passar do tempo, a civilização egípcia entrou em um período de negatividade e escuridão e a Chama da Ascensão acabou sendo eterizada, deixando de existir no plano físico. Serapis Bey também foi Leônidas, Rei de Esparta (Grécia), que tentou defender seu território da invasão persa em 480 a.C., com trezentos guerreiros espartanos, lutando até o fim. Todos foram mortos, mas lutaram bravamente, em nome de Leônidas; sua coragem e heroísmo foram resultado do total amor à sua terra e serviram de exemplo a todos os exércitos espartanos futuros.

O Mestre Serapis Bey é o Grande Hierofante de Luxor, o Templo da Ascensão (localizado sobre a cidade de Luxor, Egito, no plano etérico); está sob sua responsabilidade promover a Ascensão de todos os homens na Terra, conduzidos até Ele por seus Mestres pessoais.

O Templo de Luxor é descrito como um grande edifício branco, de forma quadrangular, que faz parte de um complexo de galerias e colunas egípcias, construído no formato do corpo humano. No interior, existe um átrio que separa o Santuário propriamente dito; aqui, o Candidato à Ascensão é recebido pelos Auxiliares e Instrutores de Luxor e é levado a um pequeno quarto, com decoração muito simples e convidado a uma profunda introspecção.

É o momento de entrar em contato com o Cristo em seu coração e unificar-se com ele, dissolvendo pequenas imperfeições da personalidade, que ainda estejam presentes. Após este processo, o candidato é levado a comparecer diante do Mestre Serapis Bey, que entra em sua aura, trazendo à tona todo tipo de pensamento e sentimento gerado em todas as encarnações. O Mestre revela-se imparcial, investigativo, disciplinador, mas também pleno de bondade, e mostra ao discípulo tudo o que ainda precisa ser dissolvido e transmutado, para que ele verdadeiramente ingresse na etapa final da Ascensão. Revela ao candidato a oportunidade de desenvolvimento espiritual existente em Luxor, deixando-a a cargo do próprio Cristo em seu coração. Depois de algum tempo, quando for convocado a comparecer diante do Mestre novamente, deverá mostrar que houve progresso em seu desenvolvimento, para que continue seu aperfeiçoamento em Luxor. Uma das disciplinas ensinadas por Serapis Bey é a distinção entre o real e o ilusório, ou seja, o real é o Cristo em cada ser, a Presença Divina Perfeita e Pura e o ilusório é o ego pessoal, com todas as energias que necessitam ser transmutadas.

A parte central do Templo de Luxor é descrita como uma grande área quadrada, cercada por quatro colunas. Paralelamente a estas, por dentro, outras quatro vão se sucedendo e, assim, formam-se sete quadrados concêntricos. As paredes que unem as colunas de cada quadrado são feitas de Luz, das próprias irradiações dos Sete Raios, sendo que a última parede de Luz é branca, ou seja, o quadrado menor, dentro de todos os outros, é a Sala da Chama da Ascensão. Ali pulsa a vivificante e aceleradora Chama Branca. Ao discípulo que está em processo de aprendizado, não é permitido atravessar as galerias para os salões internos; isto vai acontecendo, na medida em que cada um vai obtendo certo grau de evolução. Caso contrário, não consegue visualizar o que se encontra através delas.

O caminho para a ascensão envolve muitas etapas, disciplinas e intenso aprendizado e, por isso, muitos candidatos atrasam-se neste processo. Para ter êxito, são necessárias sete disciplinas básicas:

- **Primeira**: Desenvolvimento da disciplina pessoal e autocorreção, abandonando antigos padrões mentais, emocionais e comportamentais.
- **Segunda**: Conhecimento das Leis Divinas e seu uso, para plantar e colher novos frutos.
- **Terceira**: Exercício da tolerância, compreensão, compaixão e respeito no convívio com os diferentes tipos de pessoas, principalmente com

aquelas consideradas mais difíceis.

- **Quarta**: Contato com o próprio Cristo Interno, e a necessidade de elevação e pureza, abandonando o ego pessoal e suas tentações mundanas.
- **Quinta**: Iniciação e consagração dos corpos e das faculdades de cada um, para que o discípulo sirva somente à pureza e à perfeição. Manifestação da energia Crística em ação.
- **Sexta**: O Serviço abnegado a toda forma de vida na Terra.
- **Sétima**: Purificação final e libertação; a necessidade de expandir a Perfeição de Deus e atingir a Ascensão na Luz.

Serapis ressalta a importância da humildade dos candidatos, como condição básica no Caminho da Ascensão. O orgulho e a falsa humildade precisam ser afastados do caminho do discípulo, pois a verdadeira humildade é permanente e não apenas transitória. O Mestre chama a atenção dos discípulos para o processo de ascensão diária, revelando que este processo é gradual e está diretamente ligado às conquistas diárias do eu-personalidade, em relação ao abandono de antigos e limitantes padrões mentais e emocionais. Quando ele consegue devolver ao Coração da Presença boa parte desta energia divinamente requalificada, pode-lhe ser oferecida a Graça da Ascensão. Além do equilíbrio da energia cármica, são indispensáveis para a Ascensão: a purificação dos corpos inferiores; o equilíbrio da Chama Trina e a expansão da energia Crística e o desejo de alcançar a Ascensão como forma de melhor servir à Vontade de Deus e jamais com o propósito de fuga às responsabilidades ou dificuldades terrenas.

Quando o Candidato à Ascensão é aceito, ele é levado pelo seu Mestre ou Instrutor Pessoal ao Templo de Luxor, à Sala da Chama, e é convidado a permanecer de pé no centro da Sala, circundado por vários Mestres e Anjos. Quando tudo está preparado, o tom cósmico (nota-chave, vibração específica) do candidato soa e irrompe a Chama da Ascensão, elevando todos os seus elétrons e reunindo-o ao Corpo de sua Divina Presença. Após a ascensão, a aparência física do candidato é totalmente glorificada em Luz, Beleza e Perfeição e ele não mais se identifica com um corpo de carne, mas com um Corpo de Luz Radiante e Cristalino. Todos os Ascensionados são belos, puros e jovens (aparentam em média 25/30 anos), a não ser que queiram sustentar uma determinada aparência que seja mais familiar aos grupos de discípulos ou aspirantes que dirigem, ao redor do mundo. Muitas vezes, procuram uma imagem mais aperfeiçoada da que tiveram na última encarnação terrena, embora não existam regras quanto a isso.

De acordo com o Mestre Serapis Bey, é possível que alguém que tenha alcançado a Ascensão, se ofereça para permanecer na Terra, temporariamente, auxiliando aqueles que estão no Caminho; esta concessão também precisa ser avaliada pelo Conselho Cármico.

A Chama da Ascensão é totalmente branca, já a Chama da Purificação é de um Fogo Branco Azulado.

O Mestre Saint Germain revelou a existência de um mecanismo chamado de *acelerador atômico*, utilizado para acelerar a purificação dos elétrons e auxiliar o homem em seu processo de ascensão. Esse acelerador é uma espécie de cápsula onde a pessoa recebe, através de um tubo, um fluxo de energia pura, eletrônica, imprimindo maior velocidade aos átomos astrais, que repelem a substância cármica. Esta é sugada por outro tubo, transmutada no Fogo Violeta, e depois devolvida à Grande Fonte. O acelerador atômico projeta grandes quantidades de correntes de luz branca que vão consumindo com as impurezas dos corpos inferiores e devolvendo ao homem a pureza original, seja fisicamente ou em outros níveis. Círculos de intensa luz branca envolvem o indivíduo, até que desce do alto um raio de luz branca, que envolve todos os corpos, elevando-os ao corpo da Presença Eu Sou.

Servem também no Quarto Raio o Bem-Amado Arcanjo Gabriel e seu Complemento Divino, a Bem-Amada Arqueia Esperança. Estes são Seres Angélicos que têm a função de sustentar e irradiar, em todos os planos, as vibrações de Harmonia, Pureza e Esperança. O Arcanjo Gabriel é conhecido como Arcanjo da Anunciação ou das Boas Novas, pois ele foi designado para comunicar a Maria, mãe de Jesus, a sua missão na Terra, relembrando-a de sua responsabilidade diante de tão grande tarefa. É ele quem conserva o Plano Imaculado para a Terra e para os homens, reavivando-os, e traz os Raios de Ressurreição e Ascensão. O Arcanjo Gabriel revela, também, a importância de apelar ao Raio da Ressurreição, pois este reativa tudo aquilo que está adormecido e latente no coração e na consciência dos homens.

Além dos Anjos e Arcanjos, também servem ao Quarto Raio os Elohim Claire e Astrea. Estes Seres atuam no plano mental superior e são responsáveis pela construção das formas, sustentando-as dentro da Imaculada Pureza de Deus. O Elohim Claire ressalta a importância de manter a pureza dos elétrons e mostra ao homem a necessidade de fazer uso constante da Chama da Pureza, para dissolver as limitações e acelerar o movimento dos elétrons.

É importante visualizar um oval de pureza cristalina, onde uma estrela de cinco pontas, de fogo branco, surge a uns três metros acima da cabeça, de cujas pontas surge um anel eletrônico branco, circundado por um halo azulado, em forma elíptica.

Astrea atua no plano astral, juntamente com o Arcanjo Miguel, dissolvendo e consumindo toda a energia maléfica. Ela se utiliza de um Escudo ou Círculo de Fogo Branco e uma Espada de Chama Azul e, através destes Instrumentos de Luz, destrói a negatividade e sela os ambientes e as auras pessoais com este cinturão de Pureza e Harmonia. O Santuário de Claire e Astrea fica na Itália, em um local conhecido como Gruta Azul.

Existe, também, um templo conhecido como Templo da Paz, dirigido pelo Mestre Surya, localizado em Suva, nas Ilhas Fidschi, no Oceano Pacífico. Ele é descrito como um Palácio de Cristal que projeta Raios de Luz nas cores do arco-íris. O palácio tem sete portas que levam a sete galerias, onde são ministrados ensinamentos sobre os Sete Raios. Possui uma escada circular com quarenta e nove degraus de cristal e através dela vê-se uma cascata cristalina. Outro templo, ainda, é conhecido como Templo da Harmonia, dirigido pelo Mestre La Moray, localizado em Madagascar, onde flameja um sol gigante que irradia sete braços resplandecentes, cada um simbolizando um dos Sete Raios. Está associado à Chama Branca irisada (que emana as sete cores do espectro).

A Música das Esferas, a Arquitetura do Cosmos, o Som, o Poder da Palavra, a Harmonia regendo a Criação são princípios ligados ao Quarto Raio. A chave para a descoberta dos Mistérios do Universo está no som, pois o som pode criar a matéria e também alterá-la (lembre-se de que a Criação foi feita através do *mantra* AUM). Veja como o som pode atuar:

- O som como força construtiva: a música clássica propicia o aumento temporário de QI e expansão da memória; a música harmoniosa produz efeito calmante até sobre animais e vegetais, e ajuda na elevação da consciência; no uso medicinal, os ultrassons são usados no diagnóstico de tumores e na pulverização das pedras nos rins (diz-se que o próximo passo será o uso dos ultrassons para introduzir medicamentos no corpo, substituindo as agulhas);
- O som como força destrutiva: uma nota aguda pode estilhaçar um cristal ou um vidro; um tiro pode provocar uma avalanche; determinadas músicas desarmonizam o corpo, atuando negativamente sobre os chacras (o Mestre Serapis Bey ressalta a importância de se prestar atenção às letras e às melodias que se ouve, pois podem atuar de forma negativa. Algumas melodias são harmoniosas com letras negativas e outras tem belas letras, com melodias desarmoniosas).

- O som como mágico ou sagrado: o *mantra*. O *mantra* é uma combinação de sons, que são representados pelas letras do alfabeto de uma língua (normalmente pelas cinco línguas conhecidas mais antigas do planeta: sânscrito, tibetano, hebraico, chinês e egípcio). Eles são construídos ordenando-se as letras deste alfabeto de modo que elas gerem combinações criando o efeito desejado. Cada letra, que representa um som, possui certo poder que lhe é inerente e estes poderes têm sua origem no mais elevado plano do sistema solar. É dito que somente os sábios ou grandes ocultistas podem construir *mantras*, uma vez que eles têm uma visão ampla dos efeitos produzidos por este arranjo de letras ou palavras em todos os planos. O *mantra* pode ser composto de uma sílaba, uma palavra ou um conjunto de palavras e é um instrumento de Luz poderoso, pois serve para expandir a consciência humana, purificar e harmonizar os corpos e até para se alcançar a autorrealização. Místicos de todos os tempos, usando os *mantras*, acenderam fogo, provocaram chuva e outros fenômenos climáticos; materializaram e desmaterializaram coisas, levitaram e até influenciaram eventos mundiais. O *mantra* pode ser entoado em voz alta, murmurado ou repetido mentalmente: quando pronunciado em voz alta, age no plano físico; quando murmurado, no plano etérico e repetido mentalmente, atua no plano mental. A repetição de *mantras* beneficia o sistema imunológico, alivia a insônia e, por outro lado, reduz a necessidade de sono, sem provocar cansaço (ao contrário, energiza o corpo), e até aumenta a autoestima. Favorece também uma sintonia com o corpo mental superior, elevando a consciência e propiciando um estado meditativo ou contemplativo. Atualmente, há informações de que o uso de *mantras* está provocando mudanças até mesmo no código genético.

Alguns *mantras* sânscritos:

OM NAMAHA SHIVAYA ou OM NAMAH SHIVA: Saudação a Shiva, que corresponderia ao Espírito Santo cristão. É também um *mantra* de Poder, pois destrói as forças negativas.
OM MANI PADME HUM: A tradução literal é: OM (a Palavra Criadora), **MANI** (brilho), **PADME** (lótus), **HUM** (Amém). Portanto, é um *mantra* de reconhecimento do Cristo ou Adoração ao brilho magnífico do lótus do Coração.
OM SHANTI: *Mantra* da Paz
HARE KRISHNA: Saudação a Krishna

Alguns m*antras* hebraicos:

IOD HE VAU HE: o nome de Deus. Através dele, invoca-se o Poder e a Perfeição de Deus para que nos envolva. Este é um *mantra* poderosissímo. Somente podiam pronunciá-lo os rabinos, durante alguma cerimônia e, assim mesmo, depois de um jejum e de uma série de práticas espirituais.
EYE ASHER EYE (EU SOU O QUE EU SOU): Sintonia com Deus

GAYATRI – UM DOS *MANTRAS* MAIS ANTIGOS DA HUMANIDADE

A palavra *Gayatri* é utilizada nas escrituras hindus com três significados diferentes: para identificar o mantra que é recitado; para a métrica, na qual o *mantra* está formulado, e para designar a Deusa que detém o poder do *mantra.*

A Deusa *Gayatri*, como é chamada, representa a Grande Mãe ou Mãe Divina, cuja simbologia é a mesma da Divindade Trina ou Trimurti hindu. No coração da Grande Mãe Divina, está alojada a Trimurti: Brahma, o Grande Criador do Universo (correspondendo ao Primeiro Raio); Vishnu, o Preservador (correspondendo ao Segundo Raio) e Shiva, o Destruidor e Regenerador, que representa o Aspecto Transformador de Deus (correspondendo ao Terceiro Raio). A Deusa *Gayatri* ou Mãe Divina tem o poder de unir a consciência do homem a Ishvara (Deus, o Logos do Universo), assim desempenha uma função libertadora para o homem.

A tradição hindu diz que Brahma, o Criador, recebeu de Vishnu, que é a própria Luz da Consciência, o *Gayatri Mantra*. Meditando no *Gayatri*, Brahma, então, criou o Universo...

O *Gayatri*, provavelmente, é o mais antigo de todos os *mantras.* É cantado na Índia há milhares de anos e os Devas aprenderam a compreendê-lo e a responder-lhe de forma surpreendente. Começa sempre com a palavra sagrada OM, e com a enumeração dos planos em que se deseja a sua atuação, os três mundos onde o homem vive: o físico, o astral e o mental. À medida que cada plano é mencionado, os Devas pertencentes a esse plano afluem com entusiasmo ao redor do cantor para executar o trabalho que pela recitação do mantra ele está prestes a lhes dar. É interessante notar-se que alguns dos Anjos que respondem ao ser cantado o *Gayatri* conservam a característica da garganta azul, e são claramente do tipo do Primeiro Raio.

Este *mantra* é uma invocação ao Logos Solar, e o grande raio de luz que flui sobre e dentro do recitador vem como que do sol físico, qualquer que seja a direção em que o sol se encontre. Este raio luminoso é branco, tingido de ouro, e projeta-se com aquele azul elétrico comum à manifestação de Poder do Primeiro Raio. Na medida em que preenche o homem que o canta, projeta-se dele, novamente, em sete grandes raios cônicos com as cores do espectro, que partem de uma base mais ampla que o próprio homem (de sua aura), e, ao invés de se alargarem, eles se estreitam de forma cuneiforme e terminam em ponta, como cones de luz. Estes sete raios se irradiam em um semicírculo na direção para a qual o recitador está de frente e, à medida que se estreitam, se solidificam, terminando num ponto de ofuscante luz. Estes pontos atuam como se estivessem vivos; se acontece de alguém entrar no caminho de um deles, esse ponto se encurva com rapidez e lhe toca o coração e o cérebro, fazendo-os cintilar em resposta. Parece que cada raio pode produzir este resultado num indefinido número de pessoas em sucessão; ao testar isto numa multidão compacta, nota-se que os raios aparentemente dividem a multidão entre eles, cada qual atuando no campo que está a sua frente, sem interferir em nenhum outro campo.

Apresento aqui a fórmula reduzida do *Mantra Gayatri*, que é aquela que se consagrou pelo uso e é conhecida por um maior número de pessoas. A fórmula original inicia assim: *Om bhur, Om bhuvah, Om swaha, Om mahah, Om janah, Om tapah, Om Satyam* (cada saudação após o OM representa as sete esferas ou planos de existência). Na fórmula reduzida está presente a saudação aos três níveis de existência básicos: físico, sutil (astral e mental) e espiritual, sendo que os demais estão incluídos nestes três.

GAYATRI

Invocação:

Ó Mãe Divina, afasta a escuridão de nossos corações e ilumina o nosso Ser Interno. Dá-nos um claro intelecto, onde Tua Imagem possa sempre se refletir!

OM
BHUR BHUVAH SWAHA
TAT SAVITUR VARENYAM
BHARGO DEVASYA DHIMAHI
DHIYO YO NAH PRACHODAYAT

Pronúncia:

OM BUR BUVÁ SUARRÁ / TAT SAVITUR VARENIAM / BARGÔ DEVÁSSIA DIMARRÍ / DIÔ IONÁ PRATCHODAIÁ

Tradução:

Invocamos a Terra, Espaço e o Céu (*)
E o esplendor que existe atrás do Sol
No qual meditamos para que promova e sustente nossa inteligência e destreza.

(*) ao fazermos esta invocação, estamos saudando os três Níveis de existência – o físico, o sutil e o espiritual.

MANIFESTAÇÕES DO QUARTO RAIO NO HOMEM EVOLUÍDO

Simpatia, generosidade, rapidez de intelecto e de percepção, afetividade, equilíbrio, harmonia, unidade, intuição, correto julgamento, sabedoria, criatividade, beleza.

MANIFESTAÇÕES DO QUARTO RAIO NO HOMEM INVOLUÍDO

Autocentralização, implicância, instabilidade, paixões intensas, extravagância, imprecisão, indolência, instabilidade, luxúria, vícios humanos, confusão, sensibilidade extrema, conflitos e crises constantes, cooperação com a parte e não com o Todo, obscurecimento da intuição. Necessitará desenvolver serenidade, confiança, harmonia, autocontrole, pureza, altruísmo, equilíbrio e precisão.

Músicas do Quarto Raio:
Celeste Aída (Verdi) – Mestre Serapis Bey e Isis
Bênçãos de Deus na Solidão (Franz Liszt) – Mestre Serapis Bey e Isis/ Elohim Claire e Astrea
Sonho de Amor (Franz Liszt) – Mestre Serapis Bey e Isis
Claire de Lune (Debussy) – Mestre La Morae
Sonata ao Luar (Beethoven) – Mestra Sonata
Marcha Festiva de Tanhauser (Wagner) – Elohim Claire e Astrea
Amor e Morte de Tristão e Isolda (Wagner) – Elohim Claire e Astrea
Parsifal Ato 1 (Wagner) – Arcanjo Gabriel e Esperança
Liebstraum 1 (Liszt) – Templo da Ascensão
Concerto para Piano (Grieg) – Elohim Claire e Astrea
Marcha Triunfal (Verdi) – Templo da Ascensão
Sob as Asas da Canção (Mendelsohn) – Mestre La Morae
Intermezzo da Cavalleria Rusticana (Mascagni) – Arcanjo Gabriel e Esperança
Poema (Fibichi) – Mestre Serapis Bey e Isis
Sinfonia de Fausto, 2º. Mov. (Gonoud) – Chama da Pureza

Aromas do Quarto Raio: Lírio, Sândalo, Rosa Branca.
Símbolo do Quarto Raio: Lírio Branco, simbolizando Pureza.

Mestre Serapis Bey

DISCURSO DO MESTRE SERAPIS BEY

Meus queridos amigos,

Venho hoje vos falar sobre Ascensão. Deveis aprender que a Ascensão é a atividade natural do Fogo Divino, atuando em todo o Universo. Todas as formas de vida neste planeta e em todos os outros seguem esse fluxo natural, caminham no sentido da evolução e buscam a Ascensão.

Não deveis ficar aprisionados a ideia de que a Ascensão é somente para alguns e que não podeis alcançá-la; muito menos deveis deixá-la para depois, para futuras encarnações. Eu, Serapis, sustento a ideia na consciência de cada candidato à ascensão, de que ela pode realmente ser atingida nesta encarnação. Claro, para isso é necessário muito empenho e determinação do discípulo, no sentido de purificar plenamente seus corpos e se deixar conduzir pela própria Presença Divina.

Lembrai-vos de que, a cada dia, dais um passo ascensional; são pequenas conquistas e mudanças alcançadas pelo vosso eu-personalidade que representam a subida a um degrau mais elevado de vossa escada de Luz e de Amor. Olhai para trás e vede vossas vidas há cinco, ou dez anos e percebei a ascensão que já fizestes desde então.

Focalizados no presente e fazendo o melhor que conseguis no aqui e no agora, estais dando novos passos. A ascensão é feita de pequenas conquistas diárias e cada momento deve ser preenchido com as virtudes do Cristo em vosso coração. Não deveis ficar idealizando a Ascensão, nem colocá-la como distante, pois ela está ocorrendo a cada mudança de padrão mental ou emocional que conquistais; percebeis aí a libertação que está contida nestas mudanças.

A ascensão como meta final deve ser desejada, mas ela é fruto do que estais fazendo vibrar hoje, no momento presente. Então, vivei-o da melhor maneira possível, em concordância com a Lei do Amor e deixai que a consequência natural deste processo seja a libertação final. Lembrai sempre de que ascensionar é servir ainda melhor ao Propósito Divino, e que ascensionar na Terra é apenas um passo no caminho de retorno à Casa do Pai. Existe, ainda, uma longa jornada pela frente.

Invocai pela minha Chama de Pureza e Ascensão e Eu estarei sempre pronto a vos auxiliar nesta longa caminhada.

EU SOU Vosso condutor,
EU SOU Serapis Bey.

QUINTO RAIO: representado pela cor VERDE.

O Quinto Raio contém as virtudes da Verdade Divina, Cura, Concentração, Consagração e Prosperidade. É também chamado de Raio da Iniciação ou Consagração. Já o Mestre Tibetano se refere a esse raio como o Raio da Ciência ou do Conhecimento Concreto.

A Chama da Verdade expressa a Verdade Absoluta e Perfeita de Deus. Como já foi explicado, Deus é Perfeição e, portanto, tudo o que ele sustenta contém esta energia, em sua essência. O homem afastou-se desta Perfeição Divina, na medida em que utilizou seu livre-arbítrio criando deformações no mundo em que vive. Desde então, vem se identificando com estas deformações e aceitando-as como a verdade ou realidade. No entanto, tudo isso não passa de mera ilusão, criada pelo homem. A verdade que ele conhece é relativa e limitada à sua capacidade de compreensão. À medida que sua consciência se expande, sua noção da verdade vai se ampliando cada vez mais e o que antes era mentira, vira verdade ou vice-versa. Para Deus, tudo já É, Ele existe no Eterno Agora; não há o que descobrir, conhecer, aspirar, pois Ele é Absoluto e Perfeito. Quando o homem ingressa no verdadeiro Caminho da Luz, vai se desprendendo das aparências limitantes, ilusórias e negativas e se identifica, cada vez mais, com a Verdade Divina.

O Chohan do Quinto Raio é o Mestre Hilarion, que tem seu Santuário Etérico sobre a Ilha de Creta, na Grécia. O Mestre Hilarion representa a Consciência Crística em ação, estando apto a transferi-la aos seus discípulos. Através da manifestação da Verdade de Deus na mente e nos corações dos homens, o Mestre pretende que todos se alinhem com este Princípio da Verdade; "Conheceis a Verdade e ela vos libertará", dizia o Mestre Jesus. No momento em que o homem busca o conhecimento da Verdade e alinha a sua mente com a pura energia de Deus, todas as limitações se dissolvem. Descortina-se diante dele um mundo de possibilidades e sua visão sintoniza-se com a Perfeição. Todas as doenças, limitações financeiras, dificuldades, condições terrenas são vencidas pelo olhar fixo e concentrado na Pureza da Verdade de Deus. O homem ajustou seu foco de visão de forma limitada e não consegue ver além deste foco; por trás de toda ilusão criada e aceita como real, opera a energia perfeita e harmoniosa de Deus. Por que não reajustar o foco para esta Perfeição Divina e tirá-lo das limitações e problemas, já que quanto mais se concentra a atenção em algo, mais intenso ele fica? Crer para Ver é o princípio da manifestação, portanto a consciência do homem deveria gerar imagens positivas e edificantes.

Hilarion encarnou-se na Atlântida, servindo ao Templo da Verdade. Antes da submersão de Atlântida, foi designado juntamente com outro grupo de iniciados a transferir a Chama Verde para outro local. Este local foi a Grécia, especificamente em Creta que, na época, ainda estava ligada ao continente. Muito mais tarde, encarnou-se como Saulo de Tarso, o apóstolo Paulo (São Paulo), na época de Jesus. Era judeu e vivia como cidadão romano, perseguindo e prendendo cristãos, após a ascensão de Jesus.

Completamente cético diante dos ensinamentos do Mestre Jesus, sua personalidade orgulhosa passou por uma importante conversão. Em uma viagem que fazia à cidade de Damasco, teve uma visão de uma luz intensa e ouviu o Mestre Jesus diante de si, perguntando: *"Saulo, por que me persegues?"* Caiu do cavalo e ficou cego. Jesus então lhe disse: *"Eu Sou Jesus, levanta-te, entra na cidade e te dirão o que fazer"*. Foi socorrido e levado a Ananias, que também tinha sido visitado por Jesus, designando-o como Seu instrumento de cura para Saulo. Ananias, ao colocar suas mãos sobre os olhos de Saulo, devolveu-lhe a visão e batizou-o com a energia do Espírito Santo. A partir daí, Saulo começou a pregar fervorosamente os ensinamentos do Mestre em todos os lugares e tornou-se um Instrumento do Cristo, oferecendo-se totalmente a Ele e transformando-se no próprio Cristo em ação; por isso ele representa a Consciência Crística manifestada. Jesus mudou, então, seu nome para Paulo, modificando-lhe também a vibração, seu tom pessoal. Paulo teve praticamente uma nova vida, na mesma encarnação; revestiu-se do Manto de seu Mestre e operou obras tão grandiosas quanto as que Jesus realizou (curas, milagres, exorcismos).

O Mestre voltou a se encarnar como Hilarion (por volta do ano 350 d.C.), com o objetivo de redimir-se do antigo carma perseguindo cristãos, atuando novamente em nome de Jesus, curando, pregando, exorcizando e fazendo milagres; foi um grande curador e considerado como Santo pelo povo. Nesta encarnação, alcançou a sua ascensão.

Hilarion convoca todos os homens a manifestarem a Consciência Crística, pois ele foi o exemplo do que Jesus disse: "Aquele que crê em Mim e naquilo que eu faço, um dia fará Obras ainda maiores". Cada homem que desperte o Cristo em seu coração fará obras grandiosas em nome do Cristo, pois estará revestido com seu Manto de Amor. Para isso, precisa estar aberto ao conhecimento da Verdade Divina, que a maior parte das pessoas acessou somente uma pequena parcela.

O Mestre Hilarion está buscando auxiliar ateus, céticos, homens de mente racional e cartesiana, revelando a eles a Verdade de Deus, por trás de todas as ilusões humanas. Por isso, o Quinto Raio rege a Ciência, a Medicina, a Tecnologia e auxilia a Terra em todas as invenções e descobertas, acessadas pelos homens.

Em seu Santuário Etérico, conhecido como Templo da Cura e da Verdade Divina, o Mestre Hilarion aguarda todos os pesquisadores da Verdade encaminhando-os para suas diferentes lições. O templo fica localizado sobre o platô de uma montanha e é similar ao templo grego Partenon; uma grande escadaria de mármore branco conduz ao átrio de entrada. Sobre o Santuário, uma gigantesca lâmpada dourada (semelhante às lâmpadas de azeite) brilha, irradiando raios verdes em todas as direções. Os membros da chamada Fraternidade de Creta vestem-se com roupas brancas, também com a imagem da lâmpada bordada. Este símbolo representa a busca da Verdade e foi dado à Fraternidade de Diógenes, no ano de 412 a.C. O Templo é dividido em alguns setores: uma Faculdade de Medicina, uma Sala de Ciências e Tecnologia, com uma janela aberta para o Cosmos, a Sala de Mãe Maria e o Santuário do Elohim Vista e Cristal.

Mãe Maria possui, no Santuário de Creta, uma sala circular, toda branca, uma espécie de anfiteatro, que tem uma cruz dourada. Mãe Maria recebe todas as almas que estão prestes a encarnar no plano físico e extrai os elétrons mais brilhantes. Em suas Mãos de Luz, modela o coração etérico e o entrega à Alma, mostrando que este é o Cálice que ela usará na próxima vida física. Em torno dele, os elétrons físicos se agregarão e ele será a sede do Cristo Interno. Cada um recebe o coração com o material mais puro que conseguiu apresentar em seus corpos sutis. Além desta importante tarefa, Mãe Maria trabalha junto com seu Complemento Divino, o Arcanjo Rafael, dedicando-se ao serviço de Cura. Esta energia curadora é extraída da essência de Hélios e Vesta (o sol) e designada à Terra. Ambos também trabalham com a Mestra Nada e com o Mestre Jesus, servindo a todos os homens desejosos de cura e salvação. O Arcanjo Rafael também conduz os homens iniciados ao processo de Consagração, abençoando suas mãos para curar e servir, seus lábios para proferirem a verdade, seus olhos e ouvidos para verem e ouvirem a Perfeição e derrama o Fogo Verde no plexo solar (ou manipura chacra), dissolvendo o ego inferior.

Os Elohim Vista e Cristal atuam com a Chama da Concentração, também atributo do Quinto Raio. É ensinado ao discípulo como atrair esta chama ao corpo mental, através do cordão-de-prata, dirigindo-o conscientemente para a limpeza de conceitos, paradigmas, crenças, superstições e preconceitos, purificando o mental e aumentando a capacidade de concentração. Este será um poderoso auxiliar no processo de precipitação (criação de formas perfeitas em seu mundo). O Elohim Vista também atua através da música, procurando harmonizar os corpos inferiores dos homens e a Elohim Cristal derrama Sua essência cristalina sobre todos, purificando-os e libertando-os das ilusões. Seu Santuário etérico fica sobre a Cordilheira do Altaí, próximo a Tabum Bogdo, onde a China, Sibéria e Mongólia se encontram.

MANIFESTAÇÕES DO QUINTO RAIO NO HOMEM EVOLUÍDO

Bom senso, independência, justiça, perseverança, correção, intelecto apurado, observações precisas, capacidade de conhecimento, potencial de realização, sensibilidade à Divindade, à Luz e à Sabedoria, devoção espiritual e mental, entrega aos processos iniciáticos.

MANIFESTAÇÕES DO QUINTO RAIO NO HOMEM INVOLUÍDO

Crítica aguda e excessiva, estreiteza mental ou ignorância, arrogância, preconceito, falta de solidariedade, racionalidade excessiva, separatividade, desejo de conhecimento, ambições materiais, detalhismo excessivo, ceticismo, negação temporária da Divindade, isolamento, falsas visões da verdade, devoção mental à forma e a sua atividade.

Necessitará desenvolver amor, amplitude da mente, solidariedade, devoção espiritual, reverência, fé.

Músicas do Quinto Raio:
Avante Soldados em Cristo (Sullivan) – Mestre Hilarion
Ave Maria (Gonoud) – Mãe Maria
Ave Maria (Schubert) – Mãe Maria
Canon (Patchelbel) – Elohim Vista e Cristal
Tocata e Fuga em Ré Menor (Bach) – Mestre Hilarion
Abertura de Tanhauser (Wagner) – Mestra Palas Atena
Coro dos Peregrinos de Tanhauser (Wagner) – Mestre Hilarion
Sinfonia 41, Júpiter, Mov. 1, 2 e 4 (Mozart) – Mestre Júpiter
Um Sussurro de Esperança (Hawthorne) – Arcanjo Rafael
Prelúdio, Coral e Fuga (Franck) – Chama Verde da Cura
Estrela Vespertina (Wagner) – Templo da Precipitação
Marcha, Suíte Quebra-Nozes (Tchaikowsky) – Mestra Científica
Melodia em Fá (Rubinstein) – Elohim Vista e Cristal
Apoteosis e Trio (Gonoud) – Mãe Maria
Sinfonia O Ar da Montanha Francesa, 3º. Mov. (D'Indy) – Chama Verde

Um Suspiro (Liszt) – Chama Verde
Variações Sobre um Tema (Glinka) – Chama Verde
Um Dia Perfeito – Templo da Ressurreição (Arcanjo Gabriel e Mãe Maria)

Aromas do Quinto Raio: Acácia, Verbena, Rosa Branca, Sândalo, Rosas.

Símbolo do Quinto Raio: Lâmpada de azeite, semelhante à lâmpada de Aladim, dos Contos das Mil e Uma Noites, simbolizando a revelação da Luz da Verdade.

VERDADE X ILUSÃO

A vida que o homem escolhe é o resultado de tudo o que ele vem fazendo: seus pensamentos, sentimentos, palavras e atitudes estão a todo o momento, criando o seu dia-a-dia, a sua realidade. Mas será que o homem vive em um mundo real ou tudo isso é apenas um mundo virtual, de ilusões e de sonhos que parecem, às vezes, um pesadelo? O que é real e o que é irreal? Como isto pode ser avaliado? Baseado em quê? Fatos históricos? Aquilo que se vê, lê, ouve? E se isso tudo for mentira, invenção, ilusão? Como descobrir? O que é a verdade, afinal? O homem pode dizer que a conhece, mas será que a conhece integralmente? Acreditar que ela existe é fundamental para que o homem se aproxime dela. Mas se o essencial é invisível aos olhos, porque queremos tanto ver, tocar, provar? Será que é só assim que podemos dizer: isso é verdade, isso existe?

Se for assim, estaremos limitados aos nossos sentidos físicos apenas: visão, audição, tato, olfato e paladar. E os demais sentidos, que pertencem aos outros corpos e que variam de pessoa para pessoa? Estes serão desconsiderados até quando?

Felizmente, a ciência vem evoluindo e descobrindo cada vez mais informações que aumentam a visão limitada do homem. Entretanto, ainda falta muito para que a Verdade Absoluta seja revelada. Até que isso aconteça e enquanto os homens precisem desse caminho para dar crédito às Verdades reveladas pelas Leis Divinas e pelos Seres de Luz, é necessário desenvolver a nossa capacidade de ver além dos olhos físicos, ouvir além dos ouvidos físicos e sentir além do toque. É necessário que estejamos receptivos e abertos à Verdade em seu aspecto mais libertador. No entanto, o homem tem sua consciência desenvolvida no plano físico e parcialmente desenvolvida no plano mental e emocional. Por isso, como poderá compreender plenamente as informações divinas?

Na busca da verdade de cada um, o homem atravessa diversos caminhos e vai bebendo daquelas fontes até que elas sequem ou não o satisfaçam mais e, a partir daí, novos caminhos são percorridos, num processo contínuo e quase infinito. Quase, porque um dia esse homem chegará ao fim de sua busca e encontrará as respostas para todas as questões que o afligem.

O conhecimento teórico, o estudo, o aprendizado, são importantes para que o homem tenha a sua consciência expandida e fique mais questionador e analítico com sua própria vida, mas isso não é o suficiente, senão todos os homens cultos e inteligentes desse planeta seriam extremamente evoluídos, o que não é verdade. A evolução de cada um está diretamente relacionada à capacidade de aplicar na prática tudo aquilo que aprende em sua busca diária. O conhecimento, associado ao amor e humildade, transformam-no num exemplo vivo de mudanças positivas e de elevação, e isso o aproxima cada vez mais da Verdade maior.

Aquele que não busca a Verdade, que se contenta com limitações e com situações imperfeitas desconhece o seu infinito potencial e as leis divinas, pois nenhuma Verdade está baseada na imperfeição e na limitação. É necessário estar desejoso e receptivo à busca da Verdade Absoluta e, por mais evoluído que o homem possa parecer, ele ainda estará longe de compreender de forma ampla essa Verdade, pois essa lhe é revelada a cada degrau que ele sobe em sua caminhada em direção à casa do Pai.

Hoje, os seres humanos utilizam-se de sua capacidade de pensar e falar de maneira completamente imprópria e inadequada. São energias valiosíssimas e pouco respeitadas até mesmo pelos discípulos em busca de autoaperfeiçoamento, quiçá pelo resto da humanidade. É muito fácil falar, julgar, condenar e criticar o próximo, apontando suas falhas e defeitos e muitas vezes fazendo isso de forma totalmente negativa e destrutiva. Os homens devem aprender a usar essa capacidade crítica, julgadora e de investigação para si próprios e cada vez menos para com os demais, pois assim estarão agindo em maior sintonia e concordância com as leis divinas.

No caminho do discipulado, é necessária uma constante vigilância e auto-observação, para que cada um conheça suas limitações, fraquezas e falhas como ninguém, caso contrário jamais conseguirá encará-las e trabalhá-las com o fogo alquímico. Por isso, é salientada a todos a importância da reflexão, da introspecção, da autoavaliação constante e da vigilância de seus pensamentos, palavras, sentimentos e ações. Assim, cada um terá um retrato fiel de sua personalidade sem máscaras e sem dissimulação, já que o eu-personalidade usa de todos os subterfúgios possíveis para não revelar-se como verdadeiramente é. De nada adianta esconder-se, pois isto significa atrasar seu progresso espiritual, visto que não é possível se esconder do Deus que reside em cada um. Por isso é importante olhar com olhos flamejantes de Luz Verde para dentro de si próprio, com precisão e firmeza, identificando cada característica que necessita ser banhada pelo Fogo da Transmutação.

DISCURSO DO MESTRE HILARION

Amigos da Luz,

Novamente, estais tendo uma oportunidade de estar em sintonia com nossas vibrações de Cura e da Verdade Divina. Buscai a sustentação desta energia em vossas auras e procurai utilizar sempre as forças que nós vos oferecemos com tanto Amor.

Sabei sempre que a busca da Verdade também é o exercício do Amor e da Humildade. Essa busca requer uma entrega total do eu-personalidade ao Cristo Interno e à própria Presença Eu Sou. Quando o domínio é transferido ao Homem Dourado que habita adormecido em cada um de Vós, a Verdade é desvelada.

É chegada a hora de atualizardes a Verdade em vós e largar tudo aquilo que não estiver em concordância com a Perfeição e, consequentemente, Comigo. Eu Sou o Caminho, a Verdade e a Vida, todos Nós, Irmãos Maiores o somos, tal como o Mestre Jesus Nos revelou.

Aceitai a Verdade que vos oferecemos e não duvideis mais dela. Usai as virtudes da fé, da determinação, da pureza e do amor e, tal como eu, deixai que a Verdade que hoje eu vos ofereço provoque em vosso eu-personalidade uma perfeita conversão à luz maior, tal como aconteceu comigo no caminho de Damasco, quando ouvi a voz de Jesus revelando-me a Luz da Verdade.

Não fecheis os olhos à Verdade Divina, mas sim às verdades humanas, tão impregnadas de limitações e conceitos imperfeitos. A Verdade que eu vos revelo aqui é somente a perfeição que pode ser atingida por cada discípulo da luz, que verdadeiramente deseja ser um iniciado. Todos vós possuís um Cristo interno já desperto, que nem sempre é sustentado e expandido. Cabe a cada discípulo (ou aspirante) esse trabalho diário e contínuo. Nós estamos sempre disponíveis para vos auxiliar e conduzir aos portais de iniciação e de ascensão, basta que apeleis por Nós.

Manifestai a Verdade Divina em vossas vidas, persegui a expansão dessa Verdade com afinco e dedicação. Concentrai-vos em vosso próprio e infinito poder e auxiliai na expansão da perfeição em vosso mundo. Aprendei a irradiar ao vosso irmão o poder da cura e vede o potencial

Mestre Hilarion

divino que existe em cada um, ao invés das limitações. Acreditai que o Cristo nele também pode manifestar-se e ele vir a ser um manancial de virtudes e bem-aventurança. Olhai sempre com olhos amorosos para todos e para o mundo e, quando vires algo que não seja a perfeição do Pai, aprendei a perdoar e dissolver o que vedes, não fixando mais o vosso olhar na imperfeição e na impureza. Rogai pelo auxílio das Hostes Ascensionadas por aquele irmão e irradiai muita Luz, Amor e Verdade a ele, até que o Cristo desabroche e ele se veja como realmente é.

Manifestai a Perfeição e a prosperidade em vosso caminho, não aceitando mais limitações, nem sofrimentos, pois sabeis como transmutar tudo; isto já vos foi revelado. Procurai não deixar que os desejos humanos e os afazeres cotidianos do mundo externo vos desviem do vosso verdadeiro caminho e propósito aqui no planeta, pois vossa tarefa aqui é muito maior e mais importante do que qualquer outra coisa. Lembrai-vos sempre de que cada um de vós é um servidor do mundo e está aqui para auxiliar a Terra e seu povo.

A cada um de vós que está nessa caminhada foi oferecida uma tarefa, a qual aceitastes. Lembrai-vos sempre de vossa tarefa e procurai realizá-la no pouco tempo que vos resta. Deixai que cada dia seja um dia perfeito e fazei tudo dentro das Leis Divinas, pois no momento em que o chamado for feito, estareis prontos. Sede perfeitos hoje, não deixeis para amanhã, nem para a próxima existência. No ponto da caminhada onde estais, já sabeis como fazer. Segui daqui para frente, até que a Luz Divina se manifeste absoluta em vossos corpos e a Verdade comande a vossa libertação: Conheceis a Verdade e ela Vos libertará! Eu Sou a Verdade Divina que se derrama sobre vós, curando-os e transformando-os em seres perfeitos. Aceitai o meu Amor e a minha dedicação.

Eu Sou Hilarion, o representante da Verdade Divina.

SEXTO RAIO: representado pela cor RUBI-DOURADO

O Sexto Raio contém as virtudes da Devoção, Idealismo, Serviço Abnegado e Paz. O Sexto Raio rege todos os seres que atuam prestando serviços à Terra, seja na assistência social, na ecologia, na cura física e emocional ou no serviço devocional, isto é, em todos os tipos de religião. A atual Chohan do Sexto Raio é a Mestra Nada.

A Mestra Nada se encarnou na Atlântida, servindo como sacerdotisa no Templo do Amor. Em outras encarnações, defendeu os seres oprimidos e em sua encarnação final, há cerca de setecentos anos, viveu na Mesopotâmia, em uma família, onde suas irmãs tinham uma voz muito bela e cantavam e dançavam. Perto delas, Nada sentia-se incapaz; foi então que recebeu a visita da Arqueia Caridade que lhe ensinou a mergulhar em seu coração e encontrar o verdadeiro Amor Divino, libertando-se de seus sentimentos humanos. Foi instruída a irradiar este Amor a todos os seres e, em especial, às suas irmãs, para que elas desenvolvessem ainda mais este potencial ligado às artes. Toda noite, enquanto as irmãs dormiam, Nada rezava e sustentava a Chama Trina em seus corações, potencializando seus dons. Cada dia que passava, elas cantavam ainda melhor; acabaram se apresentando em concertos públicos e levando a graça, beleza e a harmonia de seus talentos a todas as pessoas. Nada sustentou este trabalho com total Amor e Abnegação, sem nenhuma expectativa de reconhecimento e sem dizer a ninguém o que fazia todas as noites. A vontade de servir de forma desinteressada foi aumentando gradativamente e ela ascensionou, prestando este serviço à Vida. Desde então, prestou serviço em ordens religiosas, grupos e comunidades, protegendo-as de suas próprias imperfeições humanas.

Por volta do ano de 1956, a Mestra Nada foi convidada a assumir o cargo de Chohan do Sexto Raio, substituindo o Mestre Jesus, que se tornou Instrutor do Mundo; desde então, vem instruindo seus discípulos sobre a mestria das emoções, a expansão do Amor Incondicional e a necessidade de exercitar a Visão Crística, vendo a Perfeição em todos os homens. Ensina, ainda, sobre devoção e serviço, através do estabelecimento de uma ligação do amor pessoal no coração de cada um com o Mestre Jesus e com a sua Senda Crística. Além disso, a Mestra Nada ainda atua em Templos de Cura e auxilia as crianças e os jovens em todo o planeta, enviando legiões de Anjos Rubi-Dourados, sempre que solicitados.

Seu Santuário fica localizado no plano etérico sobre a Arábia Saudita. Presta serviços, ainda, junto com Mãe Maria no Templo Rubi da Cura, localizado na sexta esfera solar. Este Templo contém uma reserva de apelos e orações dirigidos pela humanidade, desde que os primeiros homens habitaram o planeta. O ambiente inteiro é povoado por Anjos Rubi-Dourados e sustenta uma Luz Rosada e uma suave fragrância de rosas.

Jesus serviu como Chohan do Sexto Raio, desde a sua Ascensão, até 1956. Ele e seu Complemento Divino, Mestra Maria Madalena, continuam servindo aos homens como exemplo de Amor e Devoção. O Mestre Jesus serve no Templo da Ressurreição, sobre a Palestina, no plano etérico. Este Templo possui formato circular, com sete corredores ao seu redor, que irradiam as vibrações dos sete raios.

Outro Mestre que serve ao Sexto Raio é o Mestre João, o Evangelista, que alcançou a sua ascensão na encarnação em que foi o apóstolo João, aquele ficou ao lado do Mestre Jesus, junto com Maria Madalena e Mãe Maria, durante todos os momentos.

Servem também no Sexto Raio, o Arcanjo Uriel e seu Complemento Divino, Arqueia Donna Graça. Eles comandam uma legião de Anjos Rubi-Dourados, que prestam serviços em hospitais, sanatórios, prisões, asilos ou onde quer que haja um ser necessitando de paz, auxílio, amor e consolo. Estes Servidores de Deus sempre respondem às súplicas de todos os necessitados, vindos diretamente da sexta esfera solar, do Templo Rubi da Cura. Seu Serviço é amparar os seres humanos que estão sofrendo, e ajudá-los a perceber em seu próprio coração a chave para a libertação de todos os seus males.

Os Elohim do Sexto Raio são Tranquilitas e Pacífica e seu Templo etérico fica sobre as Ilhas do Havaí.

MANIFESTAÇÕES DO SEXTO RAIO NO HOMEM EVOLUÍDO

Devoção, simplicidade, amor, ternura, compaixão, reverência, lealdade, intuição, assistência aos demais, solidariedade, fraternidade, serenidade, paz, equilíbrio, boa vontade, expansão da consciência, idealismo dirigido e inclusivo.

MANIFESTAÇÕES DO SEXTO RAIO NO HOMEM INVOLUÍDO

Amor egoísta, ciumento e possessivo, confiança exagerada nos demais, parcialidade, autoilusão, sectarismo, superstição, preconceito, fanatismo, rancor, ressentimento, idealismo ilusório e confuso, visão curta (cegueira interna), capacidade de acentuar o pessoal, tendência para criar dificuldades aos outros, manipulação emocional, egoísmo.

Necessitará desenvolver pureza, verdade, tolerância, serenidade, equilíbrio, bom senso, força, dedicação, doação e serviço.

Músicas do Sexto Raio:
Concerto para Piano (Grieg) – Mestra Nada
Berceuse ou Canção de Ninar (Brahms) – Arcanjo Uriel e Donna Graça
Finlândia Suíte (Sibelius) – Elohim Tranquilitas e Pacífica
Prece Vespertina de Hansel e Gretel (Humperdinck) – Anjos dos Serviços Prestados
Joy to the World (Haendel) – Mestre Jesus

Mestre Jesus

A Cidade Santa (Adams) – Mestre João
Meu Herói, de Soldado de Chocolate (Herbert) – Mestra Nada
Jesus, Alegria dos Homens (Bach) – Mestre Jesus
Aleluia (Haendel) - Mestre Jesus
Mattinata (Leoncavello) – Mestra Nada
Para uma Rosa Selvagem (McDowell) – Arcanjo Uriel e Donna Graça
Rapsódia, 18º. Variação (Rachmaninoff) – Elohim Tranquilitas e Pacífica
Dança dos Espíritos Abençoados, de Orfeu e Eurídice (Gluck) – Chama da Paz
Louvor à Virgem (Verdi) – Chama da Paz
Laudate Dominum (Mozart) – Chama da Paz
Pavana para uma Princesa Morta (Ravel) – Chama da Paz

Aromas do Sexto Raio: Benjoim, Sândalo, Mirra, Rosa Branca, Rosa Musgo, Alfazema.

Símbolo do Sexto Raio: Rosa Rubi, simbolizando Amor e Devoção.

DISCURSO DO MESTRE JESUS

Meus queridos,

Considerais natural usar a vossa experiência passada como referência para julgar o presente. No entanto, isto não é natural, é somente pura ilusão. Quando aprenderdes a olhar para todos os vossos irmãos sem fazer nenhum tipo de referência ao seu passado, assim como ao vosso próprio, conseguireis aprender verdadeiramente com o que estais vendo agora. O passado não pode ter o poder de obscurecer o presente, pois já passou, não pode prevalecer. O Cristo, como vos está sendo revelado agora, não tem passado, pois Ele é imutável, e no Seu Eterno Agora é que se encontra a vossa libertação.

Cada pessoa preenche o seu mundo com cenas de seu passado individual e é por isso que todos os mundos pessoais são diferentes. No entanto, as imagens que vedes não são reais, pois foram criadas a partir das vossas próprias reações em relação aos vossos irmãos, não incluindo as reações que eles tiveram sobre vós.

Não busqueis a visão através dos olhos do ego pessoal, pois vos acostumastes a ver na escuridão, e nisso estais enganado. Além dessa escuridão e dentro de vós está a Visão do Cristo, que olha para tudo na Luz. A visão do ego pessoal está fundamentada na culpa e no medo, enquanto que a Visão de Cristo vem do Amor. O Cristo vê para vós, como a vossa testemunha do mundo real. O Cristo ama o que Ele vê dentro de vós: o brilho e a perfeição de Deus, que jamais são maculados pelo ego pessoal.

Nascer de novo, ou viver plenamente a celebração do nascimento de Cristo, é abandonar o passado e olhar para o presente sem julgamento, nem condenação. O que ainda obscurece a manifestação Crística em cada um de vós é o apego ao passado, e se quiserdes que o passado seja realmente passado, é necessário que não o vejais mais.

Acreditar que passado, presente e futuro são contínuos é ilusão e impede que vós realizeis os milagres que Eu quero que façais. O Cristo só vê o presente, o Eterno Agora, aquilo que É, aquilo que é real porque é permanente. A Visão de Cristo, o verdadeiro Natal, é a liberação do tempo. Ao utilizardes a Visão que vos ensino, estareis aptos a visualizardes o vosso irmão sem passado, ou seja, como se estivesse renascido. Todas as falhas de vosso irmão são passadas e, porque o percebeis como renascido, não existem mais falhas; assim vós o estais liberando. Da mesma forma, estais participando dessa libertação, já que o passado dele é o vosso também. Não permitais mais que o passado vos assole, pois o que importa é o presente. Se usardes as mesmas energias do passado, estareis contaminando o presente e não conseguireis ver a verdade e a libertação que estão contidas nele.

Olhai com amor para o momento atual, pois nele está tudo aquilo que é verdadeiro. No presente está toda a eternidade e toda a cura; ele se manifesta, simultaneamente, em todos os aspectos da Filiação, permitindo que uns alcancem os outros. Nada mais pode vos separar de vossos irmãos, já que o passado não existe mais.

O presente vos oferece os vossos irmãos na Luz. Neste Eterno Agora não se vê mais o que fostes, nem quem foi vosso irmão. Olhai para ele e vede a própria Luz Crística brilhando em seu coração. Julgamento e condenação ficaram para trás. O Cristo olha a Si Mesmo no espelho que é vosso irmão. Fazei como Eu faço com cada um de Vós; usai esta Visão Crística e libertai-vos de toda a limitação.

Com amor,
EU SOU Jesus, o Cristo.

SÉTIMO RAIO: representado pela cor VIOLETA.

O Raio Violeta expressa as vibrações de Perdão, Misericórdia, Transmutação, Cerimonial, Ordem, Ritmo e Liberdade e rege todos aqueles que estão envolvidos na causa da Liberdade em toda a Terra, servindo nas mais diferentes atividades.

O atual dirigente deste Raio é o Mestre Saint Germain, também dirigente da Era da Liberdade, na qual a Terra recentemente entrou. Seu Complemento Divino é a Mestra Pórtia, conhecida como Deusa da Oportunidade. O Santuário etérico do Mestre Saint Germain fica na Transilvânia, sobre os Montes Cárpatos. Esta construção é conhecida como um Palácio Branco, muito parecido com a Casa Branca, sede do governo dos Estados Unidos. Isto porque o primeiro presidente dos Estados Unidos, George Washington, foi discípulo de Saint Germain e recebeu dele o projeto para a construção da sede do Governo. Existem outros Focos de Luz Etéricos do Raio Violeta, espalhados pela Terra: no Monte Shasta (norte da Califórnia, EUA), no Lago Titicaca (Peru), na Table Mountain (Wyoming, EUA); o Templo da Purificação do Arcanjo Ezequiel e de Ametista, sobre a Ilha de Cuba e no Monte Fuji, no Japão, onde esta Chama atua juntamente com a Chama Dourada. Novos Focos de Luz da Chama Violeta estão surgindo em toda a Terra, contribuindo com o trabalho do Mestre e preparando o planeta para a Grande Mudança Cósmica.

Saint Germain se encarnou na Terra há cerca de cinquenta mil anos atrás, tendo sido Rei de uma civilização, onde hoje seria o deserto do Saara. Durante o seu reinado o povo vivia em harmonia, abundância e felicidade, até que pelo livre-arbítrio dos homens, isto mudou. Ele então foi orientado pelos Seres de Luz a retirar-se, deixando o Reino entregue à sua própria sorte. Encarnou-se, depois, na Atlântida, como Sacerdote do Templo da Chama Violeta, onde sustentava o Fogo Violeta, que servia para libertar os homens de toda e qualquer energia limitante criada por estes. Mais tarde, retornou como o profeta Samuel, no séc. XI a.C.; líder religioso que foi sacerdote, profeta e juiz hebreu. Foi José, pai de Jesus, tendo como tarefa contribuir na educação de Jesus e preparar o povo para que reconhecesse o Messias, quando este despertasse. Procurou iluminar os corações dos homens para que seguissem o Cristo e, com Ele, se transformassem. Encarnou-se depois como Santo Albano (séc. IV d.C), um homem que fazia curas e milagres e que foi enforcado como mártir. Foi Proclus (último filósofo grego neoplatônico), no séc. V, que escreveu sobre astronomia, matemática e filosofia, baseado no princípio de uma autêntica realidade una (a Divindade, a Meta de toda a vida). Proclus reconhecia que sua iluminação vinha de Deus e considerava-se instrumento divino.

Mais tarde, foi Roger Bacon (1220-1292), monge franciscano que tinha ideias bastante avançadas para seu tempo. Foi considerado precursor da ciência moderna e profetizou a criação de várias invenções, tais como o telescópio, microscópio, máquinas voadoras, entre outros. Um de seus ideais era a busca de um novo continente, ainda não explorado que, profeticamente, acreditava existir. Retornou na encarnação seguinte, com este propósito, e foi Cristóvão Colombo (1451-1506), realizando seus antigos objetivos. Cristóvão conseguiu o financiamento de sua expedição marítima pela corte europeia e descobriu o Novo Mundo, a América. No entanto, indignou-se com a exploração e violência que a corte cometeu com os habitantes do Novo Mundo e rebelou-se. Foi banido da sociedade culta da época e não lhe foi atribuída a descoberta do novo continente (América tem este nome em homenagem a outro navegador, Américo Vespúcio). Mais tarde, o filho de Cristóvão resgatou a imagem do pai e ele foi reconhecido, então, como o primeiro a descobrir o continente.

Saint Germain se encarnou depois como Francis Bacon (1561-1626), filho ilegítimo da Rainha Elisabeth, da Inglaterra (conhecida como Rainha Má). Foi entregue para ser criado pela família Bacon e, na adolescência, lhe foi revelada a sua origem real. Ao invés de lutar pelo trono, começou a buscar a libertação do povo, que era oprimido e explorado por este reinado, escrevendo. Tornou-se filósofo e estadista e inicialmente escreveu peças teatrais, para atingir mais facilmente o povo; no entanto, não as assinava com seu verdadeiro nome, pedindo a um dos atores que assim o fizesse. Este era William Shakespeare que, na verdade, emprestava seu nome às obras de Francis. Bem mais tarde, Francis Bacon escreveu outras obras, como *Novum Organum* e *De Augmentis*, já revelando sua identidade real e foi símbolo da revolução científica. Foi também fundador de Sociedades Secretas restabelecendo a ligação com as antigas Escolas de Mistérios. Esta foi a última encarnação notória de Saint Germain. Ele alcançou a glória da ascensão em 1º de maio de 1684.

Após a libertação da roda das encarnações, achou que poderia ainda contribuir com a Europa e pediu ao Conselho Cármico para retornar ao plano físico. Foi-lhe concedida esta dispensação e ele retornou à Europa, criando um corpo físico que aparentava cerca de quarenta anos e infiltrou-se na corte europeia, apresentando-se como Conde Saint Germain. Alegava pertencer a uma dinastia russa (família Raczoki), mas que não tinha interesse em permanecer em seu país. Era um homem dotado de talentos, carisma, magnetismo, habilidades incomuns (escrevia com as duas mãos, compunha, tocava vários instrumentos, falava diversas línguas, e lhe eram atribuídas a descoberta da Fonte da Juventude e a alquimia da transformação dos metais em ouro). Apresentava-se sempre com muitas jóias e dinheiro, tudo para impressionar e ganhar a confiança da corte. Seu propósito era acabar com a monarquia absolutista que existia na época, em toda a Europa, praticamente. Ficou amigo dos reis e de suas cortes e, durante muito tempo, tentou alertá-los sobre a necessidade de uma mudança na forma de governar. Sinalizou a possibilidade de rebeliões por parte do povo e da tomada do poder de forma violenta, o que geraria muitas mortes. Acabou não sendo ouvido. Então, respeitando as decisões dos homens, após cerca de oitenta anos nas cortes européias, o Conde retirou-se novamente do cenário físico, retornando ao plano dos Ascensionados e deixando que a Europa colhesse aquilo que havia plantado. Logo em seguida, estourou a Revolução Francesa e o povo tomou o poder de forma sangrenta; muitos nobres foram guilhotinados.

Saint Germain direcionou a sua atenção para a América do Norte, que na época era uma colônia inglesa, e auxiliou um grupo de homens, liderados por George Washington, na luta pela independência. Estes estavam ligados à Ordem Franco-Maçônica, com cuja criação o Mestre havia anteriormente colaborado. George Washington foi dirigido diretamente pelo Mestre, pela ligação cármica que os unia ao longo de várias encarnações.

Os ideais de liberdade e de democracia eram os estandartes levantados pelo Mestre e por Washington, e a proposta da nova Nação era tornar-se um exemplo de tais virtudes para o mundo. No início foi assim, mas depois os homens usaram seu livre-arbítrio do jeito que quiseram. Washington retornou em mais uma encarnação, como Guy Ballard, e reafirmou seu contato com o Mestre Saint Germain, servindo-o na Grande Obra da Liberdade. Recebeu muitas instruções do Mestre, no ínicio do século XX, as quais transcreveu e publicou em forma de livros. Estes são a base dos Ensinamentos da Nova Era e foram editados em 1932, acompanhados da criação de um grupo chamado "Atividade do Eu Sou" ou "I Am Actvity", nos Estados Unidos. (Mais detalhes sobre as vidas passadas de Saint Germain, você encontra no livro Saint Germain e a Nova Era, desta Editora).

Depois disso, Saint Germain preparou-se para exercer o cargo de Chohan do Raio Violeta e Dirigente na Nova Era, o que aconteceu em uma belíssima cerimônia, em 1° de maio de 1954. Recebeu o cargo de Chohan do Sétimo Raio da Bem-Amada Kwan Yin, que dirige o Templo da Misericórdia, localizado na cidade de Pequim, na China e que possui doze templos menores ao seu redor. A Mestra Kwan Yin é conhecida como Deusa da Misericórdia e é considerada a Grande Mãe, no Oriente.

Os Arcanjos Ezequiel e Ametista sustentam o Templo da Purificação, localizado no plano etérico, sobre a Ilha de Cuba (América Central). É um templo em formato circular, ornamentado com pedras preciosas e semipreciosas, como a ametista. Em sua cúpula, está a estátua de Santa Ametista e no centro do Santuário encontra-se um altar coberto com ametistas. Existem sete templos menores ao redor da área principal e de cada um deles projeta-se pelas cúpulas o Fogo Violeta.

Os Elohim Arcturus e Diana têm um templo etérico próximo a Luanda, em Angola, na África. Existe ainda, associado ao Sétimo Raio, o Templo da Transmutação e da Sabedoria Divina, dirigido pelo Mestre Kamakura ou Buda Kamakura, como também é conhecido, localizado no Monte Fuji, no Japão. Sua irradiação é violeta-dourado.

MANIFESTAÇÕES DO SÉTIMO RAIO NO HOMEM EVOLUÍDO

Força, perseverança, coragem, cortesia, cuidado com os detalhes, capacidade de uso da magia branca, ou seja, habilidade de usar os poderes da alma para fins espirituais; cooperação com o Todo, compreensão do Plano, capacidade de interpretação, manifestação da Divindade, poder de transformação para si e para os outros, misericórdia.

MANIFESTAÇÕES DO SÉTIMO RAIO NO HOMEM INVOLUÍDO

Formalismo, obstinação negativa, orgulho, estreiteza mental, superficialidade nos julgamentos, uso dos poderes mágicos (da alma) para fins egoístas, manipulação mental e verbal, mentira, uso da magia sexual para manipulação, capacidade de gerar desordem e caos, licenciosidade, indulgência.

Músicas do Sétimo Raio:
No Jardim de um Mosteiro (Ketelbey) – Mestra Kwan Yin
Danúbio Azul (Strauss) – Mestre Saint Germain/Arcanjo Ezequiel e Ametista
Valsa do Imperador (Strauss) - Mestre Saint Germain
Contos dos Bosques de Viena (Strauss) – Mestre Saint Germain
Aurora, de Peer Gynt (Grieg) – Buda Kamakura
Adágio, do Concerto de Aranjuez (Rodrigo) – Mestre Saint Germain
Va Pensiero, de Nabuco (Verdi) – Mestra Mercedes

Assim Falou Zarathustra (Schubert) – Mestre Zarathustra
Música do Fogo Mágico (Wagner) – Templo do Fogo Violeta/Arcanjo Ezequiel e Ametista
A Cavalgada das Valquírias (Wagner) – Mestra Pórtia
A Montanha Misteriosa, Sinf. 2 (Hovhaness) – Lord Sainthru
São Gregório, o Grande, de Os Vitrais da Igreja (Respighi) – Anjos do Raio Violeta
O Amanhecer (Cadman) – Lord Saintrhu
Radetsky March (Strauss) – Mestra Pórtia
Trepak, da Suíte Quebra-Nozes (Tchaikowsky) – Chama Violeta
Valsa Opus 39 (Brahms) – Chama Violeta
* Todas as valsas de Strauss estão relacionadas à vibração do Raio Violeta e do Mestre Saint Germain.

Aromas do Sétimo Raio: Violeta, Jasmim, Lótus Branco, Dama da Noite, Alecrim, Alfazema.

Símbolo do Sétimo Raio: Uma Cruz de Malta, dentro de uma Flor de Lótus, com um par de Asas ao redor, simbolizando a elevação, purificação e libertação do homem.

Símbolo do Mestre Saint Germain: Cruz de Malta (união do homem com Deus, o homem perfeito).

DISCURSO DO MESTRE SAINT GERMAIN

Meus queridos amigos,

As portas da liberdade estão abertas diante de vós, bastando que acrediteis na Verdade que eu tenho divulgado e que vos permitirá entrar por estas portas e receber a Eterna benção da Luz que ali está à espera para vos envolver.

Criai a visão interna da liberdade em cada um. Vede a liberdade agindo em vossas vidas, senti essa vibração do mais belo tom violeta colorindo vossas imagens mentais e vossos sentimentos. Pensai na palavra liberdade e senti exatamente o que ela vos quer dizer: libertar, liberar, livrar, soltar, romper.

Começai a sentir o poder da liberdade atuando sobre vossos corpos e não aceiteis mais esses limites como reais, pois eles só são reais enquanto acreditais neles, aumentando seu poder. Começai a dar poder, força e fé à perfeição fluindo no lugar onde eles estavam. Acreditai que agora isso é real, perfeito e absoluto. Uma verdade incontestável e inquestionável; alimentai essa ideia. Sustentai-a firmemente em vossas mentes e em vossos corações.

Senti essa verdade como real e aceitai essa manifestação perfeita fluindo de Deus, das vossas Presenças Divinas atuando em vossas personalidades. Fazei isso e vivei dentro do princípio da liberdade, com a benção de vossas irradiantes Presenças EU SOU.

Lembrai-vos de que temos um compromisso assumido para trazer a Liberdade novamente à Terra e a todos os seres que vivem nela. Conto convosco para que me auxiliem a cumprir o Plano Divino para este amado planeta.

Eu Sou vosso Instrutor e amigo de longas eras.
Eu Sou Saint Germain.

Mestre Saint Germain

SÍMBOLOS DOS SETE RAIOS

1º Raio

2º Raio

3º Raio

4º Raio

5º Raio

6º Raio

7º Raio

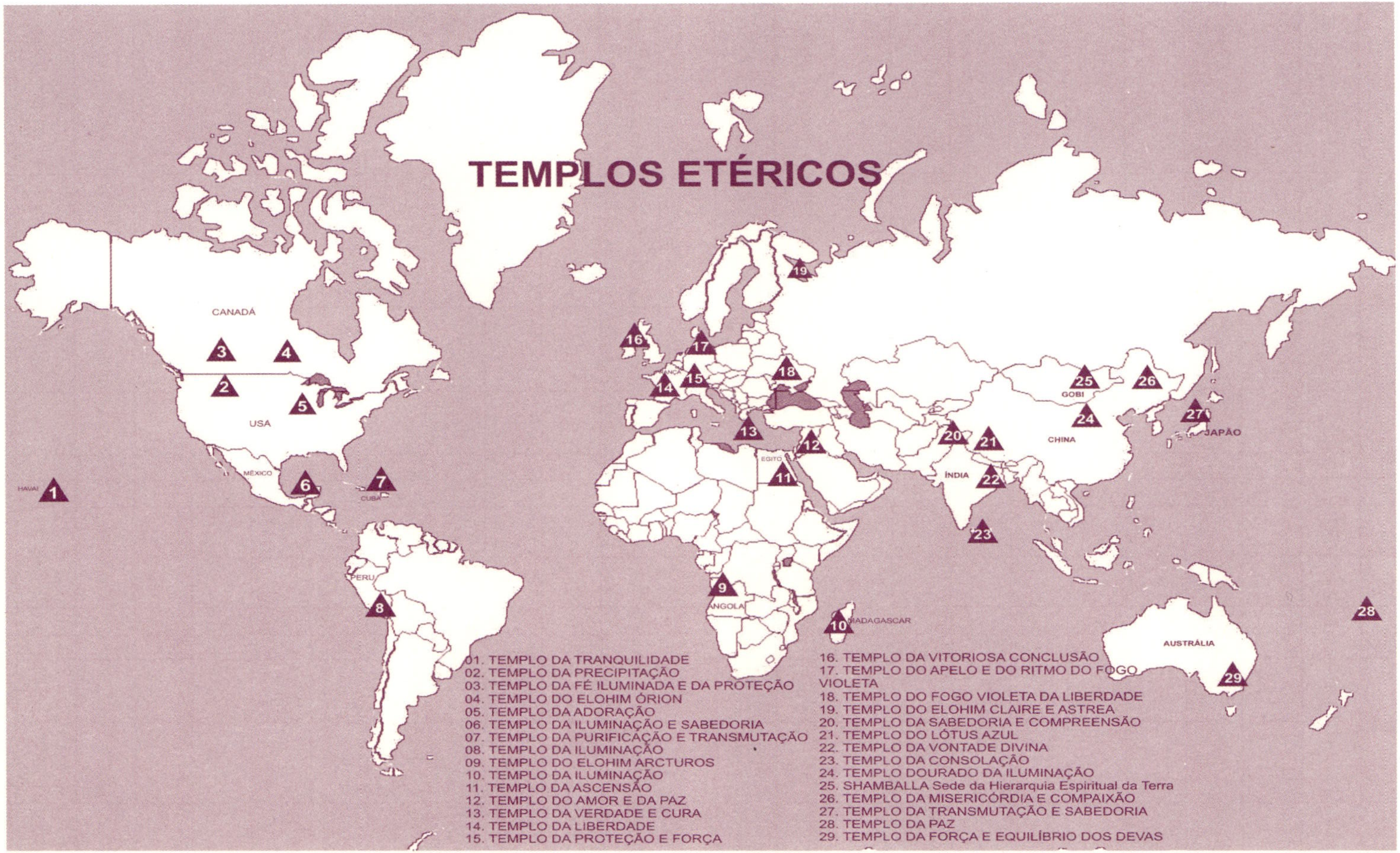
TEMPLOS ETÉRICOS
CANADÁ
USA
MÉXICO
HAVAI
CUBA
PERU
ANGOLA
EGITO
MADAGASCAR
ÍNDIA
CHINA
GOBI
JAPÃO
AUSTRÁLIA
01. TEMPLO DA TRANQUILIDADE
02. TEMPLO DA PRECIPITAÇÃO
03. TEMPLO DA FÉ ILUMINADA E DA PROTEÇÃO
04. TEMPLO DO ELOHIM ÓRION
05. TEMPLO DA ADORAÇÃO
06. TEMPLO DA ILUMINAÇÃO E SABEDORIA
07. TEMPLO DA PURIFICAÇÃO E TRANSMUTAÇÃO
08. TEMPLO DA ILUMINAÇÃO
09. TEMPLO DO ELOHIM ARCTUROS
10. TEMPLO DA ILUMINAÇÃO
11. TEMPLO DA ASCENSÃO
12. TEMPLO DO AMOR E DA PAZ
13. TEMPLO DA VERDADE E CURA
14. TEMPLO DA LIBERDADE
15. TEMPLO DA PROTEÇÃO E FORÇA
16. TEMPLO DA VITORIOSA CONCLUSÃO
17. TEMPLO DO APELO E DO RITMO DO FOGO VIOLETA
18. TEMPLO DO FOGO VIOLETA DA LIBERDADE
19. TEMPLO DO ELOHIM CLAIRE E ASTREA
20. TEMPLO DA SABEDORIA E COMPREENSÃO
21. TEMPLO DO LÓTUS AZUL
22. TEMPLO DA VONTADE DIVINA
23. TEMPLO DA CONSOLAÇÃO
24. TEMPLO DOURADO DA ILUMINAÇÃO
25. SHAMBALLA Sede da Hierarquia Espiritual da Terra
26. TEMPLO DA MISERICÓRDIA E COMPAIXÃO
27. TEMPLO DA TRANSMUTAÇÃO E SABEDORIA
28. TEMPLO DA PAZ
29. TEMPLO DA FORÇA E EQUILÍBRIO DOS DEVAS

CAPÍTULO 11

A HISTÓRIA DO PLANETA TERRA

HISTÓRIA DA TERRA

O planeta Terra foi criado pelos Sete Elohim e pelos Sete Arcanjos, sob o comando de Deus e sob a regência de Hélios e Vesta (o sol deste sistema solar), em um processo de precipitação ou materialização, que durou milhões de anos. No momento em que o trabalho foi concluído, os Seres responsáveis pelo povoamento da Terra, conhecidos como Manus (pais de uma raça-raiz), juntamente com a Hierarquia Angélica, os Diretores dos Elementos da Natureza (Virgo, Netuno e Áries), o Maha Chohan e outros Seres da Confederação Galáctica, atraíram da esfera do sol Hélios e Vesta as primeiras centelhas divinas que estavam prontas para a experiência na matéria deste planeta.

O Plano Divino para a Terra é ser habitada por sete raças-raízes, com características peculiares e diferentes tipos de corpos na matéria, de acordo com a etapa do desenvolvimento do próprio planeta. Cada raça-raiz atravessa um determinado ciclo cósmico e pode, durante esse período, conquistar o aprendizado exigido pelas Leis Divinas. Caso isso não aconteça, permanece retornando ao planeta, até alcançar a ascensão. Cada raça-raiz é dividida em sete sub-raças. É importante não confundir o termo raça-raiz com as raças que conhecemos hoje, pois este termo não envolve cor de pele ou nacionalidade e sim características amplas como, por exemplo, o tipo de corpo que os homens de hoje possuem, o estágio de desenvolvimento e domínio de seus corpos sutis, etc.

AS TRÊS PRIMEIRAS RAÇAS-RAÍZES

A primeira raça-raiz foi trazida à Terra no solstício da primavera, no hemisfério norte, e é conhecida como Raça dos Chhâyâs (também chamada Raça dos Cyclopes ou Els). Este povo surgiu em uma Aurora Boreal (o brilho do Sol Central Planetário – Surya, refletido no céu), na calota do Polo Norte (não o polo geográfico, mas espiritual da Terra, também conhecido como Ilha Branca). Nasceram como cópias de seus progenitores, os chamados Pitris ou Pitaras, que significam pais ou criadores. Este fato deve ter ocorrido há cerca de trezentos milhões de anos atrás, de acordo com o que é dito na Doutrina Secreta.

Os pais da primeira raça também são conhecidos como "Seres Lunares", pois eram os seres mais avançados de uma morada anterior, conhecida por nós como lua. Isso quer dizer que a lua já abrigou a vida física ou humana até, muito antes de ela se manifestar na Terra. Os homens desta raça possuíam corpos etéricos ou astrais, embora fossem considerados muito materiais para serem Deuses e, ao mesmo tempo, muito espirituais para serem homens. Eram muito altos, assexuados e desprovidos de inteligência, mente e vontade. Não conheceram a morte, mas dissolveram gradualmente seus corpos, tendo sido absorvidos pelas formas da segunda raça-raiz. Isso aconteceu de forma inconsciente, como o fazem certos tipos de vegetais, de acordo com a teoria celular da cissiparidade (divisão da célula dotada de um núcleo central, onde este se divide em dois subnúcleos, que se desenvolvem tanto na parede celular original, quanto fora desta parede, se multiplicando). A lei da evolução levou estes seres, em estado monádico, a passarem por todas as formas de vida na Terra. De acordo com Helena Blavatsky, ao fim da Terceira Ronda (cada Ronda é uma etapa de evolução, pela qual o nosso planeta passa - atualmente estamos na Quarta Ronda) já eram humanos em sua natureza divina e foram convocados para serem os criadores da segunda Raça-Raiz.

A segunda raça-raiz era conhecida como Hiperbórea, também chamada de Raça Issim; habitou o continente Hiperbóreo, que hoje envolve a Groenlândia, Islândia e parte da Noruega, Suécia e Sibéria. Eram um pouco mais baixos e menos etéricos que os seres da primeira raça; possuíam o germe da inteligência e eram hermafroditas. Com o passar do tempo, foram tornando-se ovíparos (como os répteis e aves) e por fim, ovovivíparos (que chocam os ovos dentro de seus corpos).

É importante entender que estas duas primeiras raças eram bem mais espirituais do que físicas e que este processo de evolução humana correspondia também ao processo de evolução do próprio planeta Terra, que mudava e ficava também mais denso e físico. Neste período surgiam montanhas e novos continentes e também aconteciam dilúvios. Helena Blavatsky diz que até a primeira metade da quarta raça-raiz, os Pitris Lunares, ou seja, as forças criadoras das raças, constroem as formas físicas e impulsionam a evolução das raças em direção a um aperfeiçoamento, mesmo que isso implique também em uma perda de espiritualidade.

No entanto, a partir da metade da quarta raça, o processo começa a inverter-se e o homem é chamado de volta pelo seu Eu Superior ou Mônada.

O propósito da descida do homem do plano do espírito para a matéria é a evolução no mundo material e, consequentemente, a experiência e o domínio deste plano. Assim, a mônada retorna livre ao plano espiritual, tal como era antes, porém com a experiência de ter passado por este plano.

A terceira raça-raiz foi chamada Lemuriana. Seus corpos eram bem mais sólidos que os homens das raças anteriores e, consequentemente, eram mais baixos e compactos: mediam cerca de dois metros e meio de altura e possuíam pelos no corpo (o que não existia nas raças anteriores). Inicialmente eram hermafroditas, como a raça anterior, mas com o passar do tempo aconteceu a separação definitiva dos sexos. Esta separação é o que impele os homens a buscarem a união através do sexo, que é instinto de união com o divino. (O sexo, quando utilizado corretamente, é nobre e divino e expressa o anseio de união com Deus através do parceiro.) Possuíam o Olho Onividente, que permitia a visão interna e a perfeita compreensão e aprendizado em todas as áreas. Exploraram o planeta e conheceram o mundo intraterreno - Agartha, mas viveram na superfície da Terra e se espalharam pelo continente do Sul, chamado de Gondwana.

Esse continente, inicialmente, era formado por três blocos de terra unidos entre si por canais e cercados por dois oceanos. Os lemurianos chamaram este continente de Mu, que mais tarde foi conhecido como Lemúria. Sua capital era Uighur, situada na Ilha Branca. Fazem parte da antiga Lemúria, hoje, a Ilha de Páscoa, Austrália e Madagascar. Eles se denominaram rutas, que significa adoradores do sol. Chamavam o sol de Ra e o identificavam como o representante da Divindade, um símbolo de Deus. Referiam-se a Deus como o Sem Nome ou como Tau (esta palavra significava silêncio, o oculto). Organizaram-se em colônias e estas iam crescendo até transformarem-se em nações. Cada nação era governada por um casal de reis escolhidos e assessorados pelos Mestres, sendo um total de dez nações.

Durante este período, houve uma reunião do Conselho Cósmico, em função de que outros planetas, de sistemas solares de outra galáxia próxima, estavam prestes a dar um passo ascensional. No entanto, nem todos os seus habitantes estavam aptos para fazer o mesmo. Foi aí que a Hierarquia da Terra ofereceu o planeta, num ato de misericórdia, como lar para estes seres. Os habitantes de outros planetas que vieram para a Terra foram chamados de retardatários e era esperado que eles se beneficiassem com a pureza mental e emocional dos habitantes da Terra e pudessem desenvolver-se. Eles caracterizavam-se por sentimentos de resistência, rebeldia e ressentimento. Os terráqueos que se ofereceram como suas famílias sabiam da importância de sustentar a pureza e a harmonia nos corpos destes seres, pois eles teriam estes sentimentos impressos em seus corpos. No entanto, esta energia dissonante não foi transmutada e acabou contaminando alguns terráqueos.

A partir daí, experimentaram usar a energia divina com propósitos diferentes daqueles que eram utilizados até então; surgiu o egoísmo, a necessidade de poder, os sentimentos negativos, o mau uso do pensamento, o poder de precipitação passou a ser utilizado de forma pessoal e separatista. Começa aí a queda do homem, que acaba gerando uma série de mudanças na superfície da Terra, nos animais e vegetais (que, respondendo ao comando dos homens, criam formas impuras e negativas), no mau uso da energia sexual (usada como forma de poder pessoal, manipulação e prazer).

Durante este período o homem foi entrando num processo de degradação total e gerando todo tipo de energias malqualificadas; em decorrência disso, começou a gerar doenças, envelhecimento e a morte. Com ela surgiu também a alma, o carma e o processo de reencarnação, com o objetivo de reparar o mau uso da energia realizado no passado. A Terra passou a irradiar energias escuras e por sintonia atraiu seres involuídos de outras galáxias; estes seres manipularam as energias de forma errada, usando a magia negra e utilizando-se das cores vermelho e preto, conforme as conhecemos no plano físico (lembre-se de que o vermelho percebido pelos olhos físicos é diferente do vermelho-alaranjado dos planos superiores e que o preto, no plano físico, é a ausência de cor ou de frequência vibratória). Estes seres são conhecidos como pertencentes à Loja Negra, que se refere a uma organização dos Senhores das Trevas ou da Expressão Material. Eles trabalham contra o Plano Divino de Evolução, buscando um poder paralelo baseado na negação da luz espiritual e na ilusão da separatividade, o que gera o egoísmo, egocentrismo, competitividade, ambição, conflito, corrupção, o mal e a morte. A sede principal desta organização fica na estrela alfa de Draconis e eles se organizam em dez Ordens formais; uma delas é conhecida como Lilith, a Ordem da obscenidade e impureza e que tem como significado escuridão e trevas.

O objetivo das Ordens Negras é o não-cumprimento do Plano Evolutivo, em prol da satisfação material e egoísta e da separatividade, tornando-se uma antítese à Fraternidade Branca. Seus membros são preparados para exercer poder material sobre os homens, manipulando-lhes os egos, distorcendo informações místicas com objetivos de manutenção da ignorância, estimulando atividades de lazer que anestesiam a consciência da maioria, propagando a luxúria, licenciosidade, abuso de poder mental e muitos outros. São seres aparentemente belos, vivendo no luxo e no poder e ostentam esta imagem para impressionar. No entanto, sua aura mental e emocional é densa e negra, carregada com o mal e muitas vezes disfarçam-se com aparências conhecidas pelos homens com o intuito de iludi-los e prendê-los em seu poder. A diferença fundamental entre estes seres e os verdadeiros Seres de Luz, com quem eles tentam parecer-se, é a aura de pleno Amor dos últimos, o que torna fácil para o homem verdadeiramente atento reconhecer de quem se trata. Os seres da Loja Negra são também conhecidos como Magos Negros.

Na Terra, dois focos principais foram sustentados, com o objetivo de promover o declínio do homem: o mau uso do dinheiro e do sexo. O dinheiro foi associado ao poder e o ouro (símbolo de conexão com o Divino) foi utilizado como moeda. A partir disso, a propriedade privada foi instituída, e o ouro que estava nas mãos de todos foi retirado e detido nas mãos de poucos; o objetivo era escravizar os homens. O sexo passou a ser utilizado de forma negativa, a busca da união com o divino e a realização com o parceiro visto como Deus foi esquecida e somente o prazer, a manipulação, o vampirismo e a experimentação desenfreada eram importantes. Nesta tentativa, todas as formas de depravações sexuais foram experimentadas, inclusive com animais. Surgiram doenças de todos os tipos, transmitidas sexualmente. Os Magos Negros conseguiram prender a humanidade definitivamente através destas forças (as mesmas que até hoje são sustentadas pelos homens na Terra atual e que os prendem ao mundo material, afastando-os da Consciência Crística e da Iluminação). Hoje, os Magos Negros atacam os discípulos da Luz que são vulneráveis à natureza humana inferior; de alguma forma todos serão testados pelo ego pessoal através de formas-pensamentos obscenas, sedutoras, despertando-lhe todo tipo de emoções. Os castigos ou as promessas de realização de todos os seus desejos lhe são oferecidas e a natureza humana é enaltecida. O discípulo sente-se preso nesta ilusão e a única forma de livrar-se disso é apelando por sua Presença Eu Sou. No momento em que invocar este Deus Todo-Poderoso que existe em si, ele irromperá, dissolvendo toda a ilusão da Loja Negra e libertando o discípulo. Outra forma de combater o mal também é chamar pelo Arcanjo Miguel e seus Anjos Azuis, pois instantaneamente as Espadas Azuis Flamejantes seccionam o mal e afastam os Magos Trevosos.

Durante milhares de anos a Terra foi passando por bruscas transformações, fruto do mau uso da energia dos homens, que involuía a passos largos. O eixo planetário começou a inclinar-se em relação ao do sol; o solo do planeta que era de alabastro ficou marrom; os vegetais começaram a manifestar espinhos e toxicidade; surgiram alguns animais, primeiro no mar e depois na superfície da Terra (cada vez maiores e mais agressivos); o homem começou a alimentar-se de animais e a utilizar-se deles sexualmente e criando soros; terras submergiram e outras se elevaram; o clima deixou de ser ameno; surgiram os sinais de envelhecimento e doenças nos homens, até que esse processo culminou com a morte.

O carma começou a ser construído pelo mau uso da energia e, com a morte, surge a necessidade da reencarnação, bem como a criação do Conselho Cármico (que era composto de três membros). Iniciou-se a reprodução humana através do sexo, tal como nos dias de hoje; surgem diferenças de dialeto e depois as línguas tornam-se totalmente distintas; grandes terremotos, erupções vulcânicas e outras manifestações dos elementos da natureza, completamente contaminados com o mal, retratam a maldade dos homens; criaram-se escolas de magia negra; vitória da ferocidade animal e humana (o homem torna-se tão primitivo, que vive basicamente como um macaco); colisão de um cometa com a Terra, provocando uma inclinação ainda maior no eixo planetário e suspendendo temporariamente o movimento de rotação. Em Agartha, os poucos intraterrenos que restaram conseguiram sustentar a conexão com o Reino Divino, que manteve o movimento de translação ao redor do sol. A situação era caótica e algo precisava ser feito.

A VINDA DE SANAT KUMARA

Houve uma nova reunião do Conselho Cósmico para decidir o que aconteceria com a Terra, visto que, pelo livre-arbítrio do homem, tinha se tornado um planeta denso e que poderia contaminar o sistema solar com sua energia negativa. A princípio, a ideia foi desintegrar a Terra e seu povo e recomeçar todo o processo novamente; no entanto, um Mestre do planeta Vênus, conhecido como Sanat Kumara, se ofereceu para vir para a Terra e permanecer no planeta até que um terráqueo tivesse capacidade para assumir seu lugar. Este foi um ato de profundo Amor e Misericórdia, visto que Sanat Kumara era o Grande Dirigente de Vênus e vivia em absoluta plenitude. Com a notícia dada em Vênus, trinta venusianos se ofereceram para vir à Terra, encarnando-se em corpos humanos e construir um Centro de Luz, onde Sanat Kumara pudesse ficar para dirigir o planeta. Este foco de Luz é chamado de Shamballa e é uma réplica da Shamballa venusiana.

Esses seres abnegados nasceram nas poucas famílias que viviam no mundo intraterreno, submetidos ao véu do esquecimento como qualquer terráqueo. Em suas mentes havia uma imagem interna de uma Cidade de Luz e foi isso que os conduziu ao encontro com seus irmãos venusianos em um local chamado Ilha Branca (antiga sede da capital da terceira raça-raiz), no mar de Gobi, começando a construção de Shamballa. Levaram novecentos anos para que a cidade fosse construída, pois vários ataques da Loja Negra impediram que Shamballa ficasse pronta. Morreram e renasceram diversas vezes até a conclusão do projeto inicial, até que o plano se cumpriu. A estrela polar lemuriana estava em seu zênite e Sanat Kumara chegou à Terra com seus auxiliares diretos.

Naquele momento Sanat Kumara invocou a Chama Trina Divina do Coração de Deus e atraiu-a para a Terra, tornando-se Shamballa o centro cardíaco do planeta. Logo em seguida, sustentou a pequena chama da imortalidade no coração de cada alma, encarnada ou não, que estava na Terra ou ligada a ela. Esta Chama Trina foi impressa no coração de cada homem e a sintonia com a essência divina em cada um foi novamente intensificada.

Muitos seres de Vênus e de outros planetas deste e de outros sistemas solares se ofereceram para encarnar na Terra e auxiliar os homens-macacos no seu processo de elevação. A Terra foi salva e os homens, com o Fogo de Deus vivo em seus corações, começaram pouco a pouco a progredir. Sanat Kumara criou a Fraternidade Branca na Terra, com o objetivo de ensinar aos homens que iam despertando do sono profundo e escuro os ensinamentos divinos. O elemento fogo foi novamente devolvido ao conhecimento da humanidade e este, como símbolo de elevação divina e conexão espiritual, também contribuiu para o processo de restauração da vibração humana.

AS RAÇAS-RAÍZES, APÓS A QUEDA DO HOMEM

Dando continuidade ao processo de povoamento, após a raça lemuriana, veio a quarta raça-raiz, que é conhecida como raça atlante. Foi a primeira raça constituída por etnias diferentes; a formação desta raça começou há cerca de um milhão de anos atrás e estendeu-se até cerca de dez mil anos a.C. Envolvia, inicialmente, a região a leste da Islândia, Texas, Golfo do México, estados meridionais e orientais da América, bem como do Brasil até a costa da África. Há cerca de oitocentos mil anos houve uma primeira catástrofe e uma separação do continente americano com a Atlântida, que ocupava a maior parte do atual oceano Atlântico (cerca de cinquenta graus de latitude norte, até poucos graus ao sul do Equador).

Há duzentos mil anos atrás, uma nova catástrofe aconteceu e o continente ficou reduzido a duas grandes ilhas, uma ao norte e outra ao sul. Já há cerca de setenta mil anos, uma nova submersão e a ilha ao sul desapareceu nas águas e ficou somente uma pequena ilha no centro do Oceano Atlântico, chamada Poseidonis. Esta acabou submergindo há aproximadamente 10.000 a.C. Esta raça veio também subdividida em sete sub-raças, as quais são designadas como: Ramoahal, Tlavatli, Tolteca, Turaniana, Semitas Originais, Acadiana e Mongólica.

A primeira sub-raça, Ramoahal, surgiu há cerca de um milhão de anos atrás e seus membros mediam aproximadamente três metros e meio de altura, estatura esta que foi diminuindo com o passar dos tempos. Eles foram se miscigenando com os membros da sexta e sétima sub-raças lemurianas e eram governados pelo Manu e por outros Mestres Divinos. A segunda sub-raça, Tlavatli, era governada por reis criados pelo povo e espalhou-se por todo o continente (é dito que alguns índios da América do Sul são desta raça). Eram adoradores do sol e ergueram vários templos de pedra para reverenciá-lo. A terceira sub-raça, a Tolteca, foi a que mais se destacou, governando a Atlântida durante milhares de anos. Durante este período, um grupo de Servidores veio de Sirius, Órion e outras constelações para auxiliar na Terra, pois os Magos Negros começavam a dominação e o povo Tolteca sucumbia.

Ao longo desta civilização, a Atlântida desenvolvia-se e decaía, e isso aconteceu algumas vezes. O governo era autocrático; existia a música, embora primitiva; a arquitetura era a arte mais executada; erguiam-se Templos incrustados de ouro e outros metais; estudavam química, matemática e astronomia; desenvolveram a clarividência e o poder de levitação; desenvolveram naves aéreas e marítimas.

A quarta sub-raça, Turaniana, é de cor amarela, assim como as subsequentes, sendo que as três primeiras são vermelhas. Viveram em uma espécie de sistema feudal e constantemente desrespeitavam a lei de forma cruel, com muitas guerras e assassinatos. Mais tarde desenvolveram a democracia, mas de uma forma que acabou levando o governo ao caos e a anarquia total. A Caldeia, cerca de 19.000 a.C. é uma nação criada por esta raça, que estudou e desenvolveu muito a astrologia e a astronomia. Havia sacerdotes de altíssimo conhecimento nestas áreas e as associavam também com história e química.

A quinta sub-raça, Semitas Originais, vivia em guerra e desenvolveu uma forma patriarcal de governo, espalhando-se para oeste e também para leste do continente (algumas raças indígenas da América do Norte são semíticas). A sexta sub-raça, os Acadianos, surgiu após a catástrofe de oitocentos mil anos atrás, habitando o leste da Atlântida. Travaram muitas guerras com os semitas, tendo-os vencidos há aproximadamente cem mil anos atrás. Viveram em comunidades e criaram uma forma oligárquica de governo; também desenvolveram-se na astronomia e astrologia e tiveram grande atividade comercial, marítima e colonizadora. Um grupo de Iniciados acadianos fundou Stonehenge, um templo de pedras que ainda existe na Inglaterra atual. A sétima sub-raça, Mongólica, surgiu na Sibéria oriental e se espalhou por toda a Ásia; era um povo nômade, religioso e psíquico. Adotou uma forma de governo, onde o soberano ficava nos bastidores, mas supremo, tanto no aspecto territorial como religioso.

A quinta raça-raiz surgiu no planeta há cerca de 60.000 anos a.C. Esta raça é conhecida como raça ariana e foi dividida também em sete sub-raças: Ária (Indo-egípcia), Árabe (Arábia e África), Irânia (Pérsia), Céltica (Grécia e Roma), Teutônica (Escandinávia), Austral (Americana) e a sétima, ainda sem nome. O Manu desta raça chama-se Vaivasvata e encaminhou o nascimento de seus filhos na Ilha Branca, no Mar de Gobi. A sub-raça Ária destacou-se, pois todo o povo sabia ler e escrever; não existiam conflitos, pois havia confiança mútua e fraternidade entre os membros da raça; todos apreciavam a música, a dança e a religião, que era caracterizada por louvores e ações de graças ao sol, aos Devas e aos Deuses. Esta civilização, em sua maioria, permaneceu vivendo em total esplendor cerca de vinte e cinco mil anos. A segunda sub-raça, Árabe, surgiu aproximadamente há quarenta mil anos e viveu basicamente como uma raça nômade. O povo estendeu seu império além da Arábia para a região da África e escravizou muita gente. Eram conquistadores de terras e buscavam riqueza e poder.

A terceira sub-raça, Iraniana, surgiu por volta do ano 30.000 a.C. e caracterizava-se por atividades pastoris. Esse grupo racial também buscava a expansão de terras e acabou conquistando toda a Ásia Ocidental. Valorizava os trabalhos religiosos, cultuando a natureza e as estrelas e o fogo; assim, surge o culto a Zaratustra e a purificação pelo fogo e pela água, sendo o fogo o grande purificador e considerado sagrado; a astrologia atingiu o auge e comandou os negócios em geral.

A quarta sub-raça, Céltica, apareceu aproximadamente há 20.000 a.C. e exibiu grande talento artístico. Surgiu na região do Cáucaso e estendeu-se por toda a Ásia Menor, ocupando mais tarde a região européia, dando origem aos gregos antigos ou pelasgos, depois aos albaneses e por fim aos italianos. Mais tarde surgiram os celtas, que habitaram o norte da Itália, França, Bélgica, Suíça e parte da Alemanha.

A quinta sub-raça, Teutônica, surgiu há cerca de 20.000 a.C. junto com a quarta, ao norte do Mar de Gobi. Era uma raça forte e vigorosa, comercial e muito voltada para os aspectos práticos da vida, que acabou povoando o Daguestão e as regiões de Terek e Cubão, rumando depois para a Polônia e dando origem aos eslavos, russos, croatas, sérvios, letões, lituanos, prussianos, alemães, escandinavos e godos. Sua qualidade mais forte em desenvolvimento é a mente, o intelecto e a inteligência.

A sexta sub-raça, Austral, está começando a habitar Austrália e a América. Junto com esta sub-raça está também sendo criada a sexta raça-raiz, que está nascendo sob a regência dos Manus, conhecidos como Deuses Meru. Esta raça começará seu nascimento na América do Norte e depois se expandirá pelo resto do mundo. São eles que vão contribuir muito para a reconstrução do planeta e preparação para a nova Idade do Ouro.

Este é o momento da grande preparação de cada homem, pois o resgate já começou, o joio e o trigo estão sendo separados em todas as dimensões do planeta e cada resgatável é aquele que está entregue ao seu Cristo Interno e à Vontade de Deus. O homem que trilha o Caminho do Bem e da Luz e que vem se esforçando para vencer a natureza humana, sua personalidade e seus apegos de natureza inferior é um forte candidato ao resgate. Este resgate será realizado de dentro pra fora, através de pensamentos, palavras, sentimentos e atitudes de Luz e Amor; não importa a localização que cada um esteja, nem suas condições externas, pois a única garantia de libertação é a manifestação da energia Crística em cada coração. Todos estão sendo despertados e preparados para isso; quem não conseguir acordar nos tempos atuais, com tanto incentivo e instrução dos Seres de Luz, pouca chance terá de se resgatar.

Esta é uma tarefa individual e que precisa ser realizada por cada homem, com vontade e dedicação e todos que estejam neste processo precisam desenvolver o desapego, seja de posses materiais ou de laços emocionais, para conseguir libertar-se e seguir em frente, mesmo que as pessoas que lhe sejam afins, não queiram ou não estejam preparadas para a mesma libertação.

A sétima raça-raiz somente encarnará na Terra depois que a grande fase de transição que o planeta ora atravessa se encerrar. Os Manus da sétima raça, Lord Sainthru e Lady Mercedes, estão preparando seus filhos para trazerem uma nova Idade do Ouro, ou seja, um período de perfeição novamente à Terra. Assim, o homem terá mais uma vez a sua consciência sintonizada com a Consciência Divina e sustentará a Harmonia, o Amor, a União e a Paz sobre a Terra. O berço da sétima raça-raiz será a América do Sul e depois esta também se estenderá por todo o planeta. A Terra caminhará para a unificação: social, política, religiosa, econômica, de consciências e de corações, e assim a Nova Era será definitivamente instaurada.

CAPÍTULO 12

O REI DOS REIS

Cristo Maitreya,
Jesus, Saint Germain (José) e Mãe Maria

A HISTÓRIA DE JESUS

Jesus é um dos Mestres mais conhecidos pela humanidade; sua história envolve uma preparação cuidadosa por todos os Seres de Luz, visto que Ele tinha uma missão planetária.

Era uma alma que já tinha alcançado a purificação de seus carmas e que vinha para a Terra com o objetivo de servir de exemplo e mostrar aos homens como alcançar a libertação; além disso, tinha o propósito de dissolver parte do carma acumulado pela humanidade até aquele período e ascensionar publicamente. Seu Mestre pessoal era Maitreya e foi Ele quem preparou o cenário e as condições da encarnação de Jesus.

Na vida anterior, Mestre e discípulo encarnaram-se, respectivamente, como o profeta Elias e seu amado discípulo Eliseu. Como se lê no Antigo Testamento (Reis II, capítulo 2), Elias "foi arrebatado ao céu" (ascensionou), deixando sua sabedoria e exemplo ao discípulo Eliseu. Na vida seguinte, Eliseu, agora como Jesus, também estava destinado a alcançar a glória da libertação e cumprir seu Plano Divino. Para que esse Plano da Grande Fraternidade Branca se cumprisse sem riscos, era necessária a escolha de uma família que recebesse a alma de Jesus e a conduzisse com perfeição ao seu Plano Divino.

Quando um homem vem para a encarnação livre de carmas, tendo a predestinação de ascensionar, na medida em que cumpre sua tarefa, é importante que a pureza de seus corpos e de sua família sejam absolutas. Outra condição necessária é a geração desta vida através da energia divina do Espírito Santo, ou seja, a criança não é gerada pelo relacionamento sexual, pois através da herança genética, doenças e outras energias impuras e até cármicas podem ser transmitidas, o que poderia dificultar o plano.

Jesus seria gerado pelo Espírito Santo, no ventre de uma mulher pura o suficiente para criá-lo. Não havia nenhuma mulher encarnada que tivesse a pureza necessária (isenta de carmas individuais e coletivos) para gerar Jesus e educá-lo de acordo com as Leis Divinas, compreendendo perfeitamente o Plano. Também nenhuma mulher na Terra conseguiria viver em um estado de graça constante, sustentando permanentemente a missão do filho, sem envolver-se emocionalmente com a dor que este iria experimentar. Somente uma alma de elevado nível espiritual cumpriria esta tarefa com total amor, serenidade, dedicação e perfeição.

Foi aí que o Mestre Maitreya pensou em Maria, Arqueia do Quinto Raio, complemento divino do Arcanjo Rafael para cumprir esta missão; ela teria que encarnar em um corpo físico, como mulher e ser a mãe do Grande Avatar Jesus. Os Elohim construíram uma alma humana, para que Maria usasse nesta encarnação especial e, em seguida, esta alma foi testada pelo Conselho Cármico, pelo Mestre Maitreya e por todo o Conselho da Fraternidade Branca.

O teste consistia na sustentação permanente da Perfeição do filho de Deus que ficaria sob Seus cuidados, ou seja, apesar das sugestões ou pressões externas de qualquer tipo, o estado de pureza, de graça e de perfeição deste modelo não poderia ser alterado. Maria utilizou-se da substância da Luz Universal e criou uma forma-pensamento da Divindade de Jesus, com todos os seus corpos preenchidos de Luz e de Amor, concentrando-se no Amor Crístico e unindo o seu coração com o coração Dele, até sentir-se unificada nesta energia. Assim, a Imagem da Perfeição Absoluta foi ficando cada vez mais real, nítida e concreta, sem risco de dissolver-se. Os Elohim faziam sugestões a Maria tentando distrair-lhe a atenção do Plano Perfeito e Imaculado e esta resistiu, durante três horas, sustentando o Modelo Perfeito.

Foi aprovada por Maitreya, que a fez lembrar-se de que as pressões no mundo físico, mental e emocional seriam ainda maiores e ela nasceria como qualquer ser humano, ou seja, coberta com o véu do esquecimento. Além desta encarnação especial de Maria (um arcanjo em um corpo humano), a de Jesus (que iria resgatar integralmente a primeira infração de toda a humanidade e ascensionar publicamente), existia também uma outra encarnação pouco comum: a de um Ascensionado, já livre das leis materiais, retornando ao mundo físico. Maitreya, que naquele período representava o Cristo Cósmico, desceria à terra como João Batista, fazendo com que sua Luz diminuísse para que a de seu discípulo amado resplandecesse, anunciando e testemunhando a respeito do novo Messias e batizando-o com o fogo do Espírito Santo, ou seja, transferindo-lhe toda a sua glória e esplendor.

Maria nasceu em Nazaré, na Galileia, região norte da Palestina, em uma família cuidadosamente escolhida pela Fraternidade Branca. Seus pais, Ana e Joaquim, eram membros da Fraternidade Essênia, criada por Essen, cerca de quinze séculos antes.

Ana, muito agradecida a Deus, após vinte anos de infertilidade, prometeu entregar a filha a um Santuário essênio para que esta fosse criada de acordo com as regras do discipulado (o que fazia parte do Plano Divino para o treinamento espiritual de Maria, no cumprimento de sua missão com Jesus).

O discipulado essênio tinha sete graus, que eram as etapas do processo de evolução. O primeiro grau era o da Fraternidade e do Silêncio, onde se aprendia a servir com Amor e Compaixão, e o último grau era o da própria Iluminação. Os países-sede da Fraternidade Essênia eram a Palestina, Arábia, Pérsia e Índia. Seus seguidores viviam em grutas, como monges, em uma vida simples: plantavam para comer, faziam medicamentos a partir de plantas e flores, teciam suas roupas, ensinavam as crianças, celebravam rituais e orações e jejuavam. Existiam também os essênios que eram casados e que moravam fora das grutas e que muitas vezes auxiliavam seus irmãos com doações. Todos eram vegetarianos e praticavam o princípio da não-violência; em seus rituais, o oferecimento a Deus era de pão, vinho, flores, frutas e incenso.

Maria foi entregue à Fraternidade Essênia com três anos e passou sua infância e adolescência em regime de internato, no Monte Carmelo. Era uma vida disciplinada e cheia de tarefas; orações, exercícios respiratórios e corporais, e a tarefa especial de copiar as Escrituras, tentando reproduzi-las e entendê-las.

Durante onze anos, Maria viveu este processo de auto-aperfeiçoamento e profundo estudo; desde bebê tinha contato com os anjos, seus companheiros de todas as horas. Acostumou-se a brincar com eles e a se sentir protegida, amparada e consolada com suas companhias. Seu Complemento Divino, o Arcanjo Rafael, começou a aparecer para ela todas as noites, envolvendo-a em seu amor e suavidade. À medida que foi crescendo e se envolvendo com a energia humana, este contato foi se espaçando, até que desapareceu. Chegou um tempo em que ela se questionou se o que tinha vivido era real ou fantasia. Dia após dia, sua rotina era esta; toda a noite, ao dormir, sua alma era preparada e instruída para a grande tarefa e, durante o dia, as obrigações e estudos a mantinham em sintonia com o Plano. Seus pais vinham visitá-la regularmente e quando ela estava com quatorze anos, Ana e Joaquim desencarnaram.

Neste período Maria conheceu José, um homem viúvo, pai de quatro filhos, que estava se apresentando no Monte Carmelo para a iniciação de segundo grau. Quando ela o viu, percebeu que atrás dele estava um Anjo Violeta imenso (depois soube que se tratava do Arcanjo Ezequiel); em seguida, o dirigente do Monte Carmelo veio lhe dizer que José pedira a sua mão em casamento, o que ela aceitou imediatamente.

O Plano se desenvolvia perfeitamente, o Anjo Violeta que Maria viu era o sinal que ela precisava para confiar naquele homem e se entregar totalmente ao cumprimento da Vontade Divina. Antes mesmo do casamento, ocorreu uma nova visão de um Anjo, o Arcanjo Gabriel, que veio com as boas novas: Maria daria à luz ao Messias, o Grande Avatar da Era de Peixes, gerado pelo Divino Espírito Santo; o motivo pelo qual ela estava encarnada finalmente foi revelado e compreendido, mas tudo deveria ser mantido em silêncio. Somente José poderia saber; Maria contou tudo a ele e, já grávida, casou-se com José. Foram viver na casa dele, junto com seus filhos, local onde ele também trabalhava em uma oficina de carpintaria.

Já muito perto da data do parto, José e Maria tiveram que viajar a Belém, onde Jesus nasceu. Este momento é marcado por uma série de símbolos: Belém significa Casa do Pão (Jesus, o Pão da Vida, saciaria a fome espiritual dos homens); a gruta onde Jesus nasceu, junto com alguns animais e com o feno (a presença do reino elemental: mineral, vegetal e animal, além do reino humano e angélico); a estrela de Belém (uma conjunção dos planetas Vênus, Júpiter e Saturno, que simbolizam o Amor, a Expansão e a Concretização, respectivamente); o parto sem dor (pois o nascimento de um Avatar nunca traz sofrimento à mãe).

Até o século IV d.C. o nascimento de Jesus era comemorado em cento e trinta e seis datas diferentes, de acordo com cada povo cristão. O papa Júlio estabeleceu o dia 25 de dezembro como data oficial para ser comemorado o nascimento de Jesus, basicamente por dois motivos: este dia marca no hemisfério norte o solstício de inverno (a noite mais longa do ano, que depois traz o surgimento da Luz). O horário da meia-noite foi devido ao fato do signo de Virgem ascender no horizonte, neste dia, sintonizando-o com o fato de ter nascido de uma Virgem. O outro motivo é que, neste mesmo dia, os pagãos realizavam suas cerimônias religiosas e, assim, os cristãos também teriam o que comemorar.

Na época do nascimento, Sirius (o sol que é um Centro de Luz da Fraternidade Branca), estava na linha do meridiano, Órion (constelação associada aos Três Reis Magos) encontrava-se próxima à mesma linha e a constelação de Virgem se elevava no oriente. Esta constelação tem como estrela principal Spica (que significa espiga) e está simbolizada pela espiga de trigo que a Virgem mantém (lembre-se de que Belém é a Casa do Pão).

A constelação de Virgem também possui três estrelas em forma de taça, o Santo Graal. Guiados pela Estrela de Belém, os Reis Magos (Melchior, Baltazar e Gaspar) que eram essênios de sétimo grau, sábios, astrólogos e astrônomos chegaram a Belém e ofereceram ao menino recém-nascido ouro, incenso e mirra. O ouro simboliza a natureza material que deve ser consagrada ao Cristo; o incenso, a natureza emocional com seus desejos e aspirações que devem se elevar aos pés do Cristo, e a mirra, a natureza mental que deve abandonar a dor e o sofrimento e se entregar à sabedoria contida no Cristo. Portanto, os corpos físico, emocional e mental de todos os homens, entregues ao Poder do Cristo despertando em cada coração. Esta é a primeira iniciação, pela qual todos os homens deverão passar, no caminho de evolução e ascensão: o nascimento, ou seja, o segundo nascimento, quando o Cristo desperta no coração de cada ser humano e começa a assumir o controle de seus corpos, utilizando-os somente para servir as Obras do Pai.

Com a chegada dos Reis Magos, o Rei Herodes ficou sabendo sobre o nascimento do Messias e, com medo das profecias de que o Rei dos Judeus estaria nascendo, mandou matar todos os recém-nascidos da região. José recebe a visita de um Anjo que pede que ele vá com o menino e com Maria para o Egito, onde vivem os primeiros oito anos da vida de Jesus.

Durante este período, Maria e José tiveram uma importância fundamental na criação do menino, pois lhe ensinaram a conhecer um Deus de Amor, Misericórdia e Perfeição. A sociedade que os rodeava era impregnada de doenças e miséria, e Jesus foi ensinado a negar veementemente o mal, que era ilusório e passageiro, aprendendo a valorizar somente o Bem e ver a Perfeição de Deus que se manifestava por trás de todas as aparências externas. Até mesmo quando o menino se machucava, brincando como qualquer criança, Maria cuidava dos ferimentos e dizia a Jesus para Ele pensar em Deus, no Pai que havia dentro Dele, para acabar com a dor e com a limitação, não dando atenção aos ferimentos.

Ainda menino, Jesus foi levado ao Templo de Luxor, no Egito, onde teve suas primeiras instruções sobre Ressurreição, Purificação e Ascensão. Era uma disciplina intensa e uma preparação que durou muitos anos, e que iria voltar a acontecer, quando Jesus estivesse adulto.

Após a conclusão da primeira etapa do discipulado de Jesus, a família voltou à cidade de Belém e Jesus foi estudar no Santuário de Moabe, sede da Fraternidade Essênia, indo para casa somente nos períodos de intervalo de sua intensa disciplina espiritual. Maria, mesmo distante fisicamente do menino, sustentava o Plano Imaculado de Perfeição diariamente, concentrando-se sempre na Luz e na Perfeição do Cristo em Jesus.

Durante este período, Maria visitava amigos essênios com frequência na cidade de Betânia e descobriu um monte que lhe despertou forte sentimento positivo; subia-o sempre para orar e carregar este local com Luz e Amor. Este local é o Monte Betânia, onde Jesus, no futuro, realizaria a sua Ascensão, fato este que Maria, conscientemente, ainda não conhecia.

Os filhos de José, Marcos, Judas, Tiago e Ana já estavam se preparando para casar e José preparava-se para o desencarne, comentando com Maria o que estava por acontecer; sugeriu a ela que depois de seu desencarne deveria morar em Betânia. Nos últimos meses de sua vida, José dedicou-se ao serviço da Fraternidade Essênia e intensificou no coração dos homens a necessidade de reconhecer o Messias, quando Ele se manifestasse. Como era um profundo conhecedor das Escrituras, explicava que os sinais já apontavam que o Messias estava entre eles e todos deveriam segui-lO; jamais revelou tratar-se de seu filho.

Logo em seguida, Jesus assume a função de José, e junto com seus irmãos garante o sustento da família. Algum tempo depois, recebe um comunicado de Luxor, convocando Ele e Maria para um período de discipulado de três anos, onde ambos passariam por iniciações e instruções sobre Ressurreição e Ascensão.

Viveram este período no Egito e, ao retornar, foram para Betânia, onde Maria levou-O para conhecer o monte onde ela tantas vezes carregara com Luz e Amor. Jesus fitou-a silenciosamente, percebendo toda a Luz que estava concentrada no local.

Maria viveu em Betânia, em companhia de seus irmãos essênios, e Jesus seguiu seu caminho de discipulado e estudos; foi para a Índia, Tibet, Nepal e muitos outros lugares do Oriente, onde se preparou durante muito tempo, amadurecendo e assumindo sua verdadeira filiação. Quando retornou, após muitos anos fora, estava com quase trinta anos e disse a Maria que seu ministério começaria em breve. A idade dos trinta anos representa a trindade, o aperfeiçoamento dos três corpos de Jesus: corpo físico, emocional e mental. Do ponto de vista astrológico, esta idade envolve o ciclo de Saturno, a primeira vez que este planeta retorna ao seu ponto de origem no mapa natal de qualquer pessoa, revelando a necessidade de cumprir, concretizar, estabelecer suas metas na vida com plena maturidade.

Em seguida ao seu retorno, Jesus procurou João Batista (seu Mestre Maitreya), para ser batizado por Ele. O batismo foi feito nas águas do Rio Jordão, que significa "aquele que divide", ou seja, o divisor, o antes e o depois do batismo. No Jordão, a luz dos céus desceu sobre Jesus em forma de uma pomba; a paz de Deus desceu sobre Jesus.

Nesta iniciação, o tema central é a purificação, encerrando um período de preparação, de silencioso serviço e iniciando um ciclo de intensa atividade. A purificação da natureza inferior é um requisito fundamental: *"Bem-aventurados os limpos de coração, pois eles verão a Deus"*. Não pode haver conquista espiritual sem a purificação, não há possibilidade de se ver e manifestar a Divindade, sem passar pela purificação. Primeiro acontece o batismo pela água, que é a purificação de natureza emocional, e o passo preliminar à purificação pelo fogo. O batismo no Jordão simboliza a purificação da consciência no homem, porque a purificação da natureza emocional deve vir antes da purificação da natureza mental, assim como no homem desenvolve-se primeiro a natureza sensorial e depois a atividade da mente. O batismo do Espírito Santo é o batismo que o Cristo dá a todos que o seguem, pois é a purificação da mente pelo fogo. A partir desse batismo, o discípulo pode controlar a mente e dedicá-la somente à manifestação do Reino de Deus. Pelo uso correto da mente, o homem pode fazer a escolha certa e equilibrada.

Há uma época na vida de todo discípulo em que é preciso fazer uma escolha. Antes de se realizar um serviço, deve-se fazer um rompimento interno total com o passado, sabendo que, a partir daí, tudo será diferente.

Do momento do batismo em diante, Jesus deixou de ser um simples carpinteiro para transformar-se no Cristo, ou seja, o iniciado reconhece seus irmãos, também iniciados, unindo-se a eles e tendo compreensão de sua missão. Reconhece sua Divindade, assumindo sua filiação divina e também é reconhecido pelos demais.

Após ter plena consciência de Deus atuando através de si, pois se transformou no Cristo e manifestou toda a sua Glória, Jesus foi para o deserto. Refugiou-se no deserto por quarenta dias e noites, em absoluto jejum, enfrentando as três tentações que todo seguidor de Cristo terá que enfrentar e vencer. Eis o momento em que o ego humano, a personalidade em cada um, tenta o discípulo desperto em Cristo, para que Ele utilize todas as suas capacidades em prol da natureza inferior.

A primeira tentação:

"Se tu és o filho de Deus, manda que essas pedras se tornem pão e te alimenta delas. E Jesus disse: Está escrito, nem só de pão viverá o homem, mas de toda palavra que sai da boca de Deus". (Novo Testamento, Mateus, capítulo 4, versículos 3 e 4)

A primeira tentação é a do pão, que significa as preocupações de ordem material, às vezes colocando em xeque a sua própria sobrevivência ou então o uso egoísta dos bens materiais.

Através desta frase, a personalidade em Jesus desejou que Ele usasse os poderes divinos para saciar sua fome e, ao responder ao ego, Ele mostrou que existem outras coisas mais importantes do que a satisfação dos apetites físicos. Todos nós seremos tentados da mesma forma.

Ao despertar o Cristo, usaremos nossos poderes para satisfazer os desejos físicos? Você está preparado para lidar com o mundo material com equilíbrio, sem apegos ou aprisionamentos? Observe todas as tentações da matéria: o consumo desmedido e a necessidade de possuir bens, que muitas vezes são desnecessários ou puramente supérfluos; a ingestão de substâncias ou alimentos que fazem mal ou então que contrariam a Lei do Amor; o uso incorreto da energia sexual, a luxúria e a falta de sublimação da energia sexual em energia criativa. Tudo isso seria prioridade? Se o Cristo em seu coração pedisse para renunciar a tudo, aprendendo a controlar totalmente sua energia, sem se deixar seduzir pela matéria, você estaria preparado para vencer essa tentação, ou o ego o (a) seduziria com várias promessas de felicidade através da posse e do prazer material?

Não se vive só de pão, mas da vida espiritual que flui de Deus. É importante enfatizar este contato com a Alma e compreender plenamente esta verdade. Quando a nossa vida se orienta para Deus, não pelo que podemos receber, mas por havermos desenvolvido a percepção da Divindade, então as forças divinas afluirão sobre nós e produzirão o necessário. Isso produzirá um abrandamento da natureza inferior e estimulará uma tendência ao desprendimento e ao altruísmo.

Vencida a natureza material, Jesus foi conduzido ao alto de um templo e veio

A segunda tentação:

"Se és Filho de Deus, lança-te abaixo; porque está escrito: A seus anjos mandará por Ti, e em suas mãos te sustentarão, para que não tropeces com teu pé na pedra. Jesus lhe disse: Está escrito também, Não tentarás o Senhor teu Deus". (Novo Testamento, Mateus, capítulo 4, versículos 6 e 7)

Com esta tentação, o ego traz a fascinação da dúvida, que é um aspecto do corpo emocional. Onde há dúvida, há falta de fé. Jesus e cada um dos homens, mesmo com o Cristo desperto, podem ter dúvidas sobre sua verdadeira filiação. Será que EU SOU mesmo um Filho de Deus? A dúvida de que cada homem é Filho de Deus e possui poderes divinos é reforçada pelo ego, através dos limites impostos pelas crenças que este desenvolveu: doenças, morte, dificuldades financeiras, amorosas, profissionais, crises pessoais, sociais, políticas, miséria, fome, violência. Afinal, se EU SOU um Filho de Deus, eu não tenho medo das aparências, pois sei que Deus está dentro de mim e que Ele pode comandar tudo com Amor. E o Amor dissolve o medo e a dúvida. Jesus sustentou a fé absoluta na divindade e venceu a dúvida. Veio, então,

A terceira tentação:

Elevado ao alto de um monte e avistando todos os reinos do mundo, o ego disse: "Tudo isso te darei, se prostrado me adorares. Então disse-lhe Jesus: Vai-te, porque está escrito: Ao senhor teu Deus adorarás e só a Ele servirás". (Novo Testamento, Mateus, capítulo 4, versículos 8 e 9)

Essa tentação diz respeito ao mental: o desejo de poder, sucesso, glória, a promessa do mundo inteiro, das maiores riquezas, dos maiores impérios. A autovalorização do ego, o controle, a manipulação, a ambição. Mesmo os homens em busca do discipulado e no caminho espiritual continuam querendo poder, status e glória.

Após vencer as três tentações, Jesus retornou à cidade de Nazaré, manifestando plenamente o Cristo e a Energia Divina através Dele. Com o ego vencido e com a certeza de empregar o Poder Divino somente para cumprir o Plano de Deus, Ele começa seu ministério de Amor, Paz, Perdão, Compaixão, Misericórdia e Cura.

Então, multidões começaram a segui-lO, pois suas palavras transmitiam a própria essência de Deus; aqueles que estavam de corações abertos, eram tocados pela sua aura divina e se deixavam conduzir por Ele. José já tinha avisado que o Messias estava entre eles: "Quem tiver olhos para ver e ouvidos para ouvir suas palavras, que reconheça o Salvador". Ali estava o Grande Avatar, cumprindo sua tarefa humildemente, com total abnegação.

Abençoados os que O seguiam e impregnavam seus mantos de carne e suas auras com a vibração do Mestre. Somente quem estava lá, junto Dele, poderia explicar o que significava partilhar de sua companhia, a sensação de Paz e Amor, a aceleração sentida em cada elétron de cada corpo, simplesmente pela sintonia com a manifestação do Amor Divino em forma de homem. Ser um discípulo de Jesus também significava ter merecimento, adiantamento espiritual; o fato de serem pescadores humildes era apenas parte do Plano Divino, pois, muitas vezes, por trás de aparências rudes ou humildes, podem estar grandes almas.

Além dos doze apóstolos que sempre estavam com Jesus em suas pregações, uma pessoa lhe era muito especial: Maria Madalena. Embora desconsiderada pelas escrituras, era uma pessoa fundamental em toda a história; estava sempre ao lado do Mestre, junto com Mãe Maria e João. Estes eram os mais ligados a Jesus e permaneceram ao lado Dele o tempo todo.

Maria Madalena não era uma prostituta, tal como é divulgado pela Igreja, mas sim uma mulher que não se submetia ao tipo de vida que era comum às mulheres da época. No momento em que ela conheceu Jesus, abandonou tudo e O seguiu para sempre, pois sua alma havia reencontrado seu verdadeiro lar. Jesus também a reconheceu, instantaneamente, e soube que ali estava reencontrando o complemento de seu ser espiritual, uma parte de sua essência divina. No entanto, sua missão na Terra era muito maior do que a realização do amor físico, carnal ou matrimonial; Ele já tinha vencido a tentação dos apetites físicos e sublimou seus sentimentos, esperando o momento certo para reivindicar sua complementação espiritual. Invocou ao Pai, após sua ascensão, que permitisse que Maria Madalena O seguisse, assim que possível. Ela assim o fez e hoje é a Mestra Maria Madalena. Além dela, o apóstolo João também ascensionou e é conhecido como Mestre João Evangelista.

Em seus três anos de ministério Jesus fez muitas curas; todos os que foram curados reconheceram o Poder de Deus em ação através Dele e depositaram muita fé neste poder. Houve curas em que bastava tocar no manto de Jesus, para que esta ocorresse, tamanha a fé de quem era curado no poder que se manifestava através do Cristo. No entanto, nem todos foram curados por Jesus, pois não tinham fé, não reconheciam o Cristo Nele, não permitindo que a Presença Divina manifestasse seus milagres.

Jesus fez ressurreições, desde que estas estivessem de acordo com o Plano Divino de cada ser, pois também houve situações em que estas não ocorreram. Andou sobre as águas, pois o Cristo desperto tem controle sobre os quatro elementos da natureza e todos obedecem ao Cristo. Multiplicou pães e peixes para alimentar o povo que O seguia, utilizando-se da própria substância universal, materializando o alimento sob aquelas formas, ou seja, precipitando do informe para o mundo da forma aquilo que o povo queria que fosse o seu alimento. Exorcizou espíritos obsessores através do Amor e da autoridade, pois quando estes não respondem pelo Amor, obedecem à firmeza e a autoridade do Cristo. Transformou a água em vinho, focalizando a sua atenção em Deus e modificando as moléculas da água em Luz Eletrônica; na verdade foram as pessoas que qualificaram aquela Luz como vinho, pois era o que elas desejavam ter.

Tudo o que Jesus fazia era em nome de Deus, sempre invocando o Deus que havia em si e permitindo que Ele realizasse os milagres. Muitas vezes Ele invocou a Presença Radiante de Deus que fluía em si: *"EU SOU o Caminho, a Verdade e a Vida! EU SOU a Ressurreição e a Vida! EU*

SOU a Luz do Mundo! EU SOU a Porta Aberta que homem algum poderá fechar!" E dizia: *"Aquilo que Eu faço, um dia vós fareis ainda melhor"*. Ele dizia abertamente a todos os homens que o poder e a glória de Deus estavam disponíveis a todos os homens que seguissem os seus passos: *"Ninguém vai ao Pai, senão através de Mim"*, ou seja, ninguém revela a natureza perfeita de Deus se não despertar o Cristo em seu coração; *"através de Mim"* significa do Cristo em mim em e em cada ser.

O Mestre Jesus foi o exemplo vivo do Deus que se fez carne e do homem que manifestou Deus, ou seja, revelando a natureza dual de todos os homens, todos são filhos de Deus, dotados de uma natureza divina, expressando-se no mundo material e necessitando do aprendizado na matéria e do controle da mesma. Ele ensinou como vencer a natureza humana e permitir que a essência divina controlasse e libertasse a forma.

Em sua terceira iniciação, a Transfiguração, Jesus subiu ao monte, acompanhado de três discípulos e lá se transfigurou. Neste momento, sentiu toda a Glória da Presença de Deus; manifestaram-se ao seu lado Moisés, representando o passado dos homens, e Elias, representando o futuro, a promessa do homem divinizado. Os discípulos puderam ver o corpo de Jesus se iluminando intensamente, com uma radiante luz branca e por alguns minutos Ele experimentou a glória do corpo da Divina Presença, que depois usaria para toda a eternidade. Naquele momento Ele percebeu a qualidade de Deus revelada em sua beleza transcendental e a integração da natureza dual (divina e humana), que se manifestou em um novo homem. Manifestou em si a síntese de tudo o que o precedeu na evolução humana e expressou aquilo que é possível de ser alcançado pelos homens. Criou, através desta iniciação, o quinto reino da natureza, o homem divinizado.

A missão de Jesus se expandia por toda a Galiléia e surgiram os adversários: os sacerdotes do Templo de Jerusalém, aqueles que falavam em nome de Deus e que não reconheciam em Jesus a Presença de Deus em ação. Consideravam-nO blasfemo, por usar o nome de Deus e se dizer Seu filho; diziam que Ele não tinha autoridade nenhuma para falar em nome de Deus e opuseram-se a Ele. O povo judaico queria um Rei, e as escrituras diziam que viria o rei dos judeus. Inicialmente, todos pensaram tratar-se de Jesus e queriam que Ele assumisse o poder e os libertasse dos romanos.

O governo romano mantinha o poder absoluto e os judeus pagavam impostos altíssimos e viviam sob o jugo romano; clamavam por liberdade e por um governo que fosse assumido por um deles. Quando perceberam que Jesus não queria nenhum poder material e dizia que o Seu reino era o Reino dos Céus, e que falava de Amor, Paz, Compreensão e Perdão, até mesmo em relação aos romanos, viram que não se tratava mesmo do rei que esperavam.

Acabou sendo entregue por Judas, aos soldados romanos, por exigência dos sacerdotes e do povo judeu e foi condenado à morte. Judas entregou Jesus, acreditando que Ele iria reagir e usar os dons divinos para livrar-se da prisão e libertar os judeus dos romanos, pois era este o desejo de Judas. Assim como o povo, ele também queria um rei judeu e tinha certeza de que este era Jesus. Fez isto com este propósito e quando viu que Jesus não reagiu e permitiu ser condenado e crucificado, suicidou-se por culpa e arrependimento. Pilatos não queria condená-lo à morte e deixou que o povo decidisse. A sentença se cumpriu: crucificação, a quarta iniciação de Jesus.

O que ninguém sabia é que tudo isso estava escrito, fazia parte do Plano, era a Vontade de Deus em Jesus passar por tudo isso. Os sacerdotes, o povo, Judas, Pilatos não foram culpados, nem responsáveis pelo que aconteceu, pois fazia parte da missão do Mestre caminhar para a morte e vencê-la. Esta iniciação envolve a morte da natureza humana, revelando que a verdadeira identidade divina só pode se manifestar quando existe a morte da natureza carnal inferior, ou seja, o homem precisava aprender que, através do sacrifício da natureza humana em cada um, o aspecto divino seria manifestado. A cruz representa a matéria, os quatros braços são o quadrado da matéria e este simbolismo é muito anterior a Jesus. Na crucificação, ressalta-se a importância de suplantar a matéria e vencê-la, libertando-se dela.

No momento da crucificação, os anjos sugaram parte da energia negativa da Terra e a derramaram sobre o corpo de Jesus; a lama negra descia pelo alto de sua cabeça e era transmutada em luz pura. Neste momento, Maria compreendeu o que significava a placa escrita por Pilatos, que estava presa na cruz (*"Iesus Nazarenus Rex Iudeorum"*); na verdade, um anagrama: INRI, a Chave de Luz da crucificação, ou seja, *"O Fogo Renova a Natureza Inteiramente"*, onde o Fogo é o Cristo.

Maria viu milhares de Seres de Luz assistindo aquela cena dramática e o próprio Mestre Maitreya, Mestre de Jesus, por cima da cruz. A partir daí, lembrou-se do teste das Três Horas e de toda a preparação para a descida do grande Avatar. E lembrou-se também da sustentação do modelo perfeito, o Plano Imaculado. Com esta imagem de Perfeição em sua mente, anulava toda a aparência limitante daquele momento e auxiliava-o na libertação da ilusão da morte. Desde a queda do homem, uma limpeza profunda como esta não havia sido feita, todos foram absolvidos de suas culpas pelo pecado original, a primeira transgressão à Lei do Amor. Antes de desencarnar na cruz, Jesus proferiu sete frases:

"Pai, perdoai-os, pois eles não sabem o que fazem", numa clara manifestação do perdão em relação ao povo judeu e aos romanos que o crucificavam, pois estes eram ignorantes, ou seja, ignoravam o que faziam. Aqueles que desconhecem, não pecam; no entanto, os que têm consciência e, ainda assim, erram, assumirão a responsabilidade diante dos fatos, ou seja, a Lei de Causa e Efeito ou Lei do Carma atuará.

"Ainda hoje estarás comigo no Reino de Deus", dizendo ao ladrão que estava sendo crucificado ao seu lado e que estava arrependido de seus erros, reconhecendo Nele o Cristo em manifestação. Novamente a revelação da Lei do Perdão, mostrando que aquele erra, mas reconhece seus erros e pede perdão terá uma nova chance e poderá também manifestar o Reino de Deus em sua vida.

"Mulher, eis aqui o teu filho. Filho, eis aqui a tua mãe", referindo-se a Maria e a João aos pés da cruz. Neste momento ele pede a Maria que reconheça João e, consequentemente, todos os homens como seus filhos e pede a João, representando todos os homens, que veja Maria como a sua mãe: Mãe Maria, como hoje ela é chamada e reconhecida por todos os Ascensionados e discípulos no mundo inteiro. João representa a personalidade humana em processo de divinização, cuja natureza é Amor Divino, a segunda pessoa da trindade; e Maria representa a terceira pessoa da trindade, o aspecto material da natureza, que dá a luz e que nutre o filho. Jesus relaciona as duas Pessoas da Trindade, mostrando que uma precisa da outra para manifestação.

"Pai, como vós me glorificastes", em agradecimento e louvor a Deus, por ter sido escolhido para cumprir tal missão na Terra. Esta frase substitui a frase *"Pai, por que me abandonastes?"* divulgada pela Bíblia. Jesus disse que não se sentiu abandonado por Deus em nenhum momento, visto que Ele era a própria manifestação divina e tinha plena consciência de que a crucificação fazia parte do Plano ao qual estava destinado. Cumpriu o Plano com gratidão a Deus.

"Tenho sede", querendo dizer que tinha vontade, sede divina de ver que toda a sua obra traria resultados importantes para a Terra e para os homens. É característico de todos os que alcançaram a redenção e que desejam que os homens O sigam, conquistando a mesma coisa. Foi interpretada como sede física, mas certamente sua sede era espiritual.

"Está consumado", querendo dizer que tinha concluído a tarefa à qual se propôs antes de encarnar. Seu exemplo de serviço foi incomparável, revelando o Caminho que deveria ser percorrido por todos os homens para alcançar a perfeição.

"Pai, nas Tuas mãos eu entrego o meu espírito", entregando-se completamente a Deus e se unificando com Ele; matéria e espírito são somente um neste momento.

Jesus absorveu parte do carma da humanidade, redimindo-lhe os pecados e transmutando esta energia em seus corpos. Purificou também parte da natureza e do reino elemental de todas as criações humanas e, naquele momento, todos os elementos se manifestaram aliviados em seus fardos, impostos pela humanidade. A terra tremeu, os ventos sopraram, a chuva caiu, o sol escureceu, a natureza inteira louvou a Glória do Filho de Deus.

O sepultamento de Jesus foi providenciado por José de Arimatéia, um fiel amigo de Maria e de Jesus, que era um homem de negócios e que contribuiria indiretamente para a expansão das palavras do Mestre no mundo. Maria procurou, nos dois dias subsequentes, ficar concentrada na ação da Chama da Ressurreição, orando durante muito tempo e sustentando o Plano Imaculado. Já sabia que a Ressurreição de Jesus aconteceria, estava apenas aguardando o momento.

Jesus, após preparar-se com o auxílio dos Ascensionados, desceu ao plano físico, envolvido em uma coluna de fogo branco, ao local do sepulcro e tocando a fronte de seu corpo físico, começou a insuflar o ar no corpo, irradiando fluidos dourados que pareciam línguas de fogo a se expandir por todo o corpo físico. Aos poucos, este foi respondendo e se transformando em um corpo brilhante de luz; a ressurreição foi alcançada. Jesus manteve as marcas da crucificação para que seus discípulos e os outros homens tivessem certeza de que era realmente Ele e que tinha vencido a morte. O corpo que usava agora era muito mais luminoso que o corpo anterior; e Ele ainda ficaria transitando entre dois mundos durante quarenta dias, sutilizando este corpo e retornando aos céus ou densificando-o e manifestando-se na matéria. Diz-se que o corpo que Ele manifestava era o Santo Ser Crístico, visto que só usaria o corpo da Presença Divina após a ascensão.

A Ressurreição e a Ascensão fazem parte da última iniciação que Jesus e que todos os homens necessitam passar; Cristo retorna à vida e prova aos homens que também neles encontra-se a semente da vida eterna e que esta é a verdadeira vida que todos os homens que seguem os Seus passos, terão. A imortalidade, portanto, toma o lugar da mortalidade e o homem se mantém livre.

Durante estes quarenta dias, viveu em companhia de Maria e dos discípulos, dando continuidade aos seus ensinamentos e pedindo a Maria que permanecesse na terra por mais trinta anos e levasse a palavra de Deus além das fronteiras da Galiléia. Ela ofereceu-se prontamente ao serviço. Jesus ascensionou no alto do Monte Betânia, aquele que tantas vezes Maria e Ele mesmo subiram em oração. Pediu para ir antes e ficar sozinho e que depois todos que quisessem poderiam estar presentes.

Cerca de quinhentas pessoas assistiram a ascensão de Jesus, viram-nO se elevando aos céus e se transformando em Fogo e Luz. A Presença Eletrônica desceu sobre Ele, envolvendo-O num Manto de Luz e todos os elétrons de seus corpos assumiram a mesma vibração acelerada. Muitos fecharam os olhos naquele momento, tamanha era a Luz que se irradiava.

Finalmente a missão de Jesus estava totalmente concluída; Ele ensinava aos homens, naquele momento, que este era o destino de todos: reunir-se à Sua Presença Eu Sou e manter-se livre da roda das encarnações. Ele, que já tinha se libertado do carma em vidas anteriores, agora libertava-se também da necessidade de encarnar na matéria, pois havia cumprido sua tarefa; revelar que a natureza divina triunfa sobre a natureza humana e que todo homem que domina a personalidade e permite que a Divindade se manifeste em sua vida, controlando-a, pode libertar-se para sempre. Este é o exemplo final do Mestre, a Ascensão na Luz, a libertação, o reencontro com Deus e a certeza e de uma eternidade de perfeição.

Por que então a Igreja não sustenta esta imagem de um Cristo Ascensionado, livre e em estado de glória nos seus altares? Por que esta visão não foi incentivada na mente das pessoas, ao longo dos tempos? É dito que a Igreja grega fixou-se muito mais na visão do Cristo Ascensionado do que na do Cristo Crucificado. O Mestre Jesus pede a todos os seus seguidores que se afastem da imagem de um Cristo na cruz, pois esta não foi a sua última etapa na Terra; ele quer que todos lembrem e registrem a imagem de um Cristo se elevando ao Pai, em plena liberdade e bem-aventurança. O Cristo na cruz tem o propósito de manter o homem preso ao sofrimento e à dor, bem como à penitência, ao pecado e a culpa, relembrando-o constantemente de que Jesus veio salvá-lo, sacrificou-se por ele, morreu por ele, e que, portanto, ele é culpado de tudo o que aconteceu.

Jesus não deseja culpar ou punir nenhum homem, mas sim mostrar a todos que estes também podem vencer o pecado, a doença e a morte e alcançar a eternidade, assim como Ele alcançou. Se o homem não aprendeu com Jesus a seguir seus ensinamentos, praticar a Lei do Amor e do Serviço, vencer a natureza humana material, triunfar sobre a morte e ascender aos céus foi por livre-arbítrio.

Esta era a missão do Mestre e isso Ele esperou que todos seguissem; responsabilidade ou culpa teriam os homens se não colocassem em prática o seu exemplo e considerassem que isso era só pra Ele, ou seja, aí sim Ele teria passado por tudo isso em vão, se ninguém seguir seus passos até a ascensão, ficar preso a ideia da dor, da morte, do sofrimento. Lembre-se de que Ele dizia: *"Tudo o que eu faço, vós o fareis, um dia, ainda melhor"*; é isso que Ele espera de cada um de nós, que façamos as obras que Ele fez, da forma como Ele ensinou e ainda melhor do que Ele realizou. Chega de uma visão bitolada, de que somos pecadores e que a libertação é para poucos escolhidos.

Todos somos Filhos de Deus, temos uma natureza divina vibrando dentro de nós, e o momento é este: deixar que ela se manifeste e assuma o controle da nossa personalidade, permitindo que o Cristo nasça em nosso coração, seja batizado pelo fogo do Espírito Santo, transfigurado pelo corpo da Presença Eu Sou, morra a natureza humana inferior e ressurja a natureza divina em toda a sua glória e esplendor, para todo o sempre.

Após a ascensão de Jesus, Mãe Maria partiu com José de Arimateia e alguns discípulos em uma viagem de barco (onde José de Arimateia iria a negócios) para Alexandria, Grécia e depois Portugal, Espanha, França, Grã-Bretanha, Escócia e Irlanda. Durante muitos anos, Mãe Maria e seus seguidores levaram o Santo Graal, a Taça da comunhão, o Cálice que, simbolicamente, contém os Ensinamentos do Cristo ao povo daquela região. Muitos a seguiam e compartilhavam daquela missão; Mãe Maria foi estabelecendo vínculos que, muitos séculos mais tarde, se revelariam através dos meninos pastores de Portugal e de Bernadete, em Lourdes, na França.

Passados cerca de quinze anos, todos retornam para Betânia e Mãe Maria traz junto consigo muitos seguidores de diferentes países, que abandonaram tudo para seguir o Cristo. Todos vão morar em uma pequena comunidade construída em Betânia e ela vive mais alguns anos, sustentando toda a missão de Jesus. Cerca de nove anos antes de concluir sua encarnação, ela pede a Pedro que construa uma pequena cabana só para si e começa a se preparar para a sua ascensão, que ocorre em um dia 15 de agosto. No lugar do corpo físico, na tumba de pedra, rosas brancas são deixadas para todos os membros da comunidade de Betânia e Mãe Maria é recebida pelos anjos, seus companheiros de sempre. Retorna ao reino de Deus, novamente como Arqueia Maria, Rainha dos Anjos, Complemento Divino de Rafael, para sempre Mãe Maria, a nossa doce Mãe.

CAPÍTULO 13

CELEBRAÇÕES NA NOVA ERA

OS TRÊS CENTROS DIVINOS

Os três centros divinos relacionam-se aos Três Raios de Aspecto e são: Shamballa, a Hierarquia e a Humanidade.

O primeiro centro está relacionado a Deus-Pai, a manifestação do Primeiro Raio: Vontade, Poder e Propósito Divinos. É a cidade de Shamballa, com o Senhor do Mundo, o Bem-Amado Gautama, como seu representante. É o centro governante, onde a Vontade de Deus é conhecida. Está ligado com as energias vindas do Sol Central Espiritual, o aspecto mais elevado do Logos Solar.

O segundo centro relaciona-se a Deus-Filho, o Segundo Raio: Amor-Sabedoria e Iluminação Divinos, e é conhecido como Centro da Hierarquia Espiritual Planetária, onde estão os Mestres Ascensionados. O propósito deste centro é de Instrução Espiritual.

O terceiro centro relaciona-se a Deus-Espírito Santo, o Terceiro Raio: Inteligência Ativa e Criadora de Deus; é o Centro da Humanidade, conhecido como Centro da Raça dos Homens. Este centro envolve toda a humanidade e suas raças, sendo formado por sete grupos:

1. Homem primitivo
2. Homem comum
3. Homem de ideais
4. Aspirante espiritual
5. Discípulo
6. Iniciado
7. Mestre ou Homem perfeito

DATAS MÍSTICAS IMPORTANTES

01/01 – Dia da Paz e da Fraternidade Universal.
06/01 – Dia dos Reis Magos (Melchior, Gaspar e Baltazar, hoje Mestre El Morya, Kuthumi e Djwal Khul, respectivamente).
25/01 – Conversão de São Paulo (hoje, Mestre Hilarion).
19/03 – Dia de São José (hoje, Mestre Saint Germain).
21/03 - Início do novo ano astrológico e sideral (equinócio de outono, no hemisfério sul).
01/05 – Ascensão de Saint Germain.
08/05 – Iluminação de Siddartha Gautama, o Buda.
24/06 – Dia de São João Batista (hoje, Senhor Maitreya).
29/06 – Dia de São Paulo (hoje, Mestre Hilarion).
30/06 – Reunião do Conselho Cármico.
06/07 – Dia da canonização de Thomas More (hoje, Mestre El Morya).
15/08 – Ascensão de Mãe Maria.
24/09 – Ascensão do Mestre Lanto.
29/09 – Dia do Arcanjo Miguel e dos demais Arcanjos dos Sete Raios.
30/09 – Colheita do Reino Angélico em Shamballa.
02/10 – Dia do Anjo da Guarda.
04/10 – Dia de São Francisco de Assis (hoje, Mestre Kuthumi).
12/10 – Dia de Nossa Senhora Aparecida (Padroeira do Brasil).
27/10 – Dia dos Sete Elohim.
31/10 – Colheita do Reino Elemental em Shamballa.
23/11 – Dia de Ação de Graças.
27/11 – Dia dos Chohans dos Sete Raios.
30/11 – Colheita do Reino Humano em Shamballa.
04/12 – Dia de Santa Bárbara (hoje, Mestra Rowena).
08/12 – Imaculada Concepção de Jesus, no ventre de Mãe Maria.
27/12 – Dia de São João, o Evangelista (hoje, Mestre João Evangelista).
30/12 – Dia da Sagrada Família.
31/12 – Reunião do Conselho Cármico.

FESTIVAIS ESPIRITUAIS DA NOVA ERA

Para que se cumpra o Propósito Divino em nosso planeta, o Senhor do Mundo propicia ao Centro da Humanidade um derramamento de bênçãos suplementares. Estas energias poderosas fluem do Centro "onde a Vontade de Deus é conhecida" para o Centro da Hierarquia, onde são manejadas adequadamente pelos Mestres e convertidas em forças que estimularão a ação correta e o serviço criador na humanidade que aspira à espiritualidade.

Esses derramamentos de energia acontecem durante o período da Lua Cheia, ou plenilúnio. Neste momento, a Terra está totalmente receptiva às Energias Divinas, emanadas por Deus e dirigidas pelos Deuses Solares Hélios e Vesta. É como se houvesse uma União entre Céus e Terra e um escoamento natural de todas as Bênçãos Divinas; portanto, os homens devem estar em meditação durante o horário exato em que a Lua Cheia entra em seu ápice (os horários podem ser conhecidos através de publicações especializadas ou pelo *site* do Observatório Nacional).

Esses festivais, como são chamados, irão ocupar um lugar de destaque na nova Religião a ser revelada pelo Cristo. Eles vêm sendo celebrados em todo o mundo, nesta era aquariana e estão se impregnando subjetivamente na consciência da humanidade. Representam um propósito divino básico, que é a aproximação do homem a Deus e de Deus ao homem.

A Lua Cheia ocorre quando está no signo oposto (ou complementar) ao do sol, no mesmo grau em que este se encontra. Sabe-se que a Lua não tem luz própria e que reflete a luz do sol; portanto, neste período, ela irradia essencialmente a energia solar.

Normalmente, ocorrem doze ou treze luas cheias por ano, e em todas elas esta conexão com a Perfeição Divina é intensificada. No entanto, três lunações têm um caráter especial, pois nelas ocorrem três grandes festivais: o Festival da Páscoa, o Festival de Wesak e o Festival de Asala. Estes três refletem os três aspectos da Divindade: Vontade, Amor-Sabedoria e Atividade Inteligente. São as primeiras luas cheias do novo ano sideral ou astrológico (o ano inicia, normalmente, em 21 de março, sob o signo de Áries):

FESTIVAL DA PÁSCOA

Comemorado na primeira Lua Cheia do signo de Áries, é conhecido também como Festival do Cristo Ressuscitado. Neste Festival, o Cristo é o foco de recepção das energias liberadas por Shamballa e as energias que atuam nesse período são Forças de Restauração, estando ligadas ao Princípio da Inteligência Ativa da natureza Divina. É uma energia criadora, que desperta as mentes humanas para que gerem uma ação inteligente, redefinindo a vida de toda a humanidade. Os efeitos causados por estas forças são essencialmente físicos; seu objetivo é de restauração e reconstrução de uma nova Terra e elevação do mental de toda a humanidade. Está sob a regência do Terceiro Raio.

FESTIVAL DE WESAK

Comemorado na primeira Lua Cheia do signo de Touro, é o Grande Festival do Buda. O Festival de Wesak acontece todos os anos neste período, em um local ao norte dos Himalaias, próximo à cidade de Lhassa, no Tibet.

O local é descrito como um platô, próximo a um riacho, onde um bloco de granito gigante serve como altar. O altar é ornamentado com flores; no centro deste, um cálice de ouro é colocado com água. Muitos peregrinos, de diversas partes da Ásia Central, chegam a essa região alguns dias antes do festival. Algumas horas antes do plenilúnio, além dos peregrinos em corpo físico, discípulos e membros da Fraternidade Branca de todo o planeta chegam ao local em seus corpos sutis.

Cerca de meia hora antes da cerimônia, os membros da Fraternidade se colocam em três círculos concêntricos de frente para o altar, cantam em idioma páli versículos das escrituras budistas e, no centro do círculo, materializa-se o Senhor Maitreya, com o Cetro de Poder na mão. Esse Cetro representa o sinal físico da concentração e atenção do Logos em relação ao processo de evolução de um planeta. A cerimônia é celebrada pelo Senhor Maitreya e tem seu auge no momento em que o Bem-Amado Gautama, o Senhor do Mundo, chefe da Hierarquia Espiritual planetária, comunica-se com a Humanidade, através do Cristo Maitreya e da Hierarquia. Gautama é o Intermediário entre Shamballa (onde a Vontade de Deus é conhecida) e a Hierarquia (Centro de Amor no Coração de Deus). A busca dos homens neste Festival é de alinhamento com a Hierarquia e com Shamballa, impulsionando o despertar espiritual dos homens e a sintonia com a natureza divina, a União com Deus.

Todos devem elevar seu pensamento a Buda, o Grande Sidarta Gautama, reverenciando-O, pois o Senhor do Mundo se materializa diante de todos os presentes, levitando e em posição de Lótus. Toda a Fraternidade reverencia o Divino Líder. O Senhor Maitreya ergue o Cálice de Ouro cheio de água, oferecendo-o à benção de Buda. Todo o público presente, em corpos físicos ou sutis, ergue o seu cálice (simbolizado aqui pela consciência e coração elevados), na expectativa desse intenso derramamento de Luz. O Senhor do Mundo abençoa a água, a todos e a Terra inteira. Uma chuva de rosas cai abundante sobre a planície onde a cerimônia é realizada e todos na Terra sentem o resplandecer da Luz em seus corações. Fios luminosos, dourados, tecem uma grande malha de Luz que flui sobre todos os seres desse planeta e todos reverenciam o Grande Senhor do Mundo. Ele se desmaterializa, mas Sua Magnífica Presença de Compaixão e Amor continua reverberando pela atmosfera do planeta, que fica saturada de Iluminação, Cura, Amor, Conforto e Paz. Este cerimonial está sob a energia do Segundo Raio.

FESTIVAL DE ASALA

Comemorado na primeira Lua Cheia do signo de Gêmeos, é a Festa da Humanidade, conhecido também como Festival da Boa Vontade. Este Festival relembra aos homens o Ensinamento da Doutrina de Buda: as Quatro Nobres Verdades e o Caminho Óctuplo. É a expressão da Boa Vontade e do Amor, a possibilidade de reconhecimento da natureza divina do homem e representa o resultado do trabalho de Buda e do Cristo sobre a consciência dos homens. As Forças de Reconstrução do Primeiro Raio e do Sétimo Raio estão ativas neste Festival e estão relacionadas com a Vontade Divina; Vontade esta que os homens deveriam manifestar. Neste Festival, em 1945, foi liberada pelo próprio Cristo uma oração milenar para que o homem a utilizasse, conhecida como *A Grande Invocação.*

Esta oração não é exclusiva de nenhuma religião ou grupo e foi trazida ao conhecimento de todos, pois pertence a toda a humanidade. Deve ser feita diariamente, pois facilita a receptividade e o aparecimento da boa vontade entre os homens, além de estabelecer uma conexão com o Propósito Divino. Expressa verdades que são aceitas por todos os homens de forma natural: a de que existe uma Inteligência, que é chamada de Deus; que o Amor é poder motivador de tudo o que existe; que vem à Terra uma Individualidade chamada Cristo, encarnando este Amor; que o Amor e a Inteligência são consequências da Vontade Divina e de que o Plano Divino só pode se desenvolver pela própria humanidade. É uma invocação poderosa, pois traz as forças de reconstrução e restauração da Luz, além de ser preparatória para a segunda vinda do Cristo.

O Mestre Tibetano ressalta que o Cristo decidiu retornar à Terra (embora nunca tenha saído dela); não se conhece o momento em que isso irá acontecer, pois depende de que se estabeleçam corretas relações humanas e de determinado trabalho que está sendo feito pelos chamados Servidores do Mundo, nas diferentes áreas de atuação do homem na Terra.

O Cristo poderia manifestar-se de três maneiras distintas: como Consciência Crística em cada coração humano; como Consciência Crística nos grupos de Servidores do Mundo que atuam em diferentes segmentos da sociedade, anunciando novas verdades que devem guiar o homem; ou como um novo Avatar, caminhando novamente entre os homens. Não importa se será uma das três ou se serão as três, simultaneamente. O importante é estar alinhado com esta Consciência Crística, permitindo que ela atue o tempo todo em nossas vidas, sendo exemplo para os nossos irmãos de caminhada. Faça *A Grande Invocação*, diariamente, e sustente seus princípios, colaborando com o Plano. (Existe, atualmente, uma proposta de realizar esta invocação diariamente às 22 h).

A GRANDE INVOCAÇÃO

Do Ponto de Luz na mente de Deus,
Flua Luz às mentes dos homens.
Que a Luz desça à Terra!

Do Ponto de Amor no Coração de Deus,
Flua Amor aos corações dos homens.
Que o Cristo volte à Terra!

Do Centro onde a Vontade de Deus é conhecida,
Guie o Propósito as pequenas vontades dos homens.
O Propósito que os Mestres conhecem e a que servem!

Do Centro a que chamamos raça dos homens,
Cumpra-se o Plano de Amor e Luz
E mure-se a porta onde mora o mal!
Que a Luz, o Amor e o Poder restabeleçam o Plano na Terra!

Que assim seja, e auxiliai-nos a cumprir a nossa parte.

OS OUTROS FESTIVAIS

Além dos três principais festivais, nas luas cheias subsequentes, podemos nos sintonizar com a energia de cada signo onde o sol esteja, entrando em meditação, absorvendo as irradiações contidas naquele festival e procurando trabalhá-las em nossa caminhada de evolução. Nesses festivais serão estimulados os atributos divinos, ou seja, as energias dos demais Raios Divinos. Assim, temos:

- **Lua Cheia de Câncer:** este é o signo da experiência emocional, pois Câncer é o primeiro dos signos de Água. É o momento de o homem entrar em contato com suas emoções, procurando conhecê-las e aprendendo a dominá-las. A melhor maneira de aprender este processo é através do desenvolvimento da intuição. Câncer é o signo do oculto através da forma, todo o processo de criação acontece no interior, sem ser revelado. É o momento de maturação e não de manifestação. A lição do signo é a busca do emocional como forma de aproximação com a natureza da Alma. O *mantra* da meditação da Alma em Câncer é:
  EU CONSTRUO UMA CASA ILUMINADA E NELA HABITO.

- **Lua Cheia de Leão**: este é o signo da expressão, pois Leão é o segundo dos signos de Fogo (o primeiro é Áries). Em Leão a energia se manifesta como a necessidade de criar e esta vontade se dirige inicialmente para si, na busca da construção de sua identidade. No processo de construção de si próprio, o homem deve aprender a aperfeiçoar os corpos da personalidade e depois submetê-los à Alma. Desta forma, o homem precisa aprender a vencer o leão da personalidade, ou seja, o ego pessoal e aproveitar-se do melhor que este pode desenvolver, para servir à Divindade. O *mantra* da meditação da Alma em Leão é:
  EU SOU ESSE EU SOU! ESSE EU SOU SOU EU!

- **Lua Cheia de Virgem**: este é o signo da transmutação das vibrações em virtudes. Virgem é o segundo dos signos de Terra (o primeiro é Touro) e, por isso, seu propósito é prático; a perseverança é uma forte característica para alcançar os ideais. Assim, deve-se aproveitar o intelecto e a tenacidade para transformar o inferior em superior. A energia virginiana tem facilidade em subordinar-

se à vibração dos Mestres, cumprindo o Plano e servindo com precisão e eficiência. Um dos propósitos de Virgem é ser útil e realizar seu trabalho de forma rítmica e ordenada. O *mantra* da meditação da Alma em Virgem é:
EU SOU A MÃE E O FILHO. EU SOU MATÉRIA, SOU DEUS.

- **Lua Cheia de Libra**: este é o signo da busca do equilíbrio, principalmente no plano mental, pois Libra é o segundo dos signos de Ar (o primeiro é Gêmeos). O equilíbrio é fundamental para o domínio das emoções e, também, da mente, através do exercício da discriminação e do justo senso de valores. Em Libra, o homem aprende a buscar o chamado "Caminho do Meio", que o Mestre Gautama ensinou. Os extremos conduzem o homem aos opostos e, consequentemente, ao desequilíbrio; já o meio conduz ao centro, que é a própria Alma. O *mantra* da meditação da Alma em Libra é:
ESCOLHO O CAMINHO QUE EXISTE ENTRE AS DUAS GRANDES FORÇAS.

Lua Cheia de Escorpião: este é o signo da transmutação e do renascimento. É o segundo dos signos de Água e o momento de mergulhar profundamente no emocional, reconhecendo a sombra que existe no fundo de cada homem. Enfrentando a escuridão, trazemos a sombra à luz e recomeçamos a jornada renascidos. Em Escorpião, a necessidade de lutar e vencer a batalha é imprescindível, mesmo que isso signifique ajoelhar-se, render-se e renunciar ao eu pessoal. Por isso, o *mantra* da meditação da Alma em Escorpião é:
EU SOU GUERREIRO(A), E SAIO TRIUNFANTE DA BATALHA.

- **Lua Cheia de Sagitário**: este é o último dos signos de Fogo, e todo o processo criativo e de afirmação pessoal buscado em Áries e Leão culminam em Sagitário. É um signo de Poder, que tem metas bem definidas. O Arqueiro que aponta as flechas para o alto, símbolo do signo, mostra a necessidade de perseguir ideais superiores e de dividi-los com todos os homens. É o signo dos

aspirantes à iniciação e é caracterizado pela percepção intuitiva. O *mantra* da meditação da Alma em Sagitário é:
EU VEJO A META, REALIZO ESTA META E VEJO OUTRA META.

- **Lua Cheia de Capricórnio**: este é o último dos signos de Terra e simboliza a conquista da matéria. A energia de Capricórnio é a que promove tanto a entrada quanto a saída da matéria. Capricórnio é o signo da Iniciação e, aprendendo as lições deste signo, o homem transforma-se em um iniciado. Aspirando ao discipulado, o homem nesta energia busca a Luz e a Glória da experiência; uma vez conquistada a matéria, as possibilidades espirituais são muito grandes. Capricórnio é perseverante, responsável, disciplinado e resistente e, quando direciona tais funções para o plano espiritual, torna-se o verdadeiro iniciado, aquele que se eleva acima das limitações da personalidade e que revela a Luz da Alma. Uma vez envolto pela Luz Suprema, pode voltar as costas para ela, pois sempre a refletirá para todas as direções; transforma-se num espelho, a refletir e distribuir a Luz. O *mantra* da meditação da Alma em Capricórnio é:
ESTOU ENVOLTO(A) PELA LUZ SUPREMA; NÃO OBSTANTE, VOLTO AS COSTAS A ESSA LUZ.

- **Lua Cheia de Aquário:** este é o signo do serviço desinteressado e do trabalho grupal, portanto está associado ao Servidor do Mundo. Aquário é o último dos signos de Ar e, por isso, a natureza mental alcança sua maturidade. O símbolo de Aquário é o do homem que derrama a água que carrega em um cântaro, simbolizando a purificação e a doação da Água da Vida a todos os homens. A tônica desse Festival é a inclusividade e o serviço. Nesse momento, o serviço se manifesta como a própria expressão da Alma, pois a sua natureza é servir. O homem, em sintonia plena com a Alma, é um iniciado; e o princípio da Fraternidade e da Unidade é cumprido no plano físico. O *mantra* da meditação da Alma em Aquário é:
EU SOU A ÁGUA DA VIDA VERTIDA PARA OS HOMENS SEDENTOS.

- **Lua Cheia de Peixes**: no último dos signos de Água, temos o Amor e a Compaixão necessários à salvação planetária. Aqui se completa o processo iniciado em Aquário, agregando a essência do Amor Incondicional a uma mente madura e plena. A energia de Peixes, manifestada sob o ponto de vista da Alma e não da personalidade, traz a percepção espiritual, a renúncia, o serviço mundial, a compaixão, a devoção às necessidades mundiais e o desapego da forma, gerando uma consequente identificação com a Alma. Em Peixes, a unificação do coração e da mente cria o Servidor Mundial. O *mantra* da meditação da Alma em Peixes é: **EU ABANDONO A MORADA DO PAI E, RETORNANDO, EU SALVO.**

CAPÍTULO 14

AUXILIANDO O PLANETA

CERIMONIAL: UMA PRÁTICA DA NOVA ERA

O Mestre Saint Germain recomenda para todos os Buscadores da Luz a prática ritualística. Como o Raio Violeta é o Raio da Ordem, do Cerimonial e do Ritmo, e a Era que se inicia é regida por este Raio, nada melhor do que entrar em sintonia com este tipo de trabalho que pode ser muito útil ao planeta Terra.

O Mestre diz que o homem pode dar uma contribuição valiosíssima ao planeta quando concentra e expande suas energias de Luz e de Amor na prática do Cerimonial. É o momento de utilizar o seu pensamento, a sua palavra, os seus sentimentos e ações completamente focalizados neste propósito de servir à Vida, através das invocações ou apelos ritmados, dos decretos (afirmações), da visualização criativa (precipitação) e da meditação; lembre-se de que a Energia Criadora de Deus estará fluindo sobre você e faça bom uso dela. Saint Germain diz que, durante o Serviço Divino, bênçãos de todo tipo são derramadas em todo o planeta, beneficiando a todos os seres.

A energia dos Ascensionados se derrama através dos homens que estão concentrados neste serviço prestado e, estes, servem de intermediários entre a energia perfeita de Luz e Amor e o mundo externo, com seus conflitos e impurezas. Os Mestres habitam um plano de absoluta Luz e Perfeição e, quando necessitam atuar em planos mais densos, precisam rebaixar muito sua frequência vibratória, o que acaba gerando uma espécie de desperdício de energia. Por isso, pedem aos homens despertos e devotados que sirvam de canais ou instrumentos para que Suas Irradiações sejam absorvidas e expandidas por estes homens.

Cada aspirante à Luz e ao serviço da Hierarquia Espiritual já deverá estar, previamente, se trabalhando internamente, disciplinando sua personalidade, procurando manter no seu dia-a-dia uma energia mais pura e corpos mais harmonizados. Assim, o seu trabalho ritualístico ficará potencializado e a energia dele resultante será mais intensa, promovendo uma elevação maior de sua frequência vibratória.

Assim, acaba acontecendo a mágica: semelhante atrai semelhante, o homem harmonizado e elevado sintoniza-se com a frequência dos Mestres e estes distribuem as bênçãos que fluem de seus Mantos Eletrônicos. Lembre-se da frase: *"Quando o discípulo está pronto, o Mestre aparece"*; na verdade, o discípulo sobe de frequência, por isto consegue sintonizar-se com o Mestre, e Ele literalmente aparece.

É importante ressaltar que o serviço ritualístico deve sempre ser direcionado a todo planeta Terra e a todos os seres que estão em evolução nele. Lembre-se de que o seu propósito é Servir.

Saint Germain convocou muitos discípulos antigos (alguns já despertos, outros despertando) para trabalharem unidos nesta Era de Libertação; cada um assumiu um compromisso direto com Ele para atuar na Terra, em diferentes atividades, contribuindo com o processo de evolução e ascensão planetária. Saiba que você, que está identificado com todos estes Ensinamentos, é um destes cotrabalhadores, então mãos à obra, pois ainda há muito o que fazer.

A prática ritualística sugerida pelos Mestres Ascensionados não implica em frequentar um Templo, Igreja ou Instituição; não existe a Igreja dos Mestres, embora muitas vezes os homens tentem criar algo dentro deste modelo. Você pode fazer seu trabalho ritualístico em casa, sozinho ou em companhia de outras pessoas. A ideia é criar cada vez mais Focos de Luz, espalhados pela Terra. Para isso, é importante que você tenha conhecimento dos Ensinamentos de Luz e saiba exatamente o quê e o porquê de estar fazendo determinadas práticas. Na Era de Aquário, é fundamental que se trabalhe em grupo, pois é dessa forma que a energia se fortalece. Os Mestres dão total assistência aos grupos responsáveis e dedicados ao serviço planetário, além do que, o princípio da Nova Era é o princípio grupal, coletivo, onde todos fazem parte de uma Unidade.

Para realizar o Cerimonial, é importante que você tenha um local apropriado, de preferência mais isolado ou afastado dos olhares curiosos. Utilize-se de uma mesinha ou prateleira, para criar um pequeno altar e consagrá-lo aos Mestres Ascensionados. Use uma toalha branca (que simboliza a Pureza e a Unificação dos Sete Raios Divinos) sobre o altar e os quatro elementos da natureza: Fogo, Água, Ar e Terra.

Fogo: Estará representado pelas velas nas cores Azul, Amarela e Rosa, que simbolizam a Chama Trina (Poder, Amor-Sabedoria e Inteligência Divinos) em cada coração humano e poderão ser acesas nesta ordem: Em nome do Pai (azul), do Filho (amarela) e do Espírito Santo (rosa). Deve-se acender, também, uma vela branca que simboliza todos os Raios. O fogo é o elemento que remete ao Divino, estabelecendo a sintonia com a Presença EU SOU; é o mais todo penetrante, o mais criativo, o maior Portador da Vida, é o que possui maior poder transmutador (qualquer coisa, quando é levada ao elemento fogo, se transforma em outra). O fogo físico liberta os elétrons que compõem todas as coisas, por isso os Mestres sugerem que, na medida do possível, tudo deve ser levado ao elemento fogo para ser purificado (desde plantas que murcham, até objetos ou coisas que você queira se desfazer e que não sejam recicláveis ou úteis para alguém; inclusive a cremação dos corpos físicos, após a morte, pois ela também liberta os elétrons e facilita a libertação da Alma). No plano etérico, o Fogo purifica mas não queima, por isso sempre é referido nos termos Fogo Sagrado, Fogo Violeta, Chama Azul e outros. É necessário um abafador de velas, para apagar as velas ao fim do Cerimonial, pois no trabalho ritualístico não é recomendado apagar as velas soprando. As velas devem ser acesas sempre da esquerda para a direita e apagadas na ordem inversa.

Água: Utilize um cálice de cristal, metal ou vidro, com água. Este é um elemento de absorção, capaz de reunir em suas moléculas todas as vibrações invocadas durante o serviço ritualístico. A água está em sintonia com o corpo emocional, auxiliando-o em sua harmonização durante o trabalho. O cálice simboliza a consciência e o coração de cada homem, preenchido com o derramamento de todas as Irradiações Divinas. Erga o Cálice durante o Cerimonial, simbolizando a elevação da sua consciência, em sintonia com a Consciência Divina e absorva as vibrações oferecidas. Ao fim do trabalho, poderá beber a água do cálice, pois ela estará magnetizada com todas as bênçãos invocadas durante o serviço ritualístico.

Ar: Este elemento é representado pelo aroma, que pode vir do incenso ou da essência. Além disso, a música também está associada ao elemento ar. Lembre-se de utilizar os aromas e as melodias, de acordo com o Raio que você estará sintonizando. O aroma e a música suave são atrativos da energia angélica. São os anjos que recebem, sustentam e expandem as energias invocadas durante o Cerimonial; eles se posicionam ao redor e no alto de todo o local em que está sendo realizado o serviço ritualístico, multiplicando todas as vibrações e sustentando uma egrégora de Harmonia, Luz e Amor. Assim como o aroma e a música se irradiam no ar, todas as vibrações magnetizadas durante o trabalho serão levadas a planos e dimensões diferentes. As invocações, decretos e visualizações criam formas-pensamentos, e o corpo mental atua neste momento, pois está relacionado ao elemento ar.

Terra: Este é o elemento associado ao plano físico, à terceira dimensão, portanto materializa no mundo físico todas as bênçãos invocadas e irradiadas durante o serviço. Pode ser simbolizado por pedras de qualquer tipo (cristais, ametistas ou qualquer outro mineral) ou, ainda, por plantas ou flores vivas, em vasos com terra. Este elemento está relacionado ao corpo físico.

Se quiser, pode colocar em seu altar um castiçal com as velas dos Sete Raios (sete cores), imagens ou estátuas dos Mestres, Arcanjos ou Elohim, bem como a estampa da Presença Divina; uma sineta para sinalizar o início e o fim do ritual e uma espada real ou etérica, que pode ser visualizada durante o ritual, cortando as energias negativas (tal como a espada do Arcanjo Miguel). A espada não é um instrumento de guerra e sim de Luz, por isso, evite espadas com fio, que possam machucar. É importante observar o tipo de objetos que você vai colocar no altar para evitar misturas de energias (bruxas, nomes de desencarnados, enfim, utilize o bom senso e veja se está de acordo com os ensinamentos que você aprendeu).

Considerando que é um local sagrado, o Santuário deve ser protegido e isolado; a limpeza física deverá ser feita somente por quem utiliza o altar, visto que todos os objetos estão carregados com a energia eletrônica de quem os manipula. Lembre-se de que todos os objetos são impregnados com vibrações energéticas e que todos os elétrons estão imantados com estas irradiações. Consagre o Santuário a um Mestre Ascensionado com quem você sinta maior sintonia, e zele pela sustentação da energia deste local.

Antes de começar o trabalho ritualístico, é necessário acalmar os corpos, através de relaxamento, respiração rítmica, aromas agradáveis e músicas suaves (dê preferência aos aromas e músicas do Raio que será magnetizado). Essa preparação prévia atrai Anjos que sustentam a egrégora do local, mantém a harmonia interna, para que sejam recebidas todas as bênçãos e sintoniza o homem com sua Presença Divina e com o Mestre que dirige o trabalho.

SUGESTÃO DE UM SERVIÇO RITUALÍSTICO

Preparação prévia:
Harmonização e Iluminação dos corpos

Coloque água no cálice, acenda um incenso, ponha uma música suave, relaxe, respire e concentre-se na Chama Violeta limpando o ambiente e seus corpos, dissolvendo toda energia dissonante e impura.

Proteção do Local

Visualize a Chama Azul e crie um escudo de proteção ao redor do local onde está e em seus corpos, individualmente, principalmente quando estiver em grupo, para manter-se selado na Proteção Divina. Desligue-se do mundo externo e de seus problemas pessoais e concentre-se nos Anjos Azuis com suas espadas cortando todas as influências e interferências externas.

Cerimonial:
O Sinal da Cruz

O símbolo conhecido como Cruz Cósmica é ensinado pelo Bem-Amado Gautama e é a Cruz Ansata ou Ank, conhecida pelos egípcios como a Chave para uma Nova Vida.

(Todos devem estar em pé e deve ser feito este sinal:)

EM NOME DO PAI, (a mão direita descreve um círculo ao redor da cabeça, como demonstra a ilustração)
DO FILHO (a mão desce na frente e ao longo do corpo)
E DO ESPÍRITO SANTO (a mão passa do ombro esquerdo para o direito, enquanto abrimos os braços, transformando o nosso próprio corpo em uma cruz – a cruz da matéria).

Consagração das velas

(Toque a sineta e acenda as velas da Chama Trina, da esquerda para a direita, podendo dizer:)

Em nome do Pai, do Filho e do Espírito Santo (lembre-se de que você está reacendendo a Chama Trina em seu coração); depois acenda a vela branca e, se quiser, diga: *Em nome da Pureza e da Ascensão na Luz.*

Saudação e Invocação

(ao Mestre do Santuário e a outros Mestres, cuja assistência se está invocando).

Faça uma saudação ao Mestre dirigente do Santuário, ao Raio com que você vai trabalhar, a sua Presença Divina, bem como aos Mestres, Arcanjos e Elohim deste Raio (deixe seu coração falar, não existem regras ou palavras prontas para se conversar com os Seres de Luz ou com Deus).

Manto de Luz da Presença Divina

Sente-se e concentre-se no Manto de Luz da Presença Divina, invocando o derramamento desta Perfeição e sinta-se completamente sintonizado com sua Presença EU SOU. Peça que Ela comande todo o Serviço Ritualístico; entregue-se totalmente ao seu Deus interno e coloque-se a Serviço da Divindade

Invocações e Decretos

Faça algumas invocações e decretos, selecionados previamente, relacionados ao Raio que você está trabalhando, ou, se quiser, para todos os Raios. Faça-os audivelmente, com entrega, ritmo, concentração e amor.

Banho de Fogo Violeta

Após a leitura, faça uma limpeza profunda em seus quatro corpos com o Fogo Violeta, consumindo e dissolvendo todas as impurezas e imperfeições. Se quiser, faça também o **Banho de Fogo Violeta**, de forma concentrada, mentalizando sua Presença EU SOU e dizendo:

Em nome da minha Divina Presença EU SOU e do Poder Magnético do Fogo Sagrado, eu invoco:

(Erga suas mãos ao alto e visualize-as carregadas de Luz Violeta).

Chamejai, chamejai, chamejai estas mãos com o Misericordioso Fogo Violeta,

(Passe as mãos ao longo do corpo todo, retirando as impurezas e libertando-as na Chama Violeta).

Dissolvei de meus corpos todas as dissonâncias e impurezas e libertai tudo no Fogo Sagrado (repita 3 vezes),

Dissolvei de meus corpos todas as condições limitantes e negativas

e libertai tudo no Fogo Sagrado (repita 3 vezes),
Amada Presença EU SOU, Amado Saint Germain,
Transmutai, transmutai, transmutai tudo isso
Somente em Liberdade, Amor, Luz e Perfeição.
Eu Vos agradeço. EU SOU! EU SOU! EU SOU!

Visualização da Chama Violeta

Depois deste processo, você pode fazer uma visualização com a Chama Violeta em toda a Terra, em todos os seus reinos de evolução e em todas as suas dimensões, preenchendo-a, depois, com o Raio com que você está trabalhando. (Novamente, deixe o seu coração falar; use o Poder Criativo oferecido por Deus e crie as mais belas formas-pensamentos, direcionando-as para todos os homens e elementais e para o planeta inteiro, sustentando esta Perfeição e vendo nitidamente a ascensão e libertação da Terra e de todos os seus habitantes).

Durante a visualização, entregue-se totalmente às imagens que você está vendo; vivencie-as, mergulhe nelas e sinta o bem-estar, a alegria, a felicidade, o amor, a paz fluindo e se expandindo por tudo. Mantenha-se concentrado somente nesta Perfeição, contemple-a e medite, mantendo sua frequência vibratória estável e elevada. Quando sentir que sua mente e seu coração se dispersaram deste foco, procure retomá-lo, mas se perceber que a vibração já não é a mesma, não force a situação, deixe que tudo flua naturalmente. Com a prática, você saberá exatamente o momento em que a mágica terminou.

Comunhão

Erga o cálice de água, simbolizando a elevação da consciência em sintonia com a Consciência Divina. Depois beba um pouco da água, se quiser. Mantenha-se em reflexão.

Bênção Final e Agradecimentos

Você pode ler, aleatoriamente, a mensagem de algum Ser de Luz (principalmente do Raio com que você trabalhou), sintonizando-se ainda mais com a vibração do Mestre.

Agradeça à Presença de Deus em seu coração, ao Cristo Interno, aos Seres do Raio que você invocou e apague as velas na ordem inversa a que você acendeu, tocando a sineta ao final. O tempo do cerimonial é relativo, sinta qual o melhor tempo para você e faça-o na ordem que seu coração mandar; o importante é que contenham os apelos e decretos, a purificação dos corpos, a visualização e a meditação.

CAPÍTULO 15

PRATICANDO OS CONHECIMENTOS

APELOS, VISUALIZAÇÕES E EXERCÍCIOS RELACIONADOS AOS SETE RAIOS

PRIMEIRO RAIO

ABERTURA DA VISÃO INTERNA

Sente-se em uma posição confortável, relaxe seu corpo e respire profundamente. Repita a respiração profunda e prolongada até se sentir sereno e tranquilo. Desligue-se de tudo ao redor e concentre-se somente no relaxamento de seus corpos e na respiração.

Quando se sentir bem relaxado, visualize o Templo de Hércules, no Santuário do Mestre El Morya, em Darjeeling. Este Templo é uma sala redonda de aproximadamente seis metros de diâmetro, onde as paredes e o teto são revestidos de várias gotas brilhantes, superpostas. Essas gotas parecem lágrimas, que contêm a benção de Hércules e a energia de seu olhar.

À direita, vê-se uma pequena rampa dourada que, ao descer, leva ao Santuário propriamente dito. Desça essa rampa e chegue ao interior do Santuário, observando o Templo em forma de olho. A sensação é a de que você está entrando no olho de Hércules e também dentro do Olho de Deus. Não há altar nesse Templo; existe, apenas, um trono magnífico, talhado num enorme bloco de safira com incrustações de diamante. Acima do trono, há uma grande pupila azul, com a íris dourada. É o próprio olho pairando sobre o trono. Em frente a ele, em semicírculo, estão os assentos, que são blocos de cristal, sem encosto. Sente-se em um desses assentos e olhe fixamente para o Olho, contemple-o; renda-se ao fabuloso poder que esse Olho encerra. O Olho de Deus que tudo vê é o maior poder do Universo.

O Raio Azul ativa o sentido da visão interna porque, para que se cumpra a Vontade de Deus, é preciso que essa Vontade se torne visível para você. Nada pode materializar-se sem antes ser visto mentalmente. Lembre-se: primeiro ver mentalmente, para depois ver fisicamente. O discípulo tem que aprender a ver da mesma maneira que Deus vê. Concentre-se no Olho, mergulhe no Olho de Deus, contemple o Olho de Deus. Sinta a sua fronte rodeada por um halo azul luminoso e uma pulsação especial no chacra acima das sobrancelhas e sinta que, além deste, o chacra coronário também passa por um processo de abertura e aceleração. Concentre-se neste centro energético que permite a visão interna e peça ao Elohim Hércules que desperte esse centro para enxergar a Luz maior. Deixe que esse Fogo Azul ative e desbloqueie esse centro de luz, sentindo o calor e a aceleração nesse chacra. Não julgue nada, não avalie, apenas deixe as imagens fluírem e abra a visão interna. Repita estas afirmações mentalmente:

Eu Sou a Mente Cósmica que tudo sabe!
Eu Sou o Olho Divino que tudo vê!
Eu Sou a porta aberta que nada, nem ninguém pode fechar!
Teus olhos se abrem dentro de mim!
Teus olhos se abrem dentro de mim!
Teus olhos se abrem dentro de mim!

PURIFICAÇÃO DO PASSADO

Sente-se em uma posição confortável, relaxe seu corpo e respire profundamente. Repita a respiração profunda e prolongada até se sentir sereno e tranquilo. Desligue-se de tudo ao redor e concentre-se somente no relaxamento de seus corpos e na respiração.

Quando se sentir bem relaxado, comece a visualizar o Templo do Arcanjo Miguel, em formato circular, junto a uma região montanhosa, com lagos azuis e muita vegetação. Sinta a aproximação de um Arcanjo do Raio Azul; o Arcanjo se coloca à sua frente, já pronto para desempenhar um elevado Serviço de Libertação – a sua Libertação. Ele lhe diz para abrir a sua consciência a todos os erros que cometeu, nesta e em outras vidas. Ele quer auxiliá-lo na transmutação de seu carma. Não tema, nem sinta culpa ou vergonha. Você errou, sim. Muitas vezes infringiu a Lei do Amor, que é a Lei deste sistema solar, mas foi tocado pela Luz. O seu coração já se acende com o Amor a Deus.

Queira aprender a amar verdadeiramente. Queira aprender a pensar como Filho de Deus. Queira externar a Divindade em si. Deseje servir, construir um Novo Tempo, um Novo Mundo. Deseje a Beleza, a Luz, a Paz. Sim, a sua Vontade, inabalável, é fechar, para sempre, a porta ao mal. Em si mesmo, nesta humanidade e neste planeta. Faça o que o Arcanjo lhe pede. Quebre as suas resistências, e aceite, com profunda gratidão, o divino auxílio de Miguel, Fé e seus gloriosos Arcanjos neste Serviço. Desnude este corpo tão cheio de cicatrizes, de manchas, de nódoas, das imperfeições acumuladas durante séculos, à medida que assume uma atitude de intensa Compaixão para consigo mesmo.

Vá, então, remexendo nesse pesado fardo. Contate o mais íntimo e o mais sombrio que existe em seus corpos. As lembranças mais amargas, as culpas, as perdas, a maldade. Traga tudo à tona, para cima, para a Luz de uma Presença de Pura Compaixão. E comece a entregar tudo nas mãos deste Arcanjo sob o comando de Miguel, que, postado à sua frente, ao lado de Seu Complemento Fé, dirige todo este movimento de Libertação. Agora, em seu auxílio, aparecem mais seis Arcanjos dos Exércitos de Miguel. Portanto, você conta com a amorosa assistência de Sete Arcanjos do Primeiro Raio. Como crianças brincando de roda, os sete Arcanjos se dão as mãos e começam a girar em sentido anti-horário, a girar, a girar cada vez mais rapidamente em torno de você – em torno de todos os seus corpos. E assim girando, eles se transformam em vórtices de Fogo Azul. Você está literalmente cercado pela Vontade de Deus – o Poder Supremo. Experimente uma estranha sensação de bem-aventurança, de leveza, de imponderabilidade. Sim, é isso: neste momento, sinta-se liberto da atração magnética da Terra. Tudo em sua volta é azul, o mundo é azul e você está completamente livre de todo o passado.

NUMA MONTANHA DO HIMALAIA...

Sente-se em uma posição confortável, relaxe seu corpo e respire profundamente. Repita a respiração profunda e prolongada até se sentir sereno e tranquilo. Desligue-se de tudo ao redor e concentre-se somente no relaxamento de seus corpos e na respiração.

Quando se sentir bem relaxado, comece a visualizar a Cordilheira do Himalaia, tal como ela se apresenta na esfera dos Mestres Ascensionados. É o esplendor branco, traçado com neves eternas. No coração desta montanha, existe uma Flor Ardente: é o Lótus Azul, símbolo da evolução humana e do Grande Regente da Cordilheira, conhecido como Deus Himalaya.

Visualize este Lótus Azul e mantenha a atenção nele; deseje, nesse momento, alguma coisa de natureza espiritual; o mais ardente anseio espiritual que possa nutrir. Concentre-se nesse desejo e perceba que, no instante em que o desejo é expresso, o Lótus de Fogo despende flechas luminosas em direção ao seu coração, estimulando a Vontade Divina em você. Estes raios de luz potencializarão o desejo e darão a você o poder de querer e de realizar este desejo. O Poder do Lótus é o de purificar a sua mente e o seu coração, transmitindo-lhe força e poder; assim você vai buscar a realização do desejo com total confiança na sua conquista.

Visualize, agora, o Lótus se transformando em um Triângulo de Fogo Dourado, com o Olho de Deus que Tudo Vê dentro dele, com o IOD HE VAU HE (o nome de Deus) cercado por uma chuva de Línguas de Fogo Douradas. Essa chuva de fogo se transforma numa gigantesca cascata de Luz e você sente o derramamento dessa Luz sobre seus corpos, impregnando-se com o Fogo do Poder de Deus, com Firmeza e Decisão, sob o comando da Vontade Divina.

INVOCAÇÕES AO PRIMEIRO RAIO

1) Em nome do Poder, da Luz e do Amor da Presença EU SOU que nos dirige, saudamos e invocamos, agora, os Seres do Primeiro Raio. Majestoso e Poderoso El Morya, Bem-Amada Teresa, Bem-Amado Apek, Mestra Miriam, Arcanjo Miguel e Fé, Elohim Hércules e Amazon e todos os Seres do Conselho de Darjeeling, recebei a nossa Gratidão e Amor. Carregai, carregai, carregai agora, este local e todos os presentes com Vossa Força, Fé, Proteção, Poder e Divina Vontade. Entregues à Vossa Energia, somos eternamente gratos.

2) A Vontade Divina é Amor! A Vontade Divina é Força e Fé! A Vontade Divina é Luz e Sabedoria! A Vontade Divina é toda Pureza! A Vontade Divina é Harmonia! A Vontade Divina é Verdade! A Vontade Divina é Abundância! A Vontade Divina é Saúde e Vigor! A Vontade Divina é Paz! A Vontade Divina é Misericórdia e Perdão! A Vontade Divina é Liberdade! A Vontade Divina comanda toda criação! Majestoso El Morya, manifestai a Vontade Divina em nós e em toda a Terra!

3) Bem-Amado e Majestoso Mestre El Morya, nós Vos amamos e, em nome da Presença Divina em cada um de nós, invocamos: chamejai o Fogo da Divina Vontade e do Divino Poder sobre todos os homens e permiti que cada um se entregue completamente à Força desta Chama em seu coração. Permiti que a Divina Vontade comande a Terra e sustente as consciências de todos os seres humanos. Agradecemos pela realização desta invocação.

4) Em nome da Presença Divina em todos os homens, apelamos a Vós, Poderoso Arcanjo Miguel, Amada Fé, Hércules e Amazon! Envolvei-nos em Vosso cinturão eletrônico de Fogo Azul, mantendo-nos completamente selados nessa Chama e livres de todas as interferências do mundo mental e astral de toda a humanidade. Iluminai nossos elétrons, nossos invólucros

sutis e físicos, lares, famílias e condições financeiras com esta Chama Azul Safira e mantende-nos sempre em concordância com a Vontade Divina. Nós Vos agradecemos. EU SOU! EU SOU! EU SOU!

5) Em nome do Bem-Amado Mestre Apek e do Mestre El Morya, invocamos a Chama Azul do Grande Sol Central e pedimos que essa Chama se irradie em toda a Terra. Consagrai nosso planeta com o Santo Graal e derramai a essência ardente deste Cálice em todos os corações humanos. Manejai a Espada Excalibur e seccionai todos os liames ao redor dos homens. EU SOU a Obediência e a Devoção à Vontade Divina! EU SOU a entrega total à Vontade de Deus! EU SOU! EU SOU! EU SOU!

6) Poderoso Arcanjo Miguel! Protegei-nos em todas as situações limitantes e negativas. Afastai de todos os seres humanos a energia malqualificada. Seccionai todas as tentativas de manipulação das correntes maléficas. Dissolvei-as e consumi-as com Vossa Espada Flamejante de Luz Azul. Derrotai todos os seres prisioneiros do astral que influenciam as consciências humanas e conduzi-os aos Planos de Luz e Amor. Mantende-nos livres de tudo o que não serve ao Cristo em nossos corações. Nós Vos agradecemos profundamente.

7) Em nome do EU SOU que rege o meu ser, invoco a Vossa Presença, Poderoso Arcanjo Miguel e Vossos Anjos Azuis: consumi de nossas consciências, nossos corpos emocional e etérico, todo tipo de impureza e imperfeição que tente nos envolver. Selai-nos com Vosso Escudo Azul e mantende-nos completamente imunes a todas as criações negativas da humanidade. EU SOU o Escudo Azul do Arcanjo Miguel que me protege constantemente. EU SOU! EU SOU! EU SOU!

8) **Bem-Amado Arcanjo Miguel e Anjos de Fogo Azul** (3 vezes) protegei-nos de toda maldade e influências nocivas. Cortai com Vossas Espadas de Fogo Azul todos os liames que tentam nos aprisionar. Cortai, cortai, cortai e libertai-nos para sempre. Confiantes e protegidos, nós Vos agradecemos, Bem-Amado Miguel.

9) Arcanjo Miguel e Elohim Astrea: trabalhai juntos com Vossas espadas e Círculos de Fogo Azul em todo o plano astral, **seccionando, dissolvendo e consumindo** (3 vezes) todos os miasmas, cascões, formas-pensamentos negativas e larvas astrais. Seccionai também todas as linhas de força que aprisionam os espíritos do astral, direcionando-os à Luz e afastai de nós

todo tipo de energia malqualificada que tente nos envolver. Cobri-nos com Vossos Cinturões Eletrônicos de Fogo Azul e mantende-nos invulneráveis a todas as criações impuras. Nós Vos agradecemos e sustentamos esse Poder, com total confiança!

10) Bem-Amada Teresa e Bem-Amado El Morya, apelamos, em Vossos nomes, para que desçam sobre nós o Poder, a Força e a Vontade Divinas. Auxiliai-nos a ouvir a voz que vem do Coração da Presença, e unificai-nos em Vós. Selai-nos com o Pentagrama Azul Flamejante que nos serve de Escudo e Proteção e coroai-nos com a Vontade Divina. Poderoso EU SOU, assumi o controle total de nossa energia e manifestai o Plano Divino.

11) Em nome do Bem-Amado Hércules e Amazon, invocamos a Chama Azul da Força e da Vontade: cercai nossas frontes com Vossa Coroa de Doze Olhos e revelai-nos o Plano Divino: EU SOU a Mente Cósmica que tudo sabe; EU SOU o Olho Divino que tudo vê; Teus Olhos se abrem dentro de mim, Teus Olhos se abrem dentro de mim, Teus Olhos se abrem dentro de mim. Bem-Amado Hércules, nós Vos agradecemos. EU SOU! EU SOU! EU SOU!

Arcanjo Miguel

SEGUNDO RAIO

EXERCÍCIO DE PURIFICAÇÃO DO CORPO MENTAL

- Avalie suas principais crenças, paradigmas e valores humanos, abordando questões como relacionamentos pessoais, amorosos, dinheiro, educação, religião, atitudes e posturas pessoais, preconceitos e outros. Tudo aquilo que for lembrado como limitante e aprisionador deve ser anotado. Ao final do exercício, queime as anotações.
- Invoque os Fogos Violeta e Dourado, os elementais do ar: os silfos, sílfides e os dirigentes Thor e Áries.

Procure uma posição confortável, trabalhe a respiração, fazendo-a serena e profunda, e acalme os corpos. Repita esse processo, até se sentir bem relaxado.

Visualize um ciclone de Fogo Violeta entrando pelo alto do seu corpo mental e absorvendo para dentro dele todas as formas-pensamentos que o circundam. Visualize essas formas-pensamentos como balões carregados de imagens mentais negativas e limitantes. Observe com a visão interna tudo o que você criou de forma tão inconsequente e que hoje pesa na sua aura. Perceba as limitações que você aceitou em sua vida e que conduziram sua caminhada até aqui. Pensamentos nocivos alimentados pela influência de superstições, crenças e valores humanos, sociais, familiares, educacionais, religiosos e tantos outros que não servem para nada, além de cercear a sua capacidade de sonhar e criar realidades positivas.

Lembre-se de que o seu corpo mental é o seu rádio; seu pensamento e palavra são os meios pelos quais você pode sintonizar qualquer vibração, positiva ou negativa. Você comanda sua programação por meio de sua consciência, por isso seu mundo pessoal mostra hoje o que você escolheu no passado.

Visualize o seu corpo mental, nublado, repleto de nuvens cinzas, pardas, negras, sendo consumido pelo Fogo Violeta, que é soprado intensamente pelas sílfides e silfos.

Use a sua respiração, o divino alento, o ar que inspira, para extrair do corpo mental toda a limitação impressa nele. Sugue estes paradigmas, crenças e superstições, queime-os no fogo do seu coração, sustentando o ar no peito, sentindo que seu corpo mental vai ficando mais nítido e claro.

As nuvens vão diminuindo e você vai percebendo que, por trás delas, o sol brilha sobre você, enquanto solta o ar. Pouco a pouco os balõezinhos do seu mental vão se dissipando e, ao sustentar o peito vazio, você vai percebendo que as cópias desses balões que você jogou na atmosfera da Terra também vão se dissolvendo.

Repita a respiração em quatro tempos e continue limpando o seu mental.

Pense naquelas questões mais limitantes para você e sinta que o ciclone de Fogo Violeta continua agindo intensamente sobre elas. Observe as nuvens ao seu redor, clareando e se transformando num nevoeiro, numa pequena fumaça, e sinta que o seu mental cada vez mais é iluminado pela Luz Dourada do sol Hélios e Vesta. Essa Luz Dourada é a mesma luz da sua Presença.

Deixe que a sua mente se alinhe com a Mente Divina e aceite essa Luz Dourada como a única Fonte de Sabedoria e de domínio sobre você. Nesse momento você percebe que Anjos do Fogo Dourado derramam sobre os silfos que estão limpando seu mental este Fogo, mostrando-lhe verdadeiramente a clareza, a intuição, a percepção perfeita do seu ser.

O chacra frontal está completamente aberto e, com a sua visão interna, observe a Luz Dourada que se derrama e que ilumina tudo. Note que para Deus nada é impossível e que os limites mentais só existem quando você quer que eles existam, pois você pode pensar que tudo é possível; você tem o direito de sonhar e criar uma realidade diferente.

Saiba que o seu mental imprime uma imagem, e de tanto nutri-la como possível, verdadeira ou real, ela se transforma exatamente nisso. Saiba que esses pensamentos e palavras que você nutre e repete, insistentemente, em sua vida são alimentados, a cada momento, por seus sentimentos sobre eles; e que no momento que você acredita na possibilidade de que eles se realizem, vários Construtores de Forma começam a tecer essa forma.

Você é responsável por tudo o que pensa e cria em seu mental, ninguém mais; portanto analise, nesse momento, suas criações e crenças e veja se elas são positivas, construtivas e libertadoras ou não. O homem é o único criador de desarmonia. Ele é quem governa a energia divina que recebe diariamente e nela imprime a sua vibração pessoal, qualificando-a como deseja. Você é livre para escolher o que deseja que se manifeste em sua vida. A energia de Deus age em conformidade com a consciência que temos dela. Comece a imprimir em seu mental imagens diferentes das que vem registrando até então. Pense em tudo aquilo que deseja ser ou conquistar e acredite nisso. Liberte-se de todas as crenças limitantes a respeito de dinheiro e sirva-se da abundância divina, sem apegos. Liberte-se de crenças religiosas limitantes e perceba que Deus está em você. Liberte-se de valores e preconceitos familiares e sociais e deixe que a perfeição divina flua sobre você. É fundamental que você queira, deseje muito ser livre de qualquer valor limitante do mundo humano e acredite totalmente nessa possibilidade de liberdade.

Visualize essa vontade intensa de liberdade, como asas azuis e violetas que vão se formando e descendo sobre você. Sinta que essas asas são suas, criadas por você e vivificadas pelos Anjos da Fé, pois você precisa acreditar que pode voar e que pode conquistar a liberdade. Tudo depende da Fé; se você acredita que é possível, então tudo será possível.

Abra os braços em direção aos céus e se sinta subindo e alçando voo. Sinta-se pronto para descobrir novos ensinamentos, abrir seus horizontes, sintonizar-se com a Verdade e a Perfeição de Deus. Voe em direção à luz, ao sol, sobrevoe os mares, os campos, as cidades, os vales e as montanhas. Visualize uma montanha toda dourada junto de um grande lago e deixe que a Luz Dourada dessa montanha ilumine a sua mente, mostrando-lhe a ideia clara e objetiva da liberdade. A visão plena de que a liberdade é sinônimo de Bem-Aventurança e Amor e que ser livre é não aceitar a programação mental do mundo dos humanos adormecidos e inconscientes.

Ser livre é acreditar que Deus está em você e que, portanto, você é a expressão da Verdade e da Sabedoria Divina. Ser livre é unir-se a Deus e deixar que Ele atue através de você. Você e o Pai são um. Entenda bem que essa é a única forma de se sentir livre e mantenha essa imagem impressa no seu mental. Sinta-se todo dourado com asas azuis e violetas, voando ao redor da montanha e sentindo-se livre.

Observe a possibilidade de voar ainda mais alto, saindo da atmosfera da Terra e chegando até o espaço. Não duvide, não questione. Você pode voar para fora da Terra. Olhe! Veja a Terra logo abaixo de você e observe a aura azul emanada do planeta. Veja agora as manchas escuras poluindo a aura azul do planeta. São elas as formas-pensamentos nocivas que cada homem vem projetando ao longo dos tempos. Visualize essas formas sendo consumidas pelo Fogo Violeta, que dissolve e consome tudo.

Os anjos do Fogo Violeta estão trabalhando intensamente no corpo astral da Terra; veja-os em ação, junto com os anjos do Fogo Azul, cortando, limpando, transmutando toda sujeira. Observe que os espíritos desencarnados que estão na aura terrestre são socorridos pelos diversos auxiliares da Luz; e aqueles que não querem auxílio estão sendo retirados e levados para outro local, para que não perturbem mais o mental dos humanos, com suas influências nefastas. Perceba que, pouco a pouco, a aura da Terra vai voltando a brilhar e ficando de um azul translúcido. Perceba quanta beleza, quanto amor e dedicação foram empregados na criação desse planeta que nos serve de casa, por enquanto.

Olhe em volta, veja a Lua, o sol, os planetas ao longe, as estrelas; voe pelo sistema solar, vá até Vênus, Marte, Júpiter, siga em frente, explore o sistema solar. Percorra a galáxia, sinta a sua capacidade infinita de ir onde quiser. Você é livre e adora essa sensação de liberdade, não deixe que nada atrapalhe o seu caminho em direção à pureza do Coração de Deus. Saiba que Deus atua em você o tempo todo, basta apenas que você dê atenção a Ele e abra espaço para que Ele possa se manifestar. É Ele quem lhe dá a vida e a capacidade de ter um corpo mental criativo, similar ao Dele. Portanto, aproveite esse Poder Divino, usando-o com Sabedoria e Amor. Mantenha o seu mental alinhado ao Dele, submetido ao Dele, comandado por Ele. Concentre-se apenas nisso, não dê poder a mais nada. Sustente essa disciplina, esse ritmo em sua vida e sinta-se em paz, paz absoluta por ter conquistado a libertação, por deixar que a energia divina comande sua vida. Quando deixamos que Deus nos guie e nos oriente, sempre ficamos tranquilos, pois sabemos que seremos levados por caminhos claros, seguros e plenos de pureza e perfeição.

Sinta-se, nesse momento, obedecendo à Vontade Divina e acessando a Sabedoria, o Amor e o Poder infinitos. Use esse Poder mental criativo para gerar uma nova realidade, mude seus pensamentos, crie um novo caminho para seguir. Pense só coisas boas, construtivas, fale somente palavras positivas, deixe que a sua Divindade manifeste através de você todas as criações perfeitas que estão ao seu alcance. Use esse Poder de precipitar e tornar real a perfeição de Deus em sua vida. Sele seus sonhos e desejos no Grande Silêncio, não os comente com os outros e nutra-os com muito Amor e Fé. Treine o que aprendeu e verá que, através do corpo mental, pode unir-se com a perfeição de Deus que flui em você.

Agradeça, também, às sílfides e silfos pela libertação de seu corpo mental e sinta a Luz Dourada e Azul fluindo em você. Agradeça aos Anjos Azuis e Dourados e aos dirigentes dessas vibrações de Amor, Iluminação, Sabedoria, Fé e Poder. Sinta-se completamente livre de todos os limites mentais e veja as infinitas possibilidades de criação positiva diante dos seus olhos.

INVOCAÇÕES AO SEGUNDO RAIO

1) Em nome da Majestosa Presença Divina que atua em nós, saudamos e agradecemos ao Segundo Raio e à Chama Dourada do Amor-Sabedoria e Iluminação Divina. Amado Mestre Confúcio e Soo-Che, Mestre Kuthumi e Mestra Clara, Bem-Amado Lanto, Deuses Meru, Mestre Tibetano, Arcanjo Jofiel e Constância, Elohim Cassiopeia e Minerva, Instrutores Divinos e Anjos Dourados, nós Vos amamos e agradecemos pelo derramamento desta Luz em nossas consciências. Selai-nos num caudal de Luz Dourada e mantende-nos sempre na Luz. EU SOU! EU SOU! EU SOU!

2) Amada Presença Divina que É em mim, derramai sobre mim todo o Teu Poder, Iluminação e Amor Divinos. Fazei com que essas vibrações perfeitas iluminem os elétrons dos meus corpos e que eu seja um Foco de Luz a resplandecer no mundo. Permiti que essa Luz que flui agora me transforme, instantaneamente, na Perfeição Crística. EU SOU! EU SOU! EU SOU!

3) Nosso Amado Instrutor Kuthumi, auxiliai-nos a despertar o Amor-Sabedoria em nossos corações. Queremos amar todos os seres, assim como Vós amais. Auxiliai-nos a compreender e cumprir Vossas instruções com fidelidade e Amor. Estabelecei uma sintonia entre as nossas mentes e a Mente Divina. Chamejai vossa Luz Dourada em nossos corpos e iluminai nossas consciências. Nós Vos agradecemos.

4) Amado Mestre Confúcio e Bem-Amada Soo-Che, guiai-nos aos vossos Templos de Iluminação e irradiai nossas consciências com a Flamejante Luz Dourada. Fazei com que essa Luz desperte a verdadeira intuição e permiti que, através do mergulho no Sagrado Silêncio, tenhamos plena compreensão do nosso Plano Divino. Auxiliai-nos a reconhecer a Voz da Presença EU SOU em cada um de nós, deixando que ela nos guie a todo o momento. EU SOU a perfeita sintonia com a Voz de Deus. EU SOU! EU SOU! EU SOU!

5) Em nome da Presença Divina em nós e em toda a humanidade, invocamos o Bem-Amado Mestre Lanto para que derrame, agora, toda a Iluminação e Sabedoria Divinas sobre nós e sobre todos os seres humanos. Permiti que toda a humanidade liberte-se de sua consciência inferior e que resplandeça em seus corações a verdadeira Luz Crística. Deixai que essa Luz guie todas as consciências, elevando-as e ascensionando-as às oitavas de Luz. Agradecemos a manifestação deste apelo.

6) Bem-Amados Deuses Meru, pais da sexta-raça raiz, irradiai sobre a América do Sul e sobre toda a Terra Vossa Luz Divina, despertando os corações de todos os seres humanos e permitindo que Vossos filhos manifestem a Luz Dourada em nosso planeta. Elevai nossas consciências e auxiliai-nos a absorver a Luz que é derramada constantemente por Vós, colaborando com o Plano Divino. EU SOU um filho da Luz, eu reverencio a Luz, eu adoro a Luz, eu sirvo somente à Luz, eu vivo sempre na Luz, EU SOU guiado pela Luz, eu agradeço à Luz. EU SOU Luz! EU SOU Luz! EU SOU Luz!

7) Presença EU SOU em nós e Amado Mestre Vitória, derramai sobre todos os seres Vosso Poder Vitorioso. Conduzi cada um de nós ao Vosso Templo da Vitoriosa Conclusão e iluminai nossos corpos, preparando-nos para a Ascensão na Luz. Envolvei-nos com vossos louros da Vitória e consagrai-nos na Luz do Cristo em nossos corações. EU SOU o Cristo Vitorioso que assume agora o comando do meu ser. EU SOU! EU SOU! EU SOU! Eu Vos agradeço, Bem-Amado Vitória, pelo apelo atendido.

8) EU SOU Luz, Luz radiante, Luz dourada, Luz resplandecente. EU SOU um Foco de Luz, uma fonte brilhante, uma Luz envolvente, que jamais será apagada por pensamentos e sentimentos humanos. EU SOU a Luz Magnificente da Presença de Deus e eu sirvo a essa Luz somente.

9) Ó Bem-Amado Gautama, Grande Senhor do Mundo, auxiliai a todos os homens a palmilharem sempre o Caminho da Luz. Iluminai-nos, transpassai-nos sempre com Vossa Impassibilidade e Equilíbrio Perfeito, mantendo-nos centrados no Cristo em nossos corações. Lembrai-nos sempre de invocar a Chama Trina, em nossos corações, para que ela solucione todos os problemas humanos, sem que nos deixemos envolver por eles. EU SOU o Equilíbrio Perfeito, apesar das aparências externas. EU SOU! EU SOU! EU SOU!

10) Amada e Adorada Presença Divina em nós e Bem-Amados Jofiel e Constância, derramai sobre as consciências de todos os humanos esta flamejante Luz Dourada que flui de Vossos Corações. Envolvei o plano mental e astral de toda a Terra e transformai todas as criações humanas nocivas somente em Luz, Amor e Perfeição. Flamejai, constantemente, sobre as formas-pensamentos criadas pelos homens a Vossa Luz Divina, iluminando cada criação e aperfeiçoando-as totalmente. Confiamos na realização deste apelo.

11) Bem-Amados Anjos de Luz Dourada, extraí de vossos corpos e do Coração de Deus esta Luz maravilhosa, inundando a Terra e todos os seres com essa Luz. Preenchei cada criação com a Luz e com o Amor Divinos e manifestai somente a Perfeição em todos os reinos. Banhai os elementais com a Luz e acelerai o processo de evolução de todos os nossos irmãos. EU SOU a Luz Divina que transforma toda sombra e treva somente em Luz. EU SOU Luz!

12) Senhor, fazei-me um instrumento de Vossa Paz.
Onde houver ódio, que eu leve o Amor.
Onde houver ofensa, que eu leve o Perdão.
Onde houver discórdia, que eu leve a União.
Onde houver dúvida, que eu leve a Fé.
Onde houver erro, que eu leve a Verdade.
Onde houver desespero, que eu leve a Esperança.
Onde houver tristeza, que eu leve a Alegria.
Onde houver trevas que eu leve a Luz.
Ó Mestre, fazei que eu procure mais consolar, que ser consolado;
Compreender, que ser compreendido; amar, que ser amado.
Pois é dando que se recebe; é perdoando que se é perdoado,
E é morrendo a natureza humana, que renascemos para a Vida Eterna. Amém.

TERCEIRO RAIO

EXERCÍCIO DE PURIFICAÇÃO DO CORPO EMOCIONAL

- Invoque os elementais da água (as ondinas) e os dirigentes do elemento água, Netuno e Lunara. Invoque, também, o Fogo Violeta e as Chamas Rosa e Rubi-Dourado.
- Visualize a água formando ondas de Fogo Violeta que se derramam sobre o corpo emocional e começam a lavá-lo.

Sente-se em uma posição confortável, relaxe seu corpo e respire profundamente. Repita a respiração profunda e prolongada até se sentir sereno e tranquilo. Desligue-se de tudo ao redor e concentre-se somente no relaxamento de seus corpos e na respiração.

Quando se sentir bem relaxado, visualize ondas de Fogo Violeta envolvendo e banhando o seu corpo emocional. Sinta-se levado pelas ondinas até uma bela cachoeira onde seus corpos são banhados. Sinta-se dentro de um pequeno lago azul-esverdeado com uma água morna e aconchegante banhando seu corpo. Sinta o poder de purificação desse elemento banhando seu corpo e lavando os registros negativos.

Observe as cores que cintilam à sua volta, quantos tons de cinza, marrom, vermelho, preto estão colorindo o seu emocional e peça às ondinas que comecem a lavá-lo. Deixe que esses sentimentos negativos e que essas características limitantes do ego pessoal sejam consumidas e dissolvidas pela água violeta que se derrama sobre seu corpo. Pense em todos os sentimentos dissonantes que já gerou e impregnou em seu corpo emocional e no corpo astral planetário. Quanto medo, apego ao passado, ansiedade e tristeza; quanta mágoa, ressentimento, raiva e ódio sentidos.

Pense nas vezes em que seu ego foi ferido porque não foi satisfeito, quando você se ofendeu e alimentou essa mancha no seu emocional. Veja-se diante dos causadores dessas dores e peça perdão a eles por ter enviado sentimentos negativos às suas auras. Descubra que as pessoas e as situações são formas de aprender aquilo que é necessário e que você necessita controlar esses sentimentos e emoções através do convívio com estas pessoas e com estas situações. Pare de esperar que os outros sejam aquilo que você quer que eles sejam; aceite as pessoas como são e, se não forem ainda tão boas ou perfeitas, peça à Divindade em cada uma delas que se manifeste e as auxilie.

Peça perdão a elas e por elas também, caso elas ainda não consigam pedir por si próprias, em nome de suas Divindades. Visualize-as iluminadas pelo Fogo Violeta e sinta que esse poder vai dissolvendo de suas auras os bloqueios e limitações. Acabe com as recordações negativas do passado. Você vive no presente, o passado já foi. Mude o presente, rompendo com aqueles sentimentos nocivos que experimentou na infância.

Pense nos seus pais; procure lembrar das situações complicadas e negativas que tenha vivido em família e dissolva, agora, as suas mágoas e ressentimentos. Perdoe os seus pais e os aceite do jeito que eles são; mesmo que tenha havido dificuldades e problemas no relacionamento entre vocês, lembre-se de que você os escolheu e eles a você; existe um passado cármico por trás do que foi vivido hoje, que precisa ser dissolvido e transmutado. Este é o momento, perdoe, dissolva e transmute as mágoas, dores e tristezas e liberte-se do passado. Olhe para seus pais como dois amigos e irmãos de caminhada, almas que foram escolhidas para auxiliarem umas às outras. De que adianta ficar nutrindo mágoas e ressentimentos a esses dois seres que o(a) ajudaram a chegar nesse mundo?

Não seja tão exigente em relação aos outros, mas seja mais exigente em relação a você mesmo. Liberte-se das lembranças negativas do passado, deixe que as ondinas usem o Fogo Violeta em todas elas e perdoe e peça perdão. Lembre-se de que hoje você está aqui para aprender a ser melhor, para amar e ser amado incondicionalmente. Só que isso começa a partir de você mesmo.

Pense nos irmãos, nos amigos, nos colegas, nos chefes, no marido ou ex-marido, na esposa ou ex-esposa; estas pessoas são apenas uma oportunidade para que você aprenda a evoluir. Todos são instrumentos de aprendizagem em sua vida. Lembre-se de que você os atraiu para aprender as lições que eram necessárias. Portanto, libere-os, rompa as correntes que os prendem. Perdoe-os e sinta que esse perdão escorre sobre você como um líquido de cor violeta intenso, quase roxo e que vai dissolvendo e consumindo no seu corpo emocional toda impureza. Banhe-se nas águas do Perdão e da Misericórdia Divina, sinta-se mergulhando dentro dessas águas que lavam e levam toda discórdia e impureza humana. Não responsabilize ninguém, não culpe mais ninguém de nada, pois só assim você estará verdadeiramente livre. Enquanto transferir sua responsabilidade para os outros, continuará limitado ao orgulho do ego. Aceite que você é o único responsável por todas essas situações passadas em sua vida e desfaça-se delas para sempre, agora.

Mergulhe em uma cachoeira de Luz Violeta que está à sua frente e sinta o poder da água violeta que dissolve e consome cada mancha do seu corpo emocional. Sinta a água lavando e limpando de você toda mágoa, raiva ou tristeza. Sinta que toda angústia e sofrimento vão escorrendo pelos pés e sendo dissolvidos pelas ondinas do grande lago.

Deixe que o seu corpo emocional retenha apenas as lembranças alegres, felizes e positivas e todo o resto seja liberado, entregando-se ao grande mar de Fogo Violeta, que é o Coração de Deus. Perdoe a tudo e todos, e também receba o perdão que a vida lhe traz neste momento, não alimentando culpas nem opressões.

Consuma nesse bálsamo de Luz Violeta todo sentimento de autopiedade, pois essa é uma das mais negativas de todas as vibrações que o homem pode lançar a si mesmo. Sinta que, cada vez mais, o seu corpo emocional vai ficando limpo, cristalino e que você vai se desvencilhando de todas as lembranças negativas de sua vida. Dissolva, também, no Fogo Violeta todas as características limitantes que você percebeu em si mesmo.

Peça o auxílio das ondinas e da Misericórdia Divina e sinta, pouco a pouco, a libertação de cada uma dessas características do ego inferior. Não se identifique mais com o ego pessoal, pois você é um ser divino e o ego é humano, imperfeito. Aceite a sua divindade como única realidade e se sinta livre, completamente livre. Observe como seu corpo emocional vai se livrando de todas aquelas cores escuras; as ondinas estão derramando cada vez mais água sobre seu corpo e limpando toda sujeira, esfregando as manchas mais encardidas do seu corpo, usando Fogo Violeta nas emoções mais densas e clareando-as cada vez mais.

Observe o Amor desses pequenos elementais auxiliando-o na sua limpeza. Sinta o profundo Amor de Netuno e Lunara que saem de dentro do lago e observam esse tratamento de purificação que é dado às suas emoções. Do coração de Netuno e Lunara você percebe que são irradiados raios de uma coloração rosa intensa, com matizes douradas e reconhece nesse momento a vibração do mais profundo Amor Divino.

Vários Anjos dos Raios Rosa e Rubi-Dourado pairam ao seu redor e começam a derramar esse bálsamo de puro Amor e Paz Divinos. Surgem várias pombas brancas que derramam sobre você pétalas de rosa-rubi e você sente a presença das amorosas Mestras Rowena e Nada, iluminando seu corpo emocional com o puro Amor de Deus. Sinta escorrer das mãos das Mestras uma Luz Rosa-Dourada intensa, líquida e perfumada, e deixe que essa água que flui delas inunde a cachoeira e caia sobre você. Nesse momento, a água é o profundo Amor Divino fluindo das Mestras do Amor. Sinta o prazer desse banho de Amor, deleite-se com essa energia curativa e deixe que esse Amor vá impregnando pouco a pouco cada elétron do seu corpo emocional, sentindo que seu corpo vai dando espaço somente ao Amor Divino e Incondicional.

Sinta-se iluminado pela Luz Rosa-Dourada e deixe que esse Amor se expanda de você para todos os seres. Ame a natureza e os animais, ame o sol, a lua, as estrelas. Ame o dia e a noite. Ame seus pais e avós. Ame seu marido, esposa, amigos, colegas e chefes. Ame seus ex-maridos, ex-esposas, ex-amigos, ex-colegas e ex-chefes. Ame a todas as pessoas que você conhece e a todas que não conhece. Envie um sentimento de Amor, diariamente, àqueles que mais necessitam de Amor e àqueles que você conseguiu perdoar. Não esqueça que o Amor é a chave da libertação e só quando você emana esse Amor, fica completamente livre de tudo e de todos.

Repita mentalmente: ***Eu Sou a Ressurreição e a Vida do Amor Divino em mim! Eu sou a expansão desse Amor à minha volta! Eu Sou o verdadeiro Amor!***

Ame, ame muito, expanda esse Amor Divino e se sinta feliz, pois aprendeu a amar. Não exija Amor, não cobre Amor, apenas sinta Amor e irradie o Amor. Não esqueça que tudo o que é expelido é recebido de volta naturalmente, então divinamente, cada vez mais, ame tudo e todos à sua volta.

Com o Amor invadindo sua aura, distribua-o ao seu redor. Envie esse Amor, em especial, a uma pessoa nesse momento; envolva-a na mais profunda Luz Rosa-Dourada e deixe que ela receba o Amor Incondicional. Agora, mande esse Amor para aquela pessoa que você sabe que precisa muito desse Amor Incondicional; aquela que lhe causou algum mal, em algum momento, e que através deste trabalho, você perdoou. Veja-a iluminada com o seu Amor verdadeiro, com muita Chama Rosa e Dourada ao seu redor, sabendo que você mesmo irradiou essa Chama do seu próprio coração. Sinta-se livre, completamente livre, pleno de Amor. Ame seu Cristo Interno, sua Presença EU SOU, todos os Seres de Luz que o auxiliam e que ajudam a Terra; irradie a Eles o seu Amor em forma de gratidão profunda e mantenha-se mergulhado nessa aura de Amor Divino.

SINTONIA COM O CRISTO INTERNO

Trabalhe a respiração em quatro tempos (inspirando, sustentando, expirando e sustentando os pulmões vazios), até relaxar bem o corpo. Concentre a energia e a atenção no coração, visualizando-o como um grande sol dourado. Veja essa imagem dentro do seu peito, prestando atenção só nessa Luz.

Faça outra respiração profunda e, ao exalar o ar, visualize-se entrando nessa esfera de Luz, de energia e de consciência, que é o coração. Imagine-se entrando na Câmara Secreta do Coração, como se entrasse numa catedral ou numa capela íntima. Sinta o Silêncio Divino do

Amor Puro, como se estivesse sozinho no Universo ou na companhia do Criador. Perceba que existe um caudal luminoso que liga o seu coração à sua Presença Divina e sinta o fluxo do Amor de Deus fluindo sobre você. Sinta-se unido a Deus; recebendo o Seu Amor e enviando Amor a Ele.

Observe no altar central que existe no coração a Chama Trina pulsando, com os três fogos vivos se expandindo em todas as direções. Vivifique-se nessa Chama, sentindo o Poder, o Amor-Sabedoria e a Inteligência Divina criando as mais belas formas em sua vida. O altar do seu coração é o local para onde você vai, quando deseja transmutar alguma coisa. Abandone aquilo que não quer mais ser e reúna-se com esse novo Ser que está em seu coração, a verdadeira energia Crística. Invoque o Cristo pessoal, reverencie o nascimento desse Cristo em seu coração e entregue a Ele a sua personalidade, pedindo-Lhe que assuma o controle total. Adore essa Presença Radiante e sinta o calor e a suavidade desta Presença em sua vida. Irradie essa energia ao seu redor e preencha seu mundo pessoal e toda a Terra com o Amor, a Pureza e a Perfeição do Cristo Interno.

OUVINDO O CORAÇÃO: Tarefas para o dia-a-dia de todos nós.

1. Concentre sua atenção no coração e sinta o Ser espiritual que existe dentro de você. Repita isso ao longo do dia, deixando que esse Ser o guie.
2. Exercite o diálogo com o coração. Pergunte e espere com tranquilidade a resposta.
3. Escolha uma oração, invocação, decreto ou mantra que o ajude a manter a conexão com o coração e use-o sempre. Por exemplo: Om mani padme hum (Salve o brilho do lótus) .
4. Exercite o Amor Incondicional a todas as pessoas e alimente sempre o fluxo deste Amor.
5. Medite sobre o que está disposto a fazer ou deixar de fazer para manifestar mais Amor em sua vida.
6. Exercite a compaixão e avalie a qualidade dos seus relacionamentos pessoais para ver o que precisa ser modificado.
7. Pergunte ao seu coração do que precisa agora para se sentir mais equilibrado e em paz.
8. Estabeleça limites para cuidar de si e, assim, nutrir melhor os outros. Informe esses limites aos outros, de forma amorosa.
9. Observe os outros como um espelho seu e veja como mudar o reflexo do que vê.

10. Cultive a gratidão, habitue-se a agradecer por todas as coisas. Exercite isso, diariamente, e note o fluxo de Amor se expandindo.
11. Veja o Cristo em cada homem, mantenha a sua visão na imagem elevada, pura e perfeita.
12. Aprenda a perdoar e perdoe sempre. Lembre-se de como Deus e os Mestres agem com você, e siga o exemplo deles.
13. Desenvolva a compreensão, a tolerância, a paciência e o equilíbrio e aja com suavidade em relação aos outros, pois a suavidade dissipa a negatividade e preenche tudo com Amor.

INVOCAÇÕES AO TERCEIRO RAIO

1) Em nome da Presença Divina que habita em nós, saudamos e reverenciamos o Terceiro Raio e a Chama da manifestação inteligente do Amor de Deus: Bem-Amada Rowena, Mestre Vitória, Mestre Paulo Veneziano, Lord Maitreya, Mestra Libra, Arcanjo Samuel e Caridade, Elohim Órion e Angélica, Sanat Kumara e Vênus e Anjos do Amor, nós Vos agradecemos pelo oferecimento desse Amor a toda Terra. Preenchei esse Santuário com a Inteligência e o Amor Divinos e sustentai a Pomba Branca no alto deste Foco de Luz. Derramai Vossos Raios de Amor e Iluminação, mantendo-nos selados nessa aura de Amor. Recebei todo nosso amor e gratidão. EU SOU! EU SOU! EU SOU!

2) Amada Presença Divina que habita em cada coração humano, derramai Vosso Amor e Vossa Luz sobre nós e em todos os seres. Preenchei com essa energia harmônica e pura cada átomo e elétron de nossos corpos e envolvei cada ser com Vosso Infinito Amor e Compreensão. Nós vos agradecemos, Bem-Amado EU SOU.

3) Bem-Amada Rowena e Bem-Amado Vitória: envolvei cada aspirante à Luz com Vosso Amor e Iluminação, acelerando o processo de evolução de cada ser na Terra. Irradiai Vosso Amor sobre todos os seres humanos e elementais e permiti que cada um expresse somente o Amor e a Perfeição de Deus em seus corpos. **EU SOU o Amor Divino que se irradia agora em todo o planeta Terra** (3 vezes).

4) Em nome da nossa Presença Divina e do Bem-Amado Arcanjo Samuel e Caridade, eu invoco a Manifestação do Amor de Deus em todas as formas para que se derrame agora sobre este Foco de Luz, preenchendo cada elétron deste ambiente e das pessoas que aqui estão presentes com Amor Incondicional. Envolvei nossos corpos, nosso lar, nossa família, nossos

bens, nossos negócios e finanças e tudo à nossa volta com a Luz Rosa, expandindo essa irradiação sobre toda a Terra. Selai, selai, selai tudo com o Verdadeiro Amor. EU SOU! EU SOU! EU SOU!

5) Bem-Amados Elohim Órion e Angélica, apelamos a Vós para que expandam em todos os seres humanos, a Inteligência e o Amor Divino. Dissolvei dos corpos emocionais de todos os homens a falsa ideia do amor, e substituí tudo pelo Amor Incondicional de Deus. Fazei com que toda a humanidade irradie esse Amor a todos os seus irmãos, sem expectativas de reconhecimento e valorização. Ensinai-nos a amar a tudo e a todos, assim como amamos a Vós e a todos os Mestres. Despertai o Puro Amor em nossos corações e ativai o Cristo Vivo em todos nós.

6) Em nome da Presença de Amor que existe em nós e do Bem-Amado Senhor Maitreya, apelamos: fazei-nos instrumentos puros e perfeitos, por onde se irradiem e se expandam essas ondas de Amor. Revelai a Luz e o Amor do Cristo em cada ser humano. Aceitamos agora e sempre o Cristo vivo em nós (3 vezes).

7) Majestoso Sanat Kumara e Bem-Amada Vênus, revelai a todos os homens o Vosso imenso Amor e Abnegação. Envolvei cada discípulo com Vosso Puro Amor e ensinai-nos a manifestar sempre esse Amor. Reacendei sempre a Chama Trina em nossos corações e expandi essas irradiações em todos os homens. Nós Vos agradecemos pelo grande Serviço prestado a toda forma de vida na Terra. EU SOU!EU SOU! EU SOU!

8) Bem-Amado Maha Chohan, nós apelamos: inundai o mundo dos homens com a energia do Divino Espírito Santo e preenchei cada criação humana com esses Dons Divinos. Carregai cada ser com as virtudes de Deus e permiti aos seres humanos que utilizem os Sete Raios com absoluta perfeição. Envolvei a todos nós com Vosso Fogo Sagrado e acendei a Chama no alto de nossas cabeças, acelerando o processo de retorno à Casa do Pai. EU SOU a Sagrada Chama do Espírito Santo que desce agora e toma conta de todo o meu ser. EU SOU! EU SOU! EU SOU!

9) Deus é Amor! Deus é Luz! Deus é Compaixão! Deus é Bondade! Deus é Compreensão! Deus é Paz! Deus é Felicidade! Deus é Tolerância! Deus é Fraternidade! Presença de Deus em nós, envolvei-nos agora com todas as Bênçãos Divinas e comandai nossas vidas com Vosso Puro Amor e Perfeição. Profundamente gratos, nós nos oferecemos como instrumentos desse Amor.

10) Majestosa Presença Divina em mim, origem de tudo o que EU SOU, fonte de irradiação de toda Pureza, Amor e Luz. Projetai em mim Vossa energia e comandai para que eu aceite sempre essa Perfeição. Tomai conta do meu eu-personalidade e subjugai-o ao Vosso Comando de Amor. Eu confio plenamente no Poder do Amor que flui agora, e me entrego totalmente a Vós. EU SOU o Amor Divino atuando nesse momento. Eu amo toda forma de vida na Terra. EU SOU o Amor comandando toda a criação. Eu amo incondicionalmente todos os meus irmãos. EU SOU a expressão do Amor de Deus em todas as criações. EU SOU! EU SOU! EU SOU!

11) Em nome da Divindade que comanda tudo em minha vida, eu apelo agora: derramai sobre mim e sobre todos os seres a Inteligência Ativa comandada pelo puro Amor Divino. Deixai que essa Chama harmonize e dirija todas as situações nesse planeta, até que se manifeste a Perfeição em todas as formas. **EU SOU dirigido pelo Amor Incondicional de Deus** (3 vezes). EU SOU! EU SOU! EU SOU!

12) Bem-Amados Mestres Ascensionados, Seres de Puro Amor, em nome de Vossas Presenças Divinas, apelamos a vós: sustentai em nós a Chama Rosa da Inteligência aplicada com Amor Divino e fazei-nos instrumentos desse Amor. Estamos aqui para nos entregar, pois Deus nos trouxe ao mundo para amar. Temos esse dom, essa missão: trazer à Terra o Amor. Nossos corações só querem se dar; queremos amar, servir, viver sob o comando do EU SOU. Podemos sentir a Sua voz pedindo para irradiar esse Amor ao nosso redor. **EU SOU a irradiação do Puro Amor Divino!** (3 vezes)

QUARTO RAIO

O MANTO DA INVISIBILIDADE

Procure uma posição confortável, relaxe e respire profundamente. Acalme seus corpos e, quando se sentir bem tranquilo e relaxado, procure entrar em sintonia com o Cristo em seu coração e com a Presença EU SOU.

Concentre sua atenção nessa Presença Divina e invoque o Manto de Luz Branca da Presença. Imagine esse Manto de Luz descendo e preenchendo todos os seus corpos. Note que cada elétron desse Manto assume uma forma específica, com capacidade de torná-lo invisível a tudo aquilo que seja dissonante e negativo. Sinta-se coberto por esse Manto e perceba que toda a energia negativa e malqualificada que toca nele se dissolve instantaneamente. Da mesma maneira que essas energias não conseguem abatê-lo ou atacá-lo, nenhum ser humano pode fazer isso com você. Ninguém pode vê-lo e por isso nenhum mal pode se abater sobre você. Esse Manto é composto de pura energia eletrônica, branco-cristalina, que sustenta a Pureza e a Perfeição em você e ao seu redor. Portanto, qualquer coisa diferente disso, não pode atravessar o seu Manto e você pode se manter constantemente envolvido por essa energia, sustentando-a através do seu mental e do seu emocional.

Invoque este Manto de Invisibilidade, de Pureza e de Perfeição várias vezes ao dia e sustente essa energia, mantendo-se alerta e vigilante em relação aos pensamentos, sentimentos, palavras e atitudes. Quaisquer energias negativas que você gere, através destas ferramentas pessoais, rompem instantaneamente com esse Manto de Proteção; portanto, a sustentação dele é de sua total responsabilidade.

EM SINTONIA COM A LUZ DA PRESENÇA DIVINA

Relaxe profundamente seu corpo físico, mental e emocional. Respire pausada e profundamente até se sentir bem tranquilo. Visualize-se banhado de Luz, desde o alto da cabeça até os pés, vendo essa Luz se expandindo em todas as direções ao seu redor. Perceba essa Luz como uma cascata cristalina que ilumina os elétrons de cada corpo seu e sinta o calor e a harmonia gerados por essa Luz.

Sinta os átomos se iluminando e perceba-os divinos e perfeitos. Ame a Luz que flui em você; agradeça a Luz, glorifique a Luz, abençoe a Luz e identifique-se com essa Luz. Note que a Luz Branca da Presença Eu Sou se manifesta Absoluta em você e permita que esse Poder, Amor-Sabedoria e Inteligência Ativa os comande. Repita mentalmente:

EU SOU a Presença de Deus em ação! EU SOU o Poder, a Sabedoria, o Amor! EU SOU a Porta Aberta que nada, nem ninguém poderá fechar! EU SOU o que EU SOU!

PURIFICAÇÃO COM O FOGO BRANCO

Trabalhe a respiração em quatro tempos (inspirando o ar, sustentando-o, expirando-o e sustentando os pulmões vazios), até relaxar bem o corpo. Concentre a atenção naquilo que deseja harmonizar e purificar e utilize os tempos respiratórios para este processo. Atraia a susbtância desarmônica para o centro do coração, através da inspiração e sinta o Fogo Alquímico consumindo-a, enquanto sustenta o ar. Exale o ar, percebendo a substância que está sendo liberada dentro da mais profunda harmonia. Irradie esta harmonia para a humanidade toda, enquanto sustenta os pulmões vazios, antes da nova inspiração.

Repita várias vezes este processo e perceba que vai se formando acima de sua cabeça uma estrela branca de cinco pontas, que emana raios de luz de suas pontas inferiores. Estes raios se unem e formam um anel de Fogo Branco Azulado que o envolve totalmente. Perceba-se dentro deste anel de Fogo, com a estrela pairando sobre sua cabeça. Sinta a aceleração provocada por este Anel de Luz Branca e a consequente purificação em todos os seus corpos.

CIRCUITO DE FOGO BRANCO

Sente-se em uma posição confortável, relaxe seu corpo e respire profundamente. Repita a respiração profunda e prolongada até se sentir sereno e tranquilo. Desligue-se de tudo ao redor e concentre-se somente no relaxamento de seus corpos e na respiração.

Quando se sentir bem relaxado, visualize no alto de sua cabeça uma flor de lótus brotando e se abrindo. Veja suas pétalas girando em sentido anti-horário, despendendo raios luminosos. E à medida que as pétalas ardentes giram, visualize-as se transformando num fulgurante disco de Fogo Branco. É o chacra da coroa, que está intimamente ligado à atividade da Ascensão. Plenamente visível à sua visão interna, o chacra coronário desvela a existência da Secreta Estrela de Amor, que paira acima de sua cabeça. Este vórtice de energia é a Estrela que tanto assinala o local de um Novo Nascimento como indica novos patamares de consciência e iluminação. A Estrela começa a entrar em operação. E o brilho vai aumentando, cada vez mais... Veja e reconheça a realidade de Sua manifestação. O Fogo desta Estrela desce para o seu coração e aí, explode, confirmando o Novo Nascimento.

Mantenha-se em silêncio e observe a Luz que se expande do seu coração percorrendo a seguinte trajetória:

1º Circuito da energia: Coração, Coronário, Garganta, 3º Olho.
2º Circuito (Raio Branco da Pureza, Ressurreição, Ascensão): Brahmarandra (a Estrela), Coronário (lótus de mil pétalas, girando no sentido anti-horário), Ponto (centro supraluminar),Terceiro Olho.

CORAÇÃO–GLÂNDULAPINEAL–GARGANTA–BRAHMARANDRA (Estrela de Luz que paira sobre a cabeça). O Fogo desce, então, da Estrela para o Coração para se reiniciar o circuito. (ATENÇÃO: o trânsito da Energia sempre ocorre pelo lado direito, de modo a ativar o hemisfério direito do cérebro).
Ao final do exercício, repita as seguintes afirmações:

EU SOU a atividade da Secreta Estrela de amor. EU SOU sua invencível proteção.
EU SOU o coração que se abre como uma porta para os bastidores da criação, tornando-se um vórtice de Compaixão, de Bondade, de Graça Divina, de entendimento e de revelação. O meu coração é um Templo da Vontade Divina, o meu coração é um Templo do Serviço e do Amor do Cristo.
EU SOU o coração aberto, e sei que ele é a Morada de Deus, o Sol dos Sóis, o guia para a Hierarquia da Luz e a alegria especial para o mundo superior.

INVOCAÇÕES AO QUARTO RAIO

1) Amada e Adorada Presença Divina que rege toda a vida e que sustenta todos os homens, nós Vos reconhecemos e bendizemos. Saudamos e reverenciamos a toda a Fraternidade de Luxor, ao Bem-Amado Mestre Serapis Bey e a Bem-Amada Ísis, ao Arcanjo Gabriel e Esperança, ao Elohim Claire e Astrea e a todos os Anjos de Luz Branca que trabalham em toda a Terra. Iluminai os corações e os corpos de todos os homens com Vossa Chama Cristalina e acelerai todas as vibrações, manifestando a Pureza, Harmonia e a Perfeição. Derramai neste Foco de Luz um Pilar de Fogo Branco que, instantaneamente, dissolve toda imperfeição. Nós Vos agradecemos.

2) Bem-Amado Mestre Serapis Bey e Bem-Amada Ísis, nós Vos apelamos: carregai, carregai, carregai todo o nosso ser com a Vossa Chama da Pureza Crística. **(Visualizar o derramamento da Luz invocada e a transfiguração de todo o nosso ser.)** Ancorados em Vossa Divina Presença, nós agora irradiamos esta Chama de Pureza a toda a humanidade!... **(Visualizar a irradiação da Chama, que atinge até os lugares mais afastados do planeta.)** A Terra inteira agora se eleva, em Luz e Paz! **(Visualizar o planeta ascensionado e livre.)** Nós Vos agradecemos, Bem-Amados Serapis Bey e Ísis.

3) Majestosa, Amada e Poderosa Presença Divina em nós e em toda a humanidade. Querido Mestre Serapis Bey e Fraternidade de Luxor: sustentai, sustentai, sustentai nossa amada Terra, sua aura, seus reinos, países, religiões, todos os homens e tudo o que é benéfico em irradiações da poderosa Chama da Ascensão. Deixai que essa vibração eleve toda a criação na Terra, do impuro até o Divino e que todos reconheçam sempre e utilizem esse Poder Purificador, até que a Terra e todos que vivem nela sejam completamente livres e ascensionados. EU SOU! EU SOU! EU SOU!

4) EU SOU a Chama da Ascensão do Bem-Amado Serapis Bey, que atua agora em cada elétron dos meus corpos físico, etérico, mental e emocional, purificando-os de todas as criações dissonantes e nocivas e libertando-os na Luz Branca. EU SOU o Fogo Branco que acelera e ascensiona, agora, a minha vibração pessoal, conduzindo-me à perfeição do Cristo em meu coração. EU SOU! EU SOU! EU SOU!

5) Bem-Amado Cristo Cósmico, Todo-Poderoso, apelo a Vós que serve de elo entre o humano e o Divino para que me conduza ao Plano de Amor e de Perfeição dos Mestres Ascensionados. Avivai a Vossa Luz, Amor e Poder em meu coração e deixai que eu seja a mais Pura expressão do Cristo em ação. Conduzi-me através desse caudal de Luz Branca e estabelecei essa Ponte que me leva ao Coração da Presença Eu Sou! Permaneço em total sintonia com o Cristo em meu coração e me entrego nos braços da Divindade. EU SOU o Cristo desperto e manifesto em mim. EU SOU! EU SOU! EU SOU!

6) Bem-Amado Arcanjo Gabriel e Esperança: inundai a Terra e o coração dos homens com Vossa Esperança e Harmonia. Reavivai, em todos os humanos, a Esperança de alcançar a Liberdade e a Ascensão na Luz, ao fim dessa encarnação. Sustentai a Esperança, sustentai a Esperança, sustentai a Esperança e permiti que cada um de nós manifeste a Perfeição a cada

momento. EU SOU a Esperança Divina na libertação de todas as condições inferiores e eu confio no Poder do EU SOU!

7) EU SOU Fé, EU SOU Poder! EU SOU Luz, EU SOU Sabedoria! EU SOU Amor, EU SOU Verdade, EU SOU Cura! EU SOU Paz, EU SOU Devoção! EU SOU Misericórdia, EU SOU Perdão, EU SOU Libertação! EU SOU Harmonia, EU SOU a Pureza e a Perfeição! EU SOU a reunião de todas as virtudes que me levam à Ascensão! EU SOU! EU SOU! EU SOU!

8) Bem-Amado Elohim Claire e Bem-Amada Astrea: envolvei-nos e a toda a humanidade em Vosso Oval de Pureza, selando todas as energias ao nosso redor com Vossa Pureza e Harmonia. Estabelecei uma Aura de Luz Branca Cristalina ao nosso redor e removei, instantaneamente, tudo o que não corresponde à Luz. Mantende-nos invisíveis a toda energia que venha do mundo mental e astral dos homens e irradiai a Pureza em todas as direções, até que tudo seja consumido e transformado em Harmonia, Pureza e Ascensão. Nós Vos agradecemos.

9) EU SOU a Chama da Ressurreição que atua agora em cada átomo e elétron nesse planeta, devolvendo a Harmonia e a Pureza a todos os seres. Eu Sou o Fogo Branco da Ressurreição que restabelece o Amor Divino como única Fonte de Poder em todo o planeta. Todos os seres se submetem a esse Amor, até que toda forma de vida sobre a Terra renasça purificada e banhada na Luz e na Perfeição de Deus.

10) Em nome da Fraternidade da Chama da Ascensão e do Bem-Amado Serapis Bey, apelamos: expandi o Fogo Ardente dessa Poderosa Chama nos corpos de todos os seres sobre a Terra e libertai-os de todas as condições inferiores. Revelai a Pureza, revelai a Pureza, revelai a Pureza contida em cada coração humano e através dessa Pureza transformai, instantaneamente, toda a realidade criada pelos homens. Libertai-nos, libertai-nos, libertai-nos e selai-nos nesse Fogo Sagrado. EU SOU! EU SOU! EU SOU!

11) Em nome de nossa Presença Divina e de todos os Anjos que irradiam a Pureza Crística, apelamos: sustentai a Terra e todos os seres sob o derramamento do Fogo que flui de um gigantesco Lírio Branco, símbolo da Pureza de Deus. Derramai essa Pureza em todos nós, até que todas as condições humanas imperfeitas sejam completamente preenchidas por esse bálsamo de Cura e Libertação, que ascensiona toda condição inferior. Ascensionai, ascensionai, ascensionai e sustentai a Perfeição em todos os planos.

Mãe Maria

QUINTO RAIO

O SELO DE MÃE MARIA

Procure uma posição confortável, relaxe bem o corpo e respire profundamente. Trabalhe essa respiração pausada e serena, até se sentir bem tranquilo e relaxado.

Com os olhos fechados, focalize a atenção no chacra frontal, no centro da cabeça. Esse chamado "terceiro olho" é uma diminuta estrela branca de cinco pontas inserida dentro de um radiante globo azul-elétrico, mergulhado em um oceano de energia dourada. Utilize esse Olho Onividente para ver a Gloriosa Presença dos Arcanjos de Deus. É um séquito que parece quase infindável. Presenças gloriosas, gigantescas, de todos os Raios.

Veja, agora, o selo de Mãe Maria, que representa, para esta humanidade, Deus-Mãe. (O coração com espinhos simboliza as dores do mundo e o coração transpassado pela espada representa o impacto de um sublime impulso). Ative este símbolo de Pureza, de Verdade e de Cura em suas mãos. Pouse as mãos sobre as coxas e mentalmente, o mais nitidamente possível, imprima o Selo de Mãe Maria no seu dorso. O Símbolo é impresso no dorso das mãos e, nos trabalhos de cura, de bênção e de purificação, Sua Luz e a Sua Energia são irradiadas pela palmas das mãos.

Coloque agora as mãos, uma sobre a outra, no plexo solar. E com plena consciência, profira o seguinte decreto: ***A Luz e o Amor que Eu Sou derretem todas as imagens e sentimentos humanos e imperfeitos que eu ainda trago comigo; derretem também todos os meus temores e sombras, e todos os laços que já me prenderam nesta vida, em vidas passadas, em todas as dimensões de tempo e espaço.***

Agora traga as mãos para a região do coração. Misticamente, é a Caverna do Coração, é a Gruta do Sol, onde o Cristo despontará, em toda a Sua Glória. Entoe o mantra da Paz (OM SHANTI) para abrir as portas do coração, e fazê-lo cintilar como um sol dourado e rosa.

Agora erga a mão direita, colocando-a a alguns centímetros da cabeça, exatamente sobre o chacra coronário, enquanto a mão esquerda tocará o peito, na altura do coração. Sempre consciente do Selo de Mãe Maria em suas mãos, inspire e, ao mesmo tempo, sinta que a Luz de seu Coração inunda a sua mão esquerda. Retenha o alento, enquanto a Energia do Coração passa da mão esquerda, atravessa o seu peito e chega até a mão direita sobre a sua cabeça. Então expire, despejando toda a Luz do

Coração sobre o chacra coronário, que começa a se abrir como uma flor e a despender belos raios de Luz em todas as direções. Faça este exercício pelo menos umas três vezes.

Utilize sempre o selo de Mãe Maria em suas mãos, auxiliando nos processos de cura e harmonização seus e de outras pessoas. Basta visualizá-los, conforme o exercício acima, invocando a Grande Mãe Maria e sua Chama Verde e sentir o Fogo sendo recebido pelo dorso das mãos e irradiado pelas palmas.

CHAMA VERDE: PARA LIMPEZA MENTAL E CONCENTRAÇÃO

Procure uma posição confortável, relaxe bem o corpo e respire profundamente. Trabalhe essa respiração pausada e serena, até se sentir bem tranquilo e relaxado. Com os olhos fechados, visualize a Chama Verde descendo pelo cordão-de-prata, sendo atraída ao seu corpo mental. Imagine este corpo como um círculo que o envolve, com cerca de três metros e meio de diâmetro.

Comande a Chama Verde neste corpo, limpando conceitos, preconceitos, paradigmas, toda substância aderida a ele que tenha sido absorvida das consciências das massas, e veja o Fogo consumindo, curando, libertando. Use sistematicamente esse Fogo Verde e perceba que o mental vai se expandindo e aumentando a sua capacidade de concentração.

EXERCÍCIO DE PURIFICAÇÃO DO CORPO FÍSICO

- O primeiro passo é anotar tudo aquilo que deseja curar, modificar e libertar no corpo físico, para purificar durante o exercício. Ao final do trabalho, queime as anotações.
- Invoque o Fogo Violeta e o Fogo Verde, bem como o Construtor de Forma do corpo, visualizando-o ao seu lado.

Sente-se em uma posição confortável, relaxe seu corpo e respire profundamente. Repita a respiração profunda e prolongada até se sentir sereno e tranquilo. Desligue-se de tudo ao redor e concentre-se somente no relaxamento de seus corpos e na respiração.

Quando se sentir bem relaxado, visualize um pilar de Fogo Violeta subindo pelos pés, indo um pouco além da cabeça e cerca de um metro em volta do corpo; sinta que esse Fogo Violeta que o envolve é de um intenso e profundo violeta e que essa Chama está atuando com o poder absoluto de transformação e purificação. Aceite o poder dessa Chama e saiba que isso é inquestionável.

O Fogo Violeta que se expande pelo alto da cabeça começa a descer como um caudal luminoso e centralizado no chacra coronário, que se abre como uma flor de lótus com mil pétalas douradas. O Fogo Violeta entra pelo alto da cabeça iluminando o seu cérebro e banhando a glândula pineal, que se abre e projeta milhares de partículas luminosas sobre todo o cérebro, protegendo os neurônios e banhando-os com a iluminação e perfeição. A pineal vai produzindo secreções que vão atuando em todas as células nervosas e iluminando o sistema nervoso central, consumindo todos os agentes negativos que destroem o cérebro e o corpo todo.

Sinta essa luz líquida conduzindo e dirigindo as principais glândulas de seu corpo, como a hipófise (no cérebro), a tireóide (na garganta), o timo (próximo ao coração), as supra-renais (sobre os rins) e as gônadas (nos órgãos reprodutores). Todas vão aceitando e obedecendo a esse comando de restauração, equilíbrio, construção, pureza e perfeição.

O Fogo Violeta ilumina a glândula pituitária e a hipófise, estimulando nelas a perfeição e a produção de hormônios reparadores e construtivos e, juntas, estas glândulas vão se unificando e se transformando num verdadeiro canal de iluminação.

Visualize as duas glândulas unidas por uma ponte de luz dourada e se transformando em um olho interno todo dourado. Deixe que esse olho veja o interior do corpo físico e além deste. Sinta esse olho dirigido para cima e sendo comandado pelo Olho de Deus que Tudo Vê. Nesse momento você recebe o poder da visão interna, dado através do Elohim Vista e do Elohim Hércules, com sua coroa de olhos que enxergam para todos os lados.

Deixe que a irradiação desses Elohim seja recebida em suas glândulas e que elas sejam a expressão pura e verdadeira do conhecimento e sabedoria internas. Sinta os olhos de Vista e de Hércules abrindo-se dentro do seu cérebro, enquanto repete:

Teus olhos se abrem dentro de mim, teus olhos se abrem dentro de mim.

Enxergue a Luz Violeta banhando os olhos físicos, o nariz, os ouvidos, veja os canais auditivos iluminados pelo Fogo Violeta, ouça o som do Fogo crepitando nos seus tímpanos. Veja o cérebro inteiro banhado na Luz purificadora, observe o hipotálamo, que rege as sensações físicas, o cerebelo, enfim, todas as partes do cérebro e perceba a Luz escorrendo pela medula que se liga a base do cérebro e as próprias glândulas pituitária e pineal.

O Fogo Violeta se derrama pelos nervos e desce ao longo da coluna vertebral, iluminando cada nervo secundário. Sinta as cordas da harpa da alma, que estão conectadas da medula até a base da coluna, sendo afinadas pela Luz Violeta que vai retirando delas toda imperfeição e deixando que elas voltem a vibrar com a sua tonalidade original. A da direita, de um intenso azul e a da esquerda com um rosa suave. Veja a luz que se expande dessas cordas. Observe o Fogo Violeta entrando nos músculos, fortalecendo-os, revigorando-os, devolvendo a eles o tônus perfeito. Veja os ossos sendo coloridos com um violeta intenso e sendo regenerados, aumentando ainda mais o poder de reconstrução dessas células. Veja os ossos se tornando fortes, firmes, bem calcificados, sustentando toda a estrutura do corpo físico.

A Chama Violeta vai banhando o coração e, à medida que o sangue venoso é recebido no coração, todas as impurezas vão sendo transmutadas dentro do coração pela Chama que pulsa no ventrículo esquerdo; o coração vai jogando no corpo o sangue arterial, puro, limpo, transformado. Todas as células sanguíneas são purificadas e suas defesas aumentam; seu sistema imunológico se fortalece. Cada leucócito usa o Fogo Violeta, armazenado em seu interior, para consumir toda imperfeição. Cada célula de cada órgão do corpo vai sendo recuperada pelo Fogo Violeta e todas elas são purificadas e comandadas somente pela perfeição.

Nesse momento, perceba que elas realmente obedecem ao comando, e é por isso que elas estavam manchadas, maculadas, em desarmonia e fora do ritmo divino. Assuma a responsabilidade de ser o único criador dessa dissonância, pois a cada sentimento e pensamento negativo e desarmônico que gerou, essa vibração se impregnou nos seus átomos e células. Peça perdão às células, ao corpo físico que você maltratou e ao Construtor de Forma, que está junto de você. Deixe que a Chama Violeta ilumine esse Construtor que, nesse momento, ainda está feio, aprisionado por tantos limites que você aceitou e lhe impôs. Diga a ele:

- Perdão, meu querido companheiro, por tê-lo deixado ficar nesse estado. Eu sei que esse pedido verdadeiro e profundo de perdão liberta a mim e a você, porque Deus que comanda a minha vida pode transformar tudo a qualquer momento. Vamos nos libertar juntos, eu e você. Eu sei que você quer muito isso, mas precisa que eu também queira e acredite nisso. Então vamos caminhar em direção a essa libertação. Chega de sentimentos e pensamentos dissonantes, chega de ingerir substâncias nocivas para o corpo e para você. Vamos queimar juntos, no Fogo Violeta, o exagero dos apetites humanos. Eu consumo e dissolvo em mim

e em você todo efeito nocivo de drogas humanas, desde o mais simples analgésico até a droga mais pesada que o corpo possa ter absorvido. Eu consumo e dissolvo no Fogo Misericordioso toda substância nociva que o álcool e o fumo possa ter impregnado nas células e átomos. Eu consumo e dissolvo no Fogo Sagrado toda energia negativa absorvida ao ingerir a carne de qualquer animal e com a visão interna aberta eu vejo o quanto essa energia enegrecida provocada pela morte de um ser irmão gerou densidade nas células. Mas agora estou livre dessa energia, eu sei! Eu consumo e dissolvo com a Chama Violeta o efeito provocado pelo excesso da ingestão do açúcar branco, do sal e da cafeína. Eu consumo e dissolvo todo o desejo desenfreado e sem controle que acaba comandando os órgãos sexuais.

Deixe que as glândulas superiores comandem as gônadas e que elas sejam equilibradas e harmonizadas, sem excessos que só desperdiçam a energia vital e a luz líquida que circulam pelo corpo.

E, nesse momento, peça ao Fogo Consumidor que elimine para sempre das suas células reprodutoras todo registro impregnado até aqui, limpando-as e transmutando-as perfeitamente, para que não transmita a nenhum ser que você possa gerar, nada que seja limitante, impuro e imperfeito. Comece a ver que os seus registros hereditários vão sendo consumidos; observe as moléculas de DNA e esses filamentos espiralados recebendo a poderosa força da dissolução divina e comande: ***Fogo Violeta, dissolve e consome todo o registro negativo, limitante e imperfeito que me foi transmitido por pais, avós, bisavós, trisavós, tataravós e todos aqueles antepassados que vieram para esse plano físico antes de mim.***

Veja o DNA sendo transformado, nesse momento, e comande o RNA transportador para que ele consuma e dissolva com seus raios de Fogo Violeta toda doença hereditária, toda característica física imperfeita ou limitante. Aceite somente a beleza, a pureza, a saúde e a perfeição de todos os seus genitores. Veja esses filamentos espiralados se auto-iluminando e sendo ativada uma nova programação nessas moléculas. A Luz Branca percorre cada filamento de DNA e, como um espiral de ascensão, o Fogo Branco sobe e ativa cada par, que se transforma em filamentos brancos cristalinos, puros e brilhantes.

Olhe para o Construtor de Formas ao seu lado e veja como ele está se transformando: cada vez mais belo, mais saudável, mais brilhante, mais bonito. Ele o olha e você nota sua felicidade pelo milagre que está se operando. Veja que ele tem nas mãos um símbolo, que você já conhece: um M, com uma cruz sobre o M e dois corações, um com espinhos e o outro transpassado por uma espada. Ao redor, uma elipse de doze estrelas envolve este conjunto; é o símbolo de Mãe Maria! Ele pede a você que utilize esse selo em cada parte do corpo e você percebe que esse símbolo tem uma cor verde-esmeralda clara, cintilante.

O Fogo Verde da Cura e Perfeição Divina vai se expandindo no selo de Mãe Maria e, nesse momento, a vibração amorosa da própria Mãe Maria é sentida. Este Fogo ilumina cada parte do corpo e seus olhos internos lhe revelam cada órgão, célula e átomo com o selo de Maria. Os elétrons do corpo físico começam a girar cada vez mais rápido, pois tudo aquilo que os impedia de aumentar sua velocidade é dissolvido e consumido com o Fogo Violeta e Verde. Perceba claramente a expansão da luz eletrônica provocada pela aceleração dos elétrons ao redor dos núcleos dos átomos, e sinta a expansão do campo de força de cada átomo. Todos brilham límpidos, puros, translúcidos. Olhe com mais atenção e note que esses átomos expandem de si a Luz Verde, manifestando somente a Verdade Divina que é Amor e Perfeição. Agradeça à Presença Divina por proporcionar essa transformação no veículo físico.

Olhe novamente para o Construtor de Formas ao seu lado e veja como ele está belo agora, parece um pequeno Mestre, tamanha é a sua luz e a sua radiação de beleza, pureza e perfeição. Ele o olha agradecido e você mais ainda a ele, por tê-lo perdoado e dissolvido todas as impurezas. Envolva-o em um caloroso abraço e sustente essa união perfeita, livre para sempre de toda mácula. Observe com a visão interna plenamente aberta o novo corpo físico criado: órgãos brilhando, músculos definidos, ossos fortes, cérebro iluminado, sangue puro, tecidos rejuvenescidos, pele, visão e audição perfeitas, células e átomos resplandecentes, glândulas perfeitas, tudo dentro do Comando Divino; sinta a Presença Eu Sou em plena atividade, irradiando perfeição e sustentando a vida desse corpo físico.

Repita mentalmente: ***Eu Sou a Ressurreição e a vida! Eu sou Deus em ação! Divina Presença Eu Sou, comandai meu corpo e mantende-o sob vosso domínio absoluto, agora e para sempre! A partir de agora eu não me identifico mais com nenhum limite físico, pois eu sei que Eu Sou Deus fluindo nele. O meu verdadeiro eu não é físico, é espiritual. Eu Sou um Espírito Divino, o corpo físico é apenas o invólucro que Eu ainda uso, portanto a partir de agora eu só me refiro ao corpo como "ele", na terceira pessoa, porque Eu não Sou um corpo, apenas uso um corpo. E como Eu Sou livre, esse corpo também passa a ser, por isso acredito que Eu Sou eternamente livre! Eu Sou a Ressurreição e a Vida!***

Utilize sempre essa afirmação poderosa para restabelecer a perfeição em qualquer nível.

INVOCAÇÕES AO QUINTO RAIO

1) Em nome da Amada Presença Divina em todos nós, saudamos o Quinto Raio, invocando toda a Fraternidade de Creta: Bem-Amado Mestre Hilarion, Arcanjo Rafael e Mãe Maria, Elohim Vista e Cristal, Mestra Palas Atena, Deusa Fortuna, Bem-Amado Júpiter e a todos os Anjos que servem na Chama da Cura, Consagração, Verdade e Perfeição Divinas. Derramai sobre esse Santuário as Poderosas Irradiações da Chama Verde; sustentai a Lâmpada da Verdade em nosso chacra coronário e irradiai a Verdade Divina em toda a Terra. Nós Vos agradecemos.

2) Bem-Amado Hilarion e todos os Seres que atuam com a Chama da Verdade: manifestai a Verdade Divina em todas as situações difusas e mal compreendidas. Colocai um Chamejante Foco de Luz Verde em todas as condições humanas obscuras, para que surja sempre a Verdade por trás de toda aparência imperfeita. Revelai a Verdade, revelai a Verdade, revelai a Verdade. EU SOU sempre a Verdade em manifestação. EU SOU! EU SOU! EU SOU!

3) **(Apelo para esclarecer alguma situação que esteja necessitando da Chama da Verdade. Visualizar a situação e, em seguida, invocar a Mestra Palas Atena.)**
Em nome da Bem-Amada Palas Atena, invocamos a Verdade e a Justiça Divinas para que se manifestem nesta situação, na origem deste problema, até que se revele a Verdade oculta por trás de toda intenção dos homens. Permiti que a Verdade sempre venha à tona e que toda tentativa de escondê-la seja sempre dissolvida. EU SOU a Luz da Verdade que revela tudo o que a personalidade humana tenta dissimular. EU SOU! EU SOU! EU SOU!

4) Bem-Amado Arcanjo Rafael e Bem-Amada Mãe Maria, comandai vossos Anjos de Luz Verde para que iluminem todas as instituições que trabalham promovendo a cura dos seres humanos e dos animais em toda a Terra. Derramai a Chama Verde da Cura e devolvei aos corpos físicos de todos esses seres a Perfeição Original, na qual fomos todos criados. Confiamos nesse bálsamo de Cura e Restauração e percebemos a Cura já realizada. **Eu sou a manifestação dessa Cura sustentada para sempre** (3 vezes).

5) Em nome da Presença EU SOU em mim e em todos os homens, apelamos ao Bem-Amado Mestre Hilarion para que irradie a Verdade Divina na consciência de todos os cientistas, médicos, juízes, advogados e pesquisadores em geral, para que somente se manifeste a Verdade e a Justiça Divinas, em todos os níveis da realidade. Dissolvei o ceticismo das mentes dos homens e permiti que seja revelada a Verdade Absoluta de Deus. Assim, mais rapidamente, todos os seres humanos manifestarão a Perfeição. Nós Vos agradecemos, Amado EU SOU!

6) Amado Arcanjo Rafael, em Vosso nome e em nome da Presença EU SOU em todos os homens, apelamos: selai-nos com Vossa Chama da Consagração e Perfeição. Iluminai nossos lábios para que expressem somente a Verdade, consagrai nossos ouvidos para que absorvam somente a Perfeição e sustentai nossos pensamentos e sentimentos dentro da Perfeição. Irradiai sobre todos os discípulos da Luz a Vossa Chama da Verdade, até que isso seja uma realidade. Nós Vos agradecemos. EU SOU! EU SOU! EU SOU!

7) Bem-Amada Presença Divina EU SOU, em vosso nome apelamos aos Anjos da Cura: Irradiai vossa Cura sobre nossos corpos, impregnando cada célula, átomo e elétron com a Chama Verde e restabelecei totalmente a saúde em nós e em todos os homens. Perdoai-nos pela criação destas limitações e livrai-nos agora de toda dissonância e imperfeição. EU SOU a Saúde, o Vigor e a Juventude comandando cada átomo dos meus corpos. **EU SOU a Cura plenamente realizada!** (3 Vezes) EU SOU! EU SOU! EU SOU!

8) Ave Maria, cheia de Graça, o Senhor é convosco, Bendita Sois Vós entre as mulheres e Bendito é o fruto do Vosso ventre, Jesus. Santa Maria, Mãe de Jesus, rogai por nós, filhos de Deus, agora e na hora da nossa Vitória sobre o pecado, a doença e a morte. Amém.

9) Ó Bem-Amada Mãe Maria, nós Vos rogamos: modelai o coração etérico de todos os homens com Vosso Amor e Compaixão. Preenchei-o com as Sagradas Chamas e preparai-o para ser um Cálice Sagrado. Impregnai-o com os elétrons mais brilhantes e auxiliai-nos a despertar a Chama Crística. Embalai-nos e conduzi-nos, assim como fizestes com o Mestre Jesus. Concentrai Vossa Chama em nós e sustentai somente a Perfeição. Auxiliai-nos a expandir o Amor, a Sabedoria e o Poder Interno, até que todos sejam o Cristo em ação. Agradecemos a Vós, ó doce Mãe Maria, por total dedicação!

10) Bem-Amados Elohim Vista e Cristal: expandi Vossa Visão Perfeita em todos os homens, auxiliando-os a solucionar todos os problemas humanos. Ajudai-nos a concentrar a nossa atenção na Verdade Perfeita de Deus, sempre presente por trás de todas as aparências e, assim, dissolvei toda limitação financeira, toda doença, toda dificuldade criada, toda ilusão, substituindo tudo pela Perfeição. EU SOU a Perfeição de Deus, para sempre sustentada. EU SOU! EU SOU! EU SOU!

11) Em nome de nossa Presença EU SOU, invocamos o Bem-Amado Júpiter e a Bem-Amada Fortuna: derramai vossa Chama Verde da Abundância Divina sobre toda a Terra e sobre todos os homens. Fazei com que essa energia se expanda por todas as nações, e envolvei cada situação limitante e negativa com Vossa Chama, até que todos sejam divinamente livres e manifestem seu Plano Divino. Iluminai as consciências dos homens para que empreguem o dinheiro a serviço da Luz e do Amor, e distribuí essa energia de forma equilibrada e abundante em toda a Terra. Nós vos agradecemos, ó Bem-Amada Fortuna e Bem-Amado Júpiter.

SEXTO RAIO

EXERCÍCIO DA VISÃO DE CRISTO

O Cristo ensina a verdadeira Visão, que deve ser exercitada por todos nós, no caminho da evolução. Somente quando a praticamos, podemos nos libertar de todas as ilusões e dores, perdoar irrestritamente, curar enfermos e ressuscitar os mortos, santificar os nossos relacionamentos, fazer milagres e... acima de tudo, amar como Ele nos ama.

O exercício é muito simples: basta nos desapegarmos do passado e focalizarmos a atenção no presente, que é o Eterno Agora. Assim, libertamos os nossos irmãos de seus erros e nos libertamos também. Centrados na Visão do Cristo, enxergamos o presente como oportunidade de libertação, de construção e de perdão. Releia o discurso do Mestre Jesus, no final do Sexto Raio e pratique essa Visão todos os dias em sua vida.

Esta é a Visão de Cristo, é a Visão Perfeita. Portanto, faça uso dela.

DESENVOLVENDO O SERVIDOR DA LUZ QUE HÁ EM VOCÊ

Para servir à Luz e à Grande Obra dos Mestres, basta estar em sintonia com o Cristo em seu Coração e deixar que Ele comande a sua personalidade. Nenhuma obra, por menor que seja, é desmerecida diante de Deus, desde que feita com total Amor e Abnegação. Reflita sobre como você pode servir. Sinta, no coração, qual sua tarefa e procure cumpri-la, com total entrega e Amor. Não espere nunca méritos ou agradecimentos pelo serviço. Lembre-se de que é Deus fluindo através de você que presta o serviço e para Ele não é necessário nenhum tipo de recompensa. Todo aquele que deseja servir de forma compassiva e amorosa à Terra e à humanidade precisa ter consciência de alguns tópicos:

- É necessário ter muita vontade de fazer algo. Vontade baseada na fé inabalável em um futuro melhor e livre do passado. Abrir mão do passado e apagar seus erros e dos outros.
- É preciso ter e sentir Deus no coração, o Cristo no coração e o Mestre no coração, pois não existe outra possibilidade.
- É fundamental vencer o medo, pois todo aspirante a Servidor do Mundo tem que saber que está com Deus e, assim, é completamente invencível (*"Se Deus é por mim, quem será contra mim?"*).
- Abster-se de julgamentos é outra qualidade importante para o novo Servidor, afinal ninguém é perfeito ainda. Portanto, nada de julgar o seu irmão; avalie-se individualmente e ocupe-se com o verdadeiro serviço à Luz.

- Trabalho, trabalho, trabalho! Use o tempo para a Causa a que está servindo ou querendo servir. Não desperdice tempo e energia com o que não interessa.
- Sustentar a alegria de forma intrínseca, independente de fatores externos; não é a alegria como emoção humana, mas a alegria como Poder Criador; alegria pelo serviço prestado e pelo bem do planeta.
- É importante ansiar pelos mundos ardentes do Espírito, tendo certeza absoluta de que a Vitória é inevitável.

Faça diariamente uma reflexão sobre estes princípios e perceba como você os tem utilizado. Note o que está em sintonia com estes tópicos e o que ainda pode ser aperfeiçoado. Jogue o Fogo Violeta e envie raios de Amor e Misericórdia a tudo aquilo que você ainda não conseguiu desenvolver ou cumprir de forma harmoniosa e perfeita.

Antes de dormir, peça a sua Divina Presença que o envolva e sustente somente a Pureza e a Perfeição de Deus durante a noite. Peça que a Presença o conduza ao Templo de Luz da Mestra Nada, onde poderá aperfeiçoar as qualidades necessárias para o serviço e que o prepare para, no dia seguinte, sustentar e exercitar este aprendizado. Banhe-se nas emanações do Amor Incondicional de Deus e irradie este Amor em forma de serviço à Terra. Agradeça a Deus por essa oportunidade de poder ser um instrumento de Luz e Amor na Terra e durma em profunda paz e serenidade.

INVOCAÇÕES AO SEXTO RAIO

1) Em nome da Presença Divina, que dirige nossos corações, saudamos e invocamos todos os Seres do Raio Rubi-Dourado: Bem-Amada Mestra Nada, Mestre Jesus, Mestra Maria Madalena, Amado João, Arcanjo Uriel e Donna Graça, Elohim Tranquilitas e Pacífica e a todos os Anjos que prestam serviços à Terra e à humanidade, banhai-nos agora com Vossas Poderosas Irradiações de Paz, Amor e Devoção e auxiliai-nos para que nosso serviço prestado à Terra seja feito sempre com total Amor e Abnegação. Nós Vos agradecemos.

2) Amada Mestra Nada, preenchei nossos corações e nossas consciências com Vosso Amor Incondicional e total Abnegação. Fazei com que cada discípulo da Luz irradie o Amor Crístico de seus corações, sem esperar méritos ou retribuições pelo seu Serviço. EU SOU um discípulo da Luz que deseja ser um Servidor do Mundo. **Fazei-me um verdadeiro Servidor.** (3 vezes) EU SOU! EU SOU! EU SOU!

3) Bem-Amado Jesus, adorado Mestre, permiti que Vosso exemplo de Amor e Paz seja absorvido por todos os seres humanos. Irradiai, irradiai, irradiai Vosso Manto Rubi-Dourado sobre todos os homens de boa vontade e auxiliai-nos a despertar o Cristo em nossos corações. Amparai todos os Seres com Vossa Bondade e iluminai nosso caminho em direção à Ascensão. Fazei-nos vencer todas as tentações humanas e utilizar o Poder do Cristo em nosso coração, somente para atingir a Perfeição de Deus. Nós Vos agradecemos.

4) Em nome de nossa Presença EU SOU e da Bem-Amada Mestra Maria Madalena, apelamos: derramai sobre todos os seres humanos Vosso Amor e Devoção. Ensinai-nos a abandonar tudo o que não serve ao Cristo e fazei com que sigamos sempre o Caminho da Luz e do Amor. Preenchei nossos corpos com a Verdadeira Paz de Deus e permiti que essa Presença nos conduza todo o tempo. EU SOU Paz! EU SOU Amor! EU SOU Devoção!

5) Arcanjo Uriel e Bem-Amada Donna Graça, comandai vossos Anjos Rubi-Dourados para que irradiem a Paz e o Amor em todo o nosso planeta. Irradiai o Amor e a Paz em cada Nação, cada governante, cada povo e manifestai a União entre todos os seres humanos. Envolvei-nos com Vossa Fraternidade, reconhecendo nossa verdadeira filiação e permiti que assim, todos unidos, possamos contribuir melhor para a realização do Plano Divino de toda a Terra. EU SOU a Paz na Terra! EU SOU! EU SOU! EU SOU!

6) Bem-Amado Mestre João, assim como Vós, queremos seguir os passos de nosso Mestre Jesus. Envolvei-nos com vosso Amor e Devoção e ensinai-nos a acelerar nossa vibração, no sentido de iluminar nossos corpos com a Paz e a Compreensão Divinas. Transmiti-nos Vossa doçura e suavidade e sustentai em nossas auras essa energia, para que possamos ser exemplos a nossos irmãos de caminhada. EU SOU o Amor e a Paz do Bem-Amado Mestre João. EU SOU! EU SOU! EU SOU!

7) Em nome de nossa Presença Divina EU SOU, apelamos aos Bem-Amados Elohim Tranquilitas e Pacífica: iluminai nosso mundo com Vossa Paz e Devoção e abençoai-nos com Vosso Serviço Abnegado. Permiti que nosso Serviço prestado à Terra seja carregado com vossas Bênçãos Divinas e que nossas formas-pensamentos sejam sempre seladas pela Paz e pelo Amor de Deus. Sustentai a Paz, sustentai a Paz, sustentai a Paz! Nós Vos agradecemos.

Mestra Nada

8) Bem-Amado Mestre Jesus, envolvei a Terra e toda a humanidade com Vossa Paz Cósmica. Gravai Vossas palavras de Amor e Luz em cada coração humano e permiti que todos absorvam a Verdade contida em cada ensinamento. Fazei com que todos sigam os Vossos passos, vencendo a natureza humana e renascendo na Luz e na Perfeição Divina. EU SOU a Ressurreição e a Vida! EU SOU o Caminho, a Verdade e a Vida! EU SOU a Porta Aberta que ninguém pode fechar! EU SOU a Luz do Mundo! EU SOU! EU SOU! EU SOU!

9) Em nome de nossa Presença EU SOU e dos Bem-Amados Mestre Jesus e Mestra Maria Madalena, invocamos: derramai sobre todos os homens Vosso Amor, Paz e Devoção e iluminai-os para que manifestem em suas consciências o verdadeiro Serviço a toda vida. Reforçai em todos os corações a compaixão e a gratidão em relação ao Reino Elemental, que serve abnegada e obedientemente a todos nós, sem nenhuma discriminação. Permiti que esse serviço prestado auxilie cada elemental a evoluir e alcançar a sua ascensão. Estabelecei a Paz e a Harmonia em todos os Reinos.

10) Em Nome de Jesus Cristo, nós sustentamos a Visão Crística, contemplando a Divindade que habita em cada coração humano e não nos detendo mais na personalidade humana. Em Nome de Jesus Cristo, nós amamos verdadeiramente nossos irmãos, vendo-os sem passado, sem falhas e sem erros, até que cada um manifeste vitoriosamente o Cristo em seu coração. Em Nome de Jesus Cristo, nós aceitamos isso como já realizado.

11) EU SOU a Paz de Deus comandando a Terra! EU SOU o Amor de Deus dirigindo toda criação! EU SOU a Devoção de Deus a toda vida! EU SOU o Serviço Prestado à Grande Obra Divina! EU SOU um Servidor do Mundo! Eu abro mão de toda recompensa cármica por esse Serviço! EU SOU o Cristo em ação! EU SOU! EU SOU! EU SOU!

12) Bem-Amados Anjos de Amor e de Paz, carregai, carregai, carregai a Terra, em todos os seus reinos e dimensões, com Vossa Paz e Vosso Amor. Preenchei cada elétron em nosso planeta com Vossa Paz e Amor Divinos e sustentai essa vibração em todos os seres, mesmo quando eles não a percebem. Iluminai nossas cidades, instituições, lares e todos os corações com Vossa Paz Divina e selai, selai, selai tudo com essa Divina Virtude. EU SOU a Paz Divina sustentando toda a Terra! Essa Paz é restabelecida a todo momento!

SÉTIMO RAIO

CORTANDO LAÇOS

Sente-se em uma posição confortável, relaxe seu corpo e respire profundamente. Repita a respiração profunda e prolongada até se sentir sereno e tranquilo. Desligue-se de tudo ao redor e concentre-se somente no relaxamento de seus corpos e na respiração.

Quando se sentir bem relaxado, visualize o símbolo do infinito (aquele que parece o número oito, na horizontal) no espaço sideral. Veja este símbolo queimando em Fogo Violeta e coloque em um dos lados do símbolo você e a perfeição que deseja sustentar. Na outra metade, coloque as cenas ou condições limitantes e negativas das quais quer se libertar e romper.

Concentre bem a atenção e visualize uma gigantesca espada de Fogo Azul que corta as duas metades do símbolo, rompendo com todas as ligações que existem entre uma parte e outra. Perceba que a parte negativa vai se distanciando cada vez mais e se dissolve no Universo infinito. Repita esta visualização diversas vezes até se sentir totalmente livre destas energias.

VIVÊNCIA COM SAINT GERMAIN

Feche os olhos e relaxe o corpo físico, harmonizando a mente e as emoções. Inspire profundamente e entre em um estado de serenidade e paz, entregando-se completamente a este momento e sentindo o coração se iluminando.

Com os olhos astrais abertos, visualize uma montanha e sinta-se no alto dela. Observe as árvores, os pássaros, as montanhas que a rodeiam, o céu, e sinta o aroma da natureza e a energia de paz e de amor que essa belíssima criação divina proporciona. Sintonize-se com essa vibração. Esta montanha é um local sagrado, escolhido pelos Mestres Ascensionados para o seu aprendizado e desenvolvimento. Dentro dela arde um Fogo Poderoso que está se potencializando nesse momento, prestes a irromper.

Sinta-se ligado a outras pessoas no mundo inteiro que buscam a libertação; todas convocadas por um convite escrito em letras douradas, enquanto estavam em seus corpos sutis. Retome o seu compromisso com Saint Germain. Você recebeu essa convocação, que fez vibrar sua alma e os seus corpos como um choque elétrico, tão poderoso, que o único pensamento foi o de estar aqui. Este é o momento, um reencontro com o amoroso Mestre, aquele que vem iluminando o seu caminho desde o início de sua jornada. Ele disse: - *Vamos retomar o compromisso assumido...* E você pensou: *É verdade!* Você assumiu diante dele o compromisso de, nesta vida, trabalhar pela transformação e pela liberdade desse planeta e da humanidade. Pense: *Como é que eu ia esquecendo disso; mas agora eu fui relembrado, ainda bem. Não tem mais como esquecer, eu estou aqui, querido Saint Germain, de coração e braços abertos para cumprir a minha promessa.*

Ao pensar isso, sinta o abraço de Saint Germain e uma poderosa corrente eletrônica percorrendo todos os seus corpos. Em seguida, sinta a mão do Mestre com o polegar na sua testa e os demais dedos no alto da cabeça, abrindo seus centros energéticos, ampliando sua visão interna e derramando luz sobre você. Instantaneamente, enxergue melhor; com uma nitidez impressionante, e veja diante de si esta figura maravilhosa, esse Ser de Luz Majestoso, amoroso e amigo. É ele, Saint Germain está na sua frente, trajando uma belíssima roupa branca brilhante, com um luminoso manto nos ombros, do mais belo tom violeta que você já viu. Seus olhos irradiam Amor e Misericórdia, seus cabelos caem-lhe sobre os ombros e sua aura é toda violeta. Ele, então, lhe diz:

– Sou Eu mesmo, amado discípulo, não duvide de seu coração. Estou aqui porque você, ardentemente, desejou a minha presença e

ofereceu-se para auxiliar nesse trabalho que venho fazendo. Está pronto para começar?

– Sim Mestre. - você responde prontamente. - *Sempre estive, só não me lembrava. Mas agora que me recordo de tudo, estou disposto a me entregar totalmente a essa tarefa.*

– Então vamos. - diz o Mestre.

E segue dizendo: - *Primeiro, quero ensiná-lo a usar o Manto da Invisibilidade, pois você vai precisar muito dele ao longo de sua jornada. Basta você invocar esse Manto, diariamente ou a qualquer momento, e se fazer invisível a todo o mal, a toda a discórdia, a tudo aquilo que seja dissonante e negativo. Firme a sua atenção na Presença EU SOU, entregue-se a Ela com toda a fé que possui e invoque esse Manto.*

Pronto, você está invisível... Agora fica mais fácil trabalhar nesse mundo denso, sem ser atacado por quaisquer forças negativas. Sustente este Manto com bons pensamentos e palavras e com amor no coração. Este é o segredo! Agora quero levar você a um lugar.

Instantaneamente, você pensa: *Aonde vamos?*

– Aonde seu coração mandar, mas antes tenho que lhe mostrar uma coisa. Dentro desta montanha em que estamos, existe um Foco de Luz muito poderoso que está sendo preparado para começar a atuar muito em breve, e você está aqui hoje também para auxiliar nessa tarefa. Esse Foco vem sendo potencializado e falta muito pouco para que ele comece a irradiar-se em todas as direções. Possivelmente, quando você voltar para casa, esse processo já comece a acontecer. Ele vem sendo sustentado por vários Seres de Luz e estávamos apenas esperando por você para darmos início ao processo de irradiação. Venha, vamos conhecer de perto esse Foco de Luz. - responde o Mestre.

E lá vai você... Sinta seu corpo astral descendo a montanha com Saint Germain.

– A entrada fica oculta, mas quem tem olhos para ver pode encontrá-la. - diz o Mestre.

– Ainda bem que eu tenho - você diz.

Entre e veja um túnel iluminado, que o conduz ao interior da montanha; as paredes do túnel são encravadas de cristais, citrinos, ametistas e de ouro, e tudo brilha muito. No final desse túnel, um grande salão cheio de ametistas enormes e brilhantes e um Foco de Chama Violeta crepitando no centro do salão. Perceba várias salamandras e Seres de Luz alimentando esse Fogo Consumidor. Este Fogo vem do interior da Terra, está ligado ao Sol Central Planetário e é nutrido também pelos habitantes dos mundos intraterrenos. Esta galeria dá acesso a este mundo de Perfeição. O Mestre lhe diz:

– Agora você também veio para alimentar esse Fogo e expandi-lo por toda a Terra. Inspire o Fogo que você está vendo, sustente-o em seu coração; expire, irradiando-o em seu corpo e depois expanda-o para toda a humanidade e para o planeta Terra, sustentando novamente o ar. É simples... Vamos lá, repita comigo... Visualize esse Fogo Violeta, inspire essa vibração de Misericórdia e Transmutação, sustente isso em seu coração e exale esta energia em si próprio e ao seu redor. Sinta que essa montanha inteira irradia Fogo Violeta e que essa vibração transmutadora se expande por toda a cidade, visualize o Brasil inteiro envolvido nas chamas libertadoras e agora a Terra toda. Veja os demais focos de Chama Violeta do planeta irradiando esse Fogo Consumidor e sinta esse poder sendo multiplicado infinitamente. Sinta as formas-pensamentos densas do planeta sendo consumidas, a humanidade e os elementais sendo libertados e toda a energia da Terra sendo purificada, nesse momento. Observe a luz do planeta aumentando, se iluminando em diferentes locais. Venha junto comigo, ver isso lá de cima.

Em segundos, você está no espaço, sobrevoando a Terra ao lado de Saint Germain, vendo mais e mais Focos de Luz surgindo em cada canto do planeta. Uma sensação indescritível de felicidade o preenche, pois além de estar voando junto com esse amoroso Ser de Luz ao redor da Terra, ainda veem esse planeta tão lindo, tão maravilhoso, finalmente renascendo na Luz Divina. A Terra se ilumina cada vez mais rápido, até que ela se transforma numa grande bola de Fogo Dourado; um novo sol está nascendo, é a nossa Terra que se transforma numa Estrela-Luz, pura, perfeita, radiante, que nunca mais se apagará.

Saint Germain olha pra você e ambos compartilham da mesma alegria, da satisfação de terem cumprido uma missão tão maravilhosa. Retorne à montanha de onde saíram e despeça-se do Mestre, num caloroso abraço. A partir de agora você sabe que Saint Germain está sempre ao seu lado.

Repita mentalmente: ***EU SOU a Luz do mundo; EU SOU a expansão e a sustentação dessa Luz em toda a Terra; EU SOU eternamente Livre; a Terra é eternamente livre.***

PURIFICAÇÃO DOS REGISTROS DO PASSADO

- Invoque os elementais do fogo (as salamandras), o Fogo Violeta, os Deuses Solares Hélios e Vesta, o Príncipe Oromásis e Diana, os Senhores do Carma (Sainthru, Libra, Nada, Palas Atena, Vista, Kwan Yin e Pórtia), e o Mestre Saint Germain.

Sente-se em uma posição confortável, relaxe seu corpo e respire profundamente. Repita a respiração profunda e prolongada até se sentir sereno e tranquilo. Desligue-se de tudo ao redor e concentre-se somente no relaxamento de seus corpos e na respiração.

Quando se sentir bem relaxado, visualize enormes labaredas de Fogo Violeta que começam a envolver o seu corpo etérico; sinta-o muito semelhante ao físico, mas um pouco maior. Observe os sete chacras que estão nesse corpo; são sete centros de energia por onde escoa a Luz da Presença Divina em você. Sinta essa Luz Branca no chacra coronário, bem no alto da cabeça, descendo e ancorando. A partir daí, essa Presença comanda todos os demais centros energéticos, iluminando-os e mantendo-os em harmonia. Veja o Fogo Violeta consumindo cada um desses focos, principalmente os centros inferiores.

Observe estes chacras e concentre o Fogo nessa região, sentindo a Chama Violeta purificando estes centros, deixando-os brilhantes como um sol dourado. Sinta que os três chacras inferiores estão completamente limpos. Peça perdão pelo mau uso que você fez da energia emanada por eles e sele-os com a Luz Violeta, sabendo que toda dissonância foi consumida. A partir de agora, o Fogo Violeta sobe pelo chacra cardíaco, atravessando o centro da garganta e chegando ao terceiro olho; explodem raios de Luz Violeta em todas as direções. Você se vê banhado e mergulhado em uma corrente eletrônica tão poderosa e aceleradora de Fogo Violeta que, num impulso instantâneo, seu corpo etérico é deslocado.

Deixe o corpo físico imóvel, deitado, relaxado e com todos os órgãos funcionando. Sinta-se flutuando e concentre-se no seu corpo astral. Identifique-se com este corpo fluídico que viaja por onde quiser, sem limitações; desloque-se, suba, distancie-se, flutue, volite, vá cada mais longe. Veja um platô belíssimo de uma montanha e o Deva que sustenta esse local: como é majestoso e belo! Sinta-se sendo levado até um trecho do platô e perceba vários Anjos do Raio Violeta surgindo ao seu redor; um aroma intenso de violetas e jasmins toma conta do ambiente.

Você é conduzido pelos Anjos Violeta até uma parede de rocha que se abre, de repente, e você vê a luz que vem de dentro da montanha; uma Luz Violeta-Dourada, um Fogo intenso, vindo do coração da montanha. Entre e note que as paredes e o chão são de ametista, as mais belas e gigantescas ametistas que você jamais viu. As salamandras que atuam no seu corpo etérico, queimando toda a dissonância, intensificam-se ainda mais, em contato com o poder transmutador dos elementais da ametista. Você se percebe como um corpo de Fogo Violeta intenso, que dissolve e aquece, mas não queima. Note que os elementais do fogo estão sustentando o Fogo Violeta pulsante no coração da montanha e alegre-se com essa cena. Milhares de pequeninas chamas formando uma chama tão intensa e poderosa, ardendo, consumindo, dissolvendo, transmutando tudo em volta.

Envolva-se nesse Fogo, banhando-se completamente nessa Luz Divina, Misericordiosa...Nesse momento, surge diante de você um ser maravilhoso, vestindo uma túnica violeta e dourada, com um brilho e uma beleza indescritível. Ele lhe oferece uma túnica violeta parecida com a dele para que você a coloque após o banho de Fogo Violeta e depois o conduz até um imenso salão. Tudo é tão belo ao redor que você fica cada vez mais encantado com a vibração desse local. Nesse salão circular estão dispostas várias cadeiras em semicírculo, todas voltadas para uma parede. Quando você se senta, entra no salão a maravilhosa figura do Mestre Saint Germain, usando uma roupa toda branca, resplandecente e um manto violeta ornamentado com ouro bordado e ametistas belíssimas. O Mestre sorri para você e de seus olhos irradiam-se o mais profundo amor e alegria. É como se ele dissesse:

– Estou muito feliz por vê-lo(a) hoje aqui. Há muito venho esperando por esse momento.

Você sente uma súbita descarga energética percorrendo seus corpos e toma consciência do quanto esse momento é de vital importância para a sua vida. A um simples estalar de dedos do Mestre, surge em suas mãos um cálice com um líquido cremoso e espumante que ele lhe oferece. Você toma, instantaneamente, sabendo o quanto esse líquido é revigorante para todos os elétrons que compõem seus corpos. Sinta a descarga de energia positiva e vivificante percorrendo seus corpos e entregue-se a essa sensação maravilhosa. Outro estalo de dedos e os cálices somem no ar, voltando para o grande reservatório universal.

Surge à sua frente um enorme espelho de cristal de coloração branco-leitosa, como uma gigantesca tela. O Mestre pede que você feche os olhos e que os abra, depois, pouco a pouco. Então, algumas imagens vão surgindo no espelho. Você se vê no espelho, em sua vida hoje; algumas cenas passam diante de seus olhos.

De repente surgem cenas da infância e, depois, imagens que parecem estranhas, inicialmente, pois você não as reconhece. No entanto, em seguida, percebe que existe alguma coisa familiar naquelas cenas e começa a se reconhecer nelas, com outro rosto; umas pessoas diferentes que parecem estranhas, mas não são. Várias imagens começam a ser projetadas nesse espelho e você acompanha essa tela como um espectador de um filme, sabendo que essas cenas são suas, mas, ao mesmo tempo, sentindo-se distanciado delas. Olhe quantas pessoas diferentes, quantos períodos históricos e locais distintos e quantos corpos diferentes você já usou.

Perceba quanta energia dissonante foi gerada pela ignorância, pela manipulação, pelos desejos do ego. Olhe quanto desperdício de vidas, de tempo, de amor, de energia divina. Veja em quantas lutas você se envolveu: por poder pessoal, dinheiro, domínio, prazer sexual, ganância, vaidade. Olhe quantas pessoas à sua volta sofreram com o que você fez. Peça perdão a essas pessoas, diga a elas que você não tinha consciência do quanto estava errando. Peça perdão por lhes ter feito mal, por tê-las aprisionado. Liberte-as e liberte-se também de qualquer erro cometido. Do fundo de sua alma, agora você compreende por que trouxe, nessa vida, essa bagagem, esse fardo. Lembre-se de que isso é fruto do que foi plantado de forma inconsequente e peça perdão por isso.

Perdoe também a todos aqueles opressores que lhe causaram algum mal; isso só acontecia porque era o retorno da própria energia que você expeliu em outros momentos, exatamente como agora. Até este momento, você vivia dentro da lei do "olho por olho, dente por dente", mas agora você está transitando para viver sob a Lei da Misericórdia e do Perdão.

Invoque a Lei do Perdão e diga à Poderosa Presença EU SOU:

– Dissipa e consome essa criação errada.

Isso faz com que toda essa energia seja lançada de volta à Lei Cósmica para harmonização, fora da sua atividade cármica. O perdão, a misericórdia e a busca individual da libertação, sem dúvida o libertam do carma com o outro. Deixe que a invocação ao perdão ressoe em todos os elétrons de seus corpos e sinta, pouco a pouco, dissiparem-se todas as manchas e nódoas escuras. Você vê nas imagens, no espelho, o Fogo Violeta colorindo e dissolvendo cada uma dessas cenas. As cicatrizes e marcas de seus corpos vão clareando, dissolvendo-se e sumindo cada vez mais rápido. Sinta-se cada vez mais brilhante e leve. Parece que um peso foi retirado de você, e foi mesmo. Seus corpos brilham intensamente num Fogo Violeta cintilante e você se sente puro e livre. Ouça as palavras de Saint Germain ecoando dentro de você:

– Querido(a), aproveite essa Chama que eu lhe ofereço para se libertar de tudo aquilo que o(a) prende ao passado. Você não pode ser livre enquanto estiver preso(a) a qualquer vibração do passado. Esteja ciente de que tem o Poder e a Sabedoria em suas mãos. Depende apenas de querer utilizar essas virtudes com Amor para dissolver tudo aquilo que o(a) liga a pessoas ou situações passadas. Por que insiste em

permanecer preso(a) a isso? Você quer ou não ser livre, viver de acordo com a Perfeição Divina? Insisto! Acorde, desperte! Não por acaso você chegou até aqui e não acredito que queira parar por aqui. Está apenas a alguns passos da liberdade eterna e falta um pouco mais de esforço de sua parte para alcançar essa perfeição prometida. Saiba que depende unicamente de você alcançar essa plenitude, portanto não transfira essa responsabilidade para outros nem para Nós. Há muito estamos auxiliando a todos os filhos da luz na busca da Perfeição, mas não podemos alcançar a libertação por você, pois já alcançamos a nossa. E isso só você pode fazer por si mesmo. Assuma essa responsabilidade e trabalhe intensamente para que isso aconteça. Está em suas mãos o alcance dessa liberdade. A coroa de louros o aguarda, os portais do Templo da Vitoriosa Conclusão na Luz, assim como os Portais de Luxor estão abertos para recebê-lo. Com o auxílio do Mestre Vitória, do Mestre Serapis Bey e do meu Manto de Misericórdia e Transmutação eu o saúdo com a Chama da Liberdade Eterna!

A sensação da verdadeira liberdade é a sensação plena de felicidade, e da bem-aventurança. O prazer e a satisfação de sentir-se completamente livre de todas as amarras, de todas as prisões, de todos os sentimentos e pensamentos negativos. A sensação de não ter limites e poder viver a plenitude daquilo que Deus tem a oferecer a todos os Seus filhos. Experimentar a sensação de ser livre ao olhar o mar, os pássaros voando, o sorriso no rosto inocente e puro das crianças, sentir-se livre em cada pequeno gesto, em cada sentimento, em cada situação que vivencie, enquanto ainda estiver aqui. O importante é não deixar nunca de sentir-se completamente livre, eternamente livre. Regozije-se com a liberdade e celebre sua nova vida, valsando livre e feliz, eternamente livre e feliz. Então você ascenderá nas asas da Sua Poderosa Presença EU SOU para a liberdade e bem-aventurança da Perfeita, Eterna, Ilimitada Luz. Repita inúmeras vezes junto comigo: ***EU SOU ETERNAMENTE LIVRE!***

INVOCAÇÕES AO SÉTIMO RAIO

1) Em nome do Poder, da Luz e do Amor da Presença Eu Sou, que reside em nossos corações, saudamos e invocamos a todos os Seres do Raio Violeta: Amado Saint Germain, Mestra Pórtia, Bem-Amada Kwan Yin, Arcanjo Ezequiel e Ametista, Elohim Arcturus e Diana, Lord Sainthru e Lady Mercedes, Príncipe Oromasis: carregai, carregai, carregai, agora, este ambiente com a Chama Violeta da Purificação, Misericórdia e Transformação e preenchei-nos com esse Maravilhoso Poder Libertador.

2) Amado Mestre Saint Germain e Amada Presença Eu SOU, derramai sobre nós e sobre todo o nosso planeta o Poder Misericordioso de Vossa Chama Violeta. Deixai que essa Chama transpasse cada átomo e elétron de toda a criação, libertando-a e purificando-a de toda impregnação limitante e negativa. EU SOU a Misericordiosa Chama Violeta que consome, agora, todas as criações impuras.

3) Em nome de nossa Presença Divina, da Bem-Amada Kwan Yin e da Amada Mestra Pórtia, apelamos ao Fogo Violeta Transformador para que purifique toda a atmosfera da Terra, o reino elemental e toda a Natureza e que a Misericórdia e o Perdão de Deus consumam todas as criações negativas da humanidade. Em nome da Presença Divina de todos os homens, pedimos perdão pelo desrespeito e falta de compaixão para com os reinos dos animais, dos vegetais, dos minerais e dos elementos da natureza, assumindo o compromisso de zelar para que todas essas formas de vida tenham direito à evolução e à Liberdade! Perdoai-nos! Perdoai-nos! Perdoai-nos! EU SOU! EU SOU! EU SOU!

4) Ó Presença Divina que comanda a minha vida, eu peço perdão a Vós pelo mau uso que venho fazendo de Vossa Energia. Perdoai-me por empregar esse Poder Criativo que me ofereceis, a todo o momento, em criações limitantes e nocivas. Consumi todas essas criações e libertai-me do retorno dessa energia. Libertai, libertai, libertai! Abençoai com vosso Amor e Luz cada pensamento, sentimento, palavra e atitude minha e irradiai Vossa Perfeição em meu ser e em meu mundo. Ó Grande Presença Universal, presente em todos os homens, Perdoai-os por suas limitações e ignorância e dissolvei tudo o que foi criado pelo ego humano. Perdoai-os, perdoai-os, perdoai-os! Confiantes em Vossa Misericórdia e Perdão, permanecemos livres. EU SOU! EU SOU! EU SOU!

5) Amado Mestre Saint Germain, recebei todo o nosso Amor e Gratidão e envolvei-nos com Vosso Poder Libertador. Irradiai o Fogo Violeta Consumidor em nossos corpos, dissolvendo e consumindo todos os registros do passado. Pedimos perdão a toda forma de vida a que tenhamos prejudicado, e perdoamos a todos que nos tenham causado mal, ao longo de nossas encarnações. Deixai que o Fogo Violeta atue agora em cada elétron de nossos corpos, libertando-nos de toda causa e de todo efeito, consumindo nossos carmas e ascensionando totalmente a nossa energia. Sustentai os elétrons destes corpos livres e puros e, assim, mantende-os para sempre. Nós Vos agradecemos.

6) Arcanjo Ezequiel e Ametista, purificai-nos e a todos os homens com Vossa Chama da Purificação, libertando-nos de todas as condições terrenas limitantes e negativas. Elevai nossas consciências e sentimentos e mantende-os permanentemente purificados pela Chama Violeta. Abençoai-nos com Vosso Poder Transformador e irradiai sobre nós e em todos os homens a Chama da Liberdade. Abençoado seja o Poder do Fogo Violeta. EU SOU! EU SOU! EU SOU!

7) Bem-Amados Arcturus e Diana, dai-nos Vosso Poder Transmutador e transformai, transformai, transformai todas as energias imperfeitas criadas pelo eu-personalidade de todos os homens. Libertai a Terra e os elementais das criações negativas de toda a personalidade humana e permiti que o Fogo Violeta dissolva tudo aquilo que não esteja em sintonia com o Cristo Interno em cada coração. Eu entrego nas mãos da Presença Divina o controle absoluto de minha energia pessoal e não aceito mais nenhum comando do eu-personalidade. EU SOU! EU SOU! EU SOU!

8) Presença Perfeita e Pura que atua em mim, dissolvei toda dissonância e impureza impregnada em minha aura. Inundai, inundai, inundai com a Chama Violeta todos os meus corpos e substituí cada partícula impura somente por Harmonia, Amor e Perfeição Divina. Comandai meu ser com Vosso Poder e Luz e sustentai Vossa energia para sempre. Eu Vos agradeço!

9) Em nome da Presença EU SOU em nós e dos Adorados Manus da Sétima Raça Raiz, Lord Sainthru e Lady Mercedes, apelamos: preparai toda a humanidade com Vossa Consciência Amorosa e Unificadora, para que todos trabalhem irmanados na causa da Liberdade da Terra. Assim que a grande mudança planetária se manifestar, enviai Vossos Filhos da Sétima Raça que deverão assumir a tarefa de reconstrução da Terra. Esperamos trabalhar unidos nesse propósito. Aceitai nossa dedicação e Amor hoje e sempre.

10) EU SOU a Cruz de Malta Flamejante e Violeta do Bem-Amado Saint Germain, que imprime seu Poder Transmutador em toda condição limitante e negativa . Eu vejo, agora, toda imperfeição sendo consumida por essa Cruz de Malta Violeta Purificadora, desde a origem até seu resultado final. Toda essa energia involutiva se dissolve para sempre e, em seu lugar, surgem o Amor, a Liberdade, a Luz e a Perfeição. EU SOU totalmente livre! EU SOU! EU SOU! EU SOU!]

11) Amado Mestre Saint Germain, eu retomo o compromisso assumido convosco antes de nascer: ofereço-Vos meu coração para amar toda forma de vida; minhas mãos para servir à Grande Obra; minhas palavras para expressarem Vossas Instruções; meus olhos para verem somente o Cristo em cada coração, e meus pensamentos para criarem a Pureza e a Perfeição de Deus. Sustentai minha energia com Vosso Manto Eletrônico e auxiliai-me a cumprir minha tarefa. Com profunda gratidão, eu Vos amo por toda a eternidade.

12) Ó Bem-Amado Saint Germain, nós Vos agradecemos por estarmos prestando serviço a Vós e a todo o planeta, nesta Nova Era. Auxiliai-nos a nos tornar instrumentos cada vez mais puros e perfeitos, servindo de exemplo aos nossos irmãos e a toda a humanidade. Amparai-nos com Vosso Manto Eletrônico e com a Chama Violeta, dissolvendo todas as imperfeições do nosso eu-personalidade, até que o Cristo em nós e em todos os homens assuma o controle absoluto de nossa energia. Eu Sou o Cristo em ação! EU SOU! EU SOU! EU SOU!

13) Sob o comando da Presença Divina em meu coração e em nome do Seu Amor- Sabedoria, Inteligência e Poder, invocamos a Força Consumidora do Fogo Violeta para que se derrame agora em nosso planeta e em todos os seres humanos, consumindo e dissolvendo todo o mal (3 vezes) até que todos sejam eternamente livres. EU SOU! EU SOU! EU SOU!

14) EU SOU! EU SOU! EU SOU! EU SOU o Poder Misericordioso do Fogo Violeta que transmuta o carma negativo que eu criei ao longo das minhas encarnações. Eu invoco esse Poder Misericordioso da Chama Violeta para que atue agora em toda a Terra e em toda a humanidade, consumindo com todas as limitações no nosso planeta.

15) Sob o comando de Deus em cada um de nós, invocamos a Sagrada Chama Violeta de Saint Germain para que se manifeste agora em toda a Terra, no reino humano e elemental e que liberte tudo ao seu contato. Que ela purifique os corpos de todos os homens, o plano astral, a natureza e restabeleça o Equilíbrio Perfeito de toda a Criação. Agradecemos ao Mestre Saint Germain por ter nos convocado a trabalhar, todos juntos, nessa Era de Liberdade.

AFIRMAÇÃO DO DISCÍPULO

EU SOU um Ponto de Luz dentro de uma Luz Maior.
EU SOU um Raio de Energia Amorosa
dentro do fluxo do Amor Divino.
EU SOU uma Chispa do Fogo do sacrifício
enfocado dentro da ardente Vontade de Deus,
e assim eu permaneço.
EU SOU um Caminho através do qual
os outros podem caminhar.
EU SOU uma Fonte de Força que lhes permite manter-se.
EU SOU um Raio de Luz iluminando
os seus caminhos, e assim eu permaneço.
E permanecendo assim, eu vou e volto
no Caminho dos homens
e conheço os caminhos de Deus.
E assim permaneço. OM!

BIBLIOGRAFIA

1. ANGLADA, VICENTE BÉLTRAN. Conversações Esotéricas. Editora Aquariana, 1992.
2. BAILEY, ALICE A. Psicologia Esotérica, volume II, tomo I. Editora Fundação Cultural Avatar/Association Lucis Trust, 2002.
3. ______________.Psicologia Esotérica, volume I. Editora Fundação Cultural Avatar/Association Lucis Trust, 2004.
4. ______________.Os Raios e as Iniciações, Tomo II. Editora Fundação Cultural/Association Lucis Trust, 2004.
5. ______________. De Belém ao Calvário. Editora Fundação Cultural Avatar/Lucis Publishing Company, 1976.
6. ______________.Iniciação Humana e Solar. Editora Fundação Cultural Avatar/Lucis Publishing Company, 1975.
7. ______________.Tratado sobre Fuego Cósmico. Editora Fundacion Lucis,1995.
8. BEY, SERAPIS Mestre. Luxor, o Portão à Eterna Liberdade, Editora FEEU/Ponte Para a Luz, 1995
9. BÍBLIA SAGRADA. Antigo e Novo Testamentos. Editora Sociedade Bíblica do Brasil, 1969.
10. BLAVATSKY, HELENA P. A Doutrina Secreta, volume III. Editora Pensamento, 2003.
11. ____________________. A Doutrina Secreta, volume VI. Editora Pensamento, 2003.
12. FERNADES, ALBERTINA C. Festivais Religiosos da Nova Era. Editora FEEU,1991.
13. ________________________.Primeiros Passos na Estrada. Edição Santuário "Mata Ki Te Rangui", 1990.
14. FUNDAÇÃO PARA A PAZ INTERIOR. Um Curso em Milagres. Editora Abalone, 1999.
15. HELOÍNA. Meditação dos Plenilúnios. Editora Hércules, 1999.
16. KHUL, DJWAL. Rituais e Egrégoras para a Era de Aquário. Editora FEEU, 1989.
17. LEADBEATER, C.W. Os Mestres e a Senda. Editora Pensamento,1999.
18. _________________. O Homem Visível e Invisível. Editora Pensamento, 2000.
19. PROPHET, ELIZABETH CLARE. Alquimia do Coração. Editora Nova Era, 2003.
20. PROPHET, MARK. Estudos Sobre a Aura Humana. Editora Summit Lighthouse do Brasil, 1986.

21. PROPHET, MARK e ELIZABETH CLARE. Senhores dos Sete Raios. Editora Summit Lighthouse do Brasil, 1988.
22. RAY KING, GODFRÉ. A Lei Aberta para a Nova Era: Mistérios Desvelados. Editora Santa Ametista, 2007
23. ROERICH, HELENA.Coração. Editora Fundação Cultural Avatar/ Agni Yoga Society, 2004.
24.________________.Mundo Ardente, volume I. Editora Fundação Cultural Avatar/Agni Yoga Society, 2004.
25.______________.AUM. Editora Fundação Cultural Avatar/Agni Yoga Society, 2005.
26.______________.Infinito, Livro Um, Editora Fundação Cultural Avatar/FEEU/Agni Yoga Society, 1979.
27. SCHROEDER, WERNER. Homem: Sua Origem, História e Destino. Editora FEEU,1991.
28. VARELA, MARIZA. A Gruta do Sol. Editora Missão Órion,1998.
29.________________. A Gruta do Sol 2. Editora Missão Órion,1998.
30.________________. Resgate. Editora Missão Órion, 1995.
31.________________. Mãe Maria: Revelações. Editora Missão Órion, 1997.
32.________________. Calendário do Eu Sou. Editora Missão Órion,1995.

CONHEÇA OUTROS PRODUTOS DA EDITORA

Acesse nosso site: www.divinapresenca.com.br

Mãe Maria
Revelações

“Como há dois mil anos atrás, a Terra novamente se encontra numa hora sagrada. Uma nova seara está em andamento, e Cristo retornará, tal como foi prometido.

Mariza Varela
autora de ***A Gruta do Sol***

“Naturalmente, a Segunda Vinda terá características próprias e bem distintas da Primeira, mas Ele, que nunca se ausentou, voltará, para atuar (juntamente com toda a Fraternidade de Seres Excelsos) plenamente, visivelmente, em todos os planos e dimensões, atividades e acontecimentos da vida na Terra. Assim como há 2.000 anos Ele estabeleceu um marco no próprio tempo deste planeta (pois todos os acontecimentos ocorreram antes ou depois de Cristo), na Nova Era Ele imprimirá uma nova marca indelével, e esta será de natureza espiritual. A Segunda Vinda será a mola propulsora de um movimento ascensional de toda esta humanidade; será um Resgate global, uma Ressurreição, e, por isso, finalmente, a Rosa da Eternidade poderá aqui vicejar.”

CALENDÁRIO PERMANENTE

Calendário permanente, com 31 gravuras dos Mestres Ascensionados e Arcanjos, contendo decretos acompanhados de uma pequena meditação, para serem realizados diariamente.

SAINT GERMAIN E A NOVA ERA

Neste livro, o Mestre Saint Germain revela seus ensinamentos mais importantes que preparam cada indivíduo para se tornarem verdadeiros trabalhadores da Luz, bem como oferece exercícios, visualizações, invocações e decretos para a prática do Buscador da Luz. Além disso, o leitor tem a oportunidade de conhecer a trajetória deste Mestre em sua passagem pela Terra, atuando em prol da liberdade e da evolução dos homens.

INVOCAÇÕES E MEDITAÇÕES DIÁRIAS

As invocações ou apelos são um pedido, uma súplica a Deus ou aos Seres de Luz para que auxiliem e intercedam em favor dos homens, derramando tudo aquilo que está sendo solicitado. O homem deve fazer uso constante de invocações e de decretos, seja individualmente ou em grupos; na Era atual é estimulado o trabalho em grupos, pois o poder gerado pelos decretos, invocações, visualizações criativas e meditações é multiplicado.

Quando o homem faz suas súplicas ao alto, constrói um canal que parte de seu corpo mental superior e que atravessa as diferentes dimensões da matéria astral e mental. Através deste canal, que chega às esferas superiores, todas as bênçãos de Luz, Amor, Harmonia e Perfeição, que fazem parte dessa esfera, se derramam àqueles que as solicitam.

CD COM MEDITAÇÕES E PRÁTICAS ESPIRITUAIS

DVD COM VISUALIZAÇÕES, PRÁTICAS E PALESTRAS EM VÍDEO

Impressão:
Evangraf
Rua Waldomiro Schapke, 77 - POA/RS
Fone: (51) 3336.2466 - (51) 3336.0422
E-mail: evangraf.adm@terra.com.br